AF619471

LEÇONS DE SOLFÈGE

SUR TOUTES LES CLEFS ET A CHANGEMENTS DE CLEF

EN DEUX LIVRES

1er LIVRE	2e LIVRE
Leçons Faciles et de Moyenne Force	Leçons Difficiles et Très Difficiles

COMPOSÉES POUR LES CLASSES DU CONSERVATOIRE

PAR

ÉDOUARD BATISTE

Professeur de Solfège au Conservatoire

Pour faire suite à son traité **L'Étude élémentaire des Clefs** et pour accompagner et compléter les **Leçons de Solfège à changements de clef**, composées par Cherubini, Auber et Ambroise Thomas, Directeurs successifs du Conservatoire de Paris

Chaque livre avec accompagnement de piano, prix net : 8 *francs*

Édition populaire sans accompagnement de piano

Chaque livre, prix net : 2 *fr.* 50 *c.*

PARIS

AU MÉNESTREL, 2bis, RUE VIVIENNE, HENRI HEUGEL

Éditeur des Solfèges et Méthodes du Conservatoire

TABLE DU 1ER LIVRE

LEÇONS FACILES

Pages.

PARIS. — IMPRIMERIE CHAIX, 20, RUE BERGÈRE. — 13349-6.

SOLFÈGES SUR TOUTES LES CLÉS

et

A CHANGEMENT DE CLÉS

par

EDOUARD BATISTE

1er LIVRE

LEÇONS FACILES ET DE MOYENNE DIFFICULTÉ

LEÇONS SUR LA CLÉ DE SOL

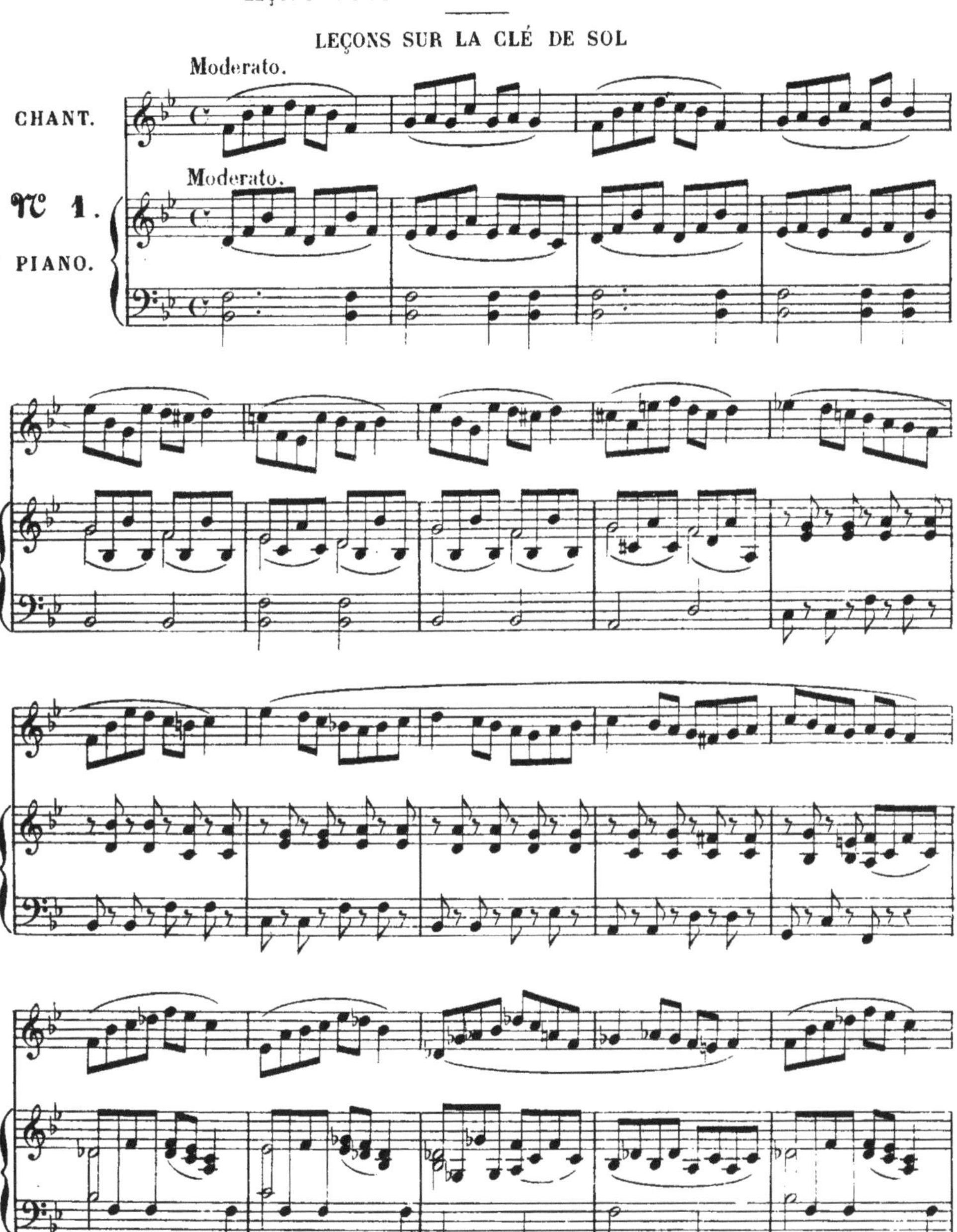

Paris, AU MÉNESTREL, 2bis, rue Vivienne. HENRI HEUGEL, Éditeur.

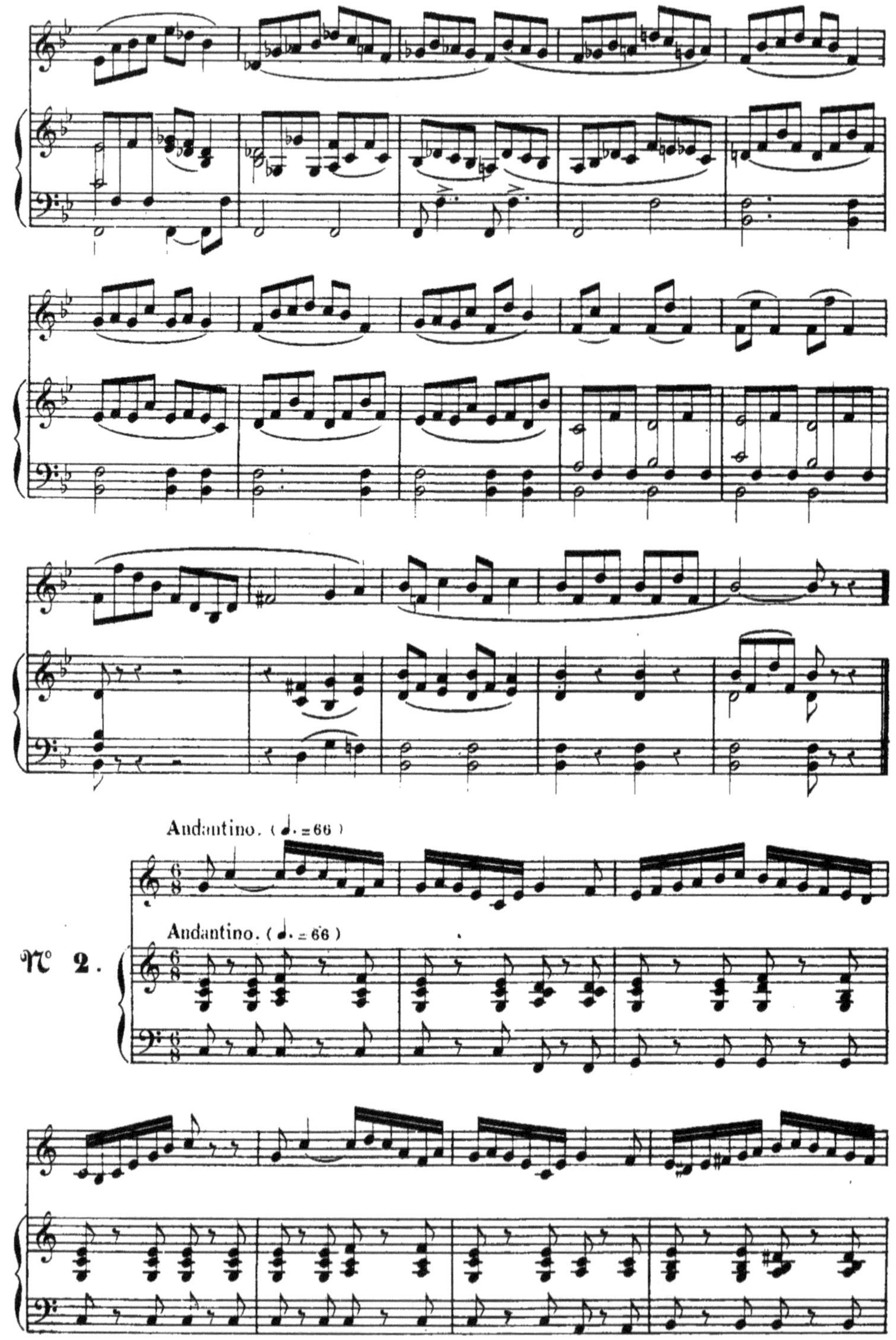
Andantino. (♩. = 66)
Andantino. (♩. = 66)
Nº 2.

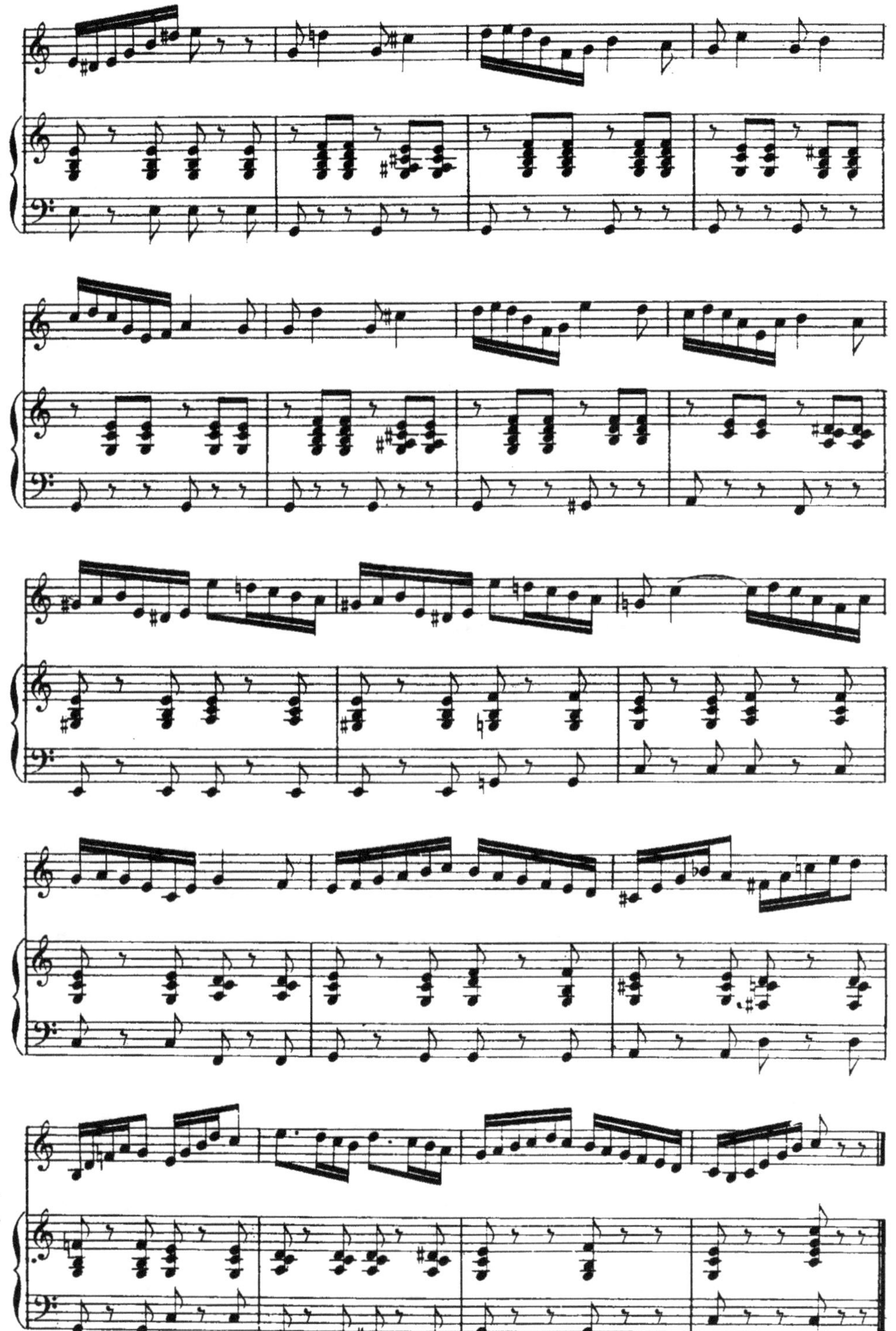

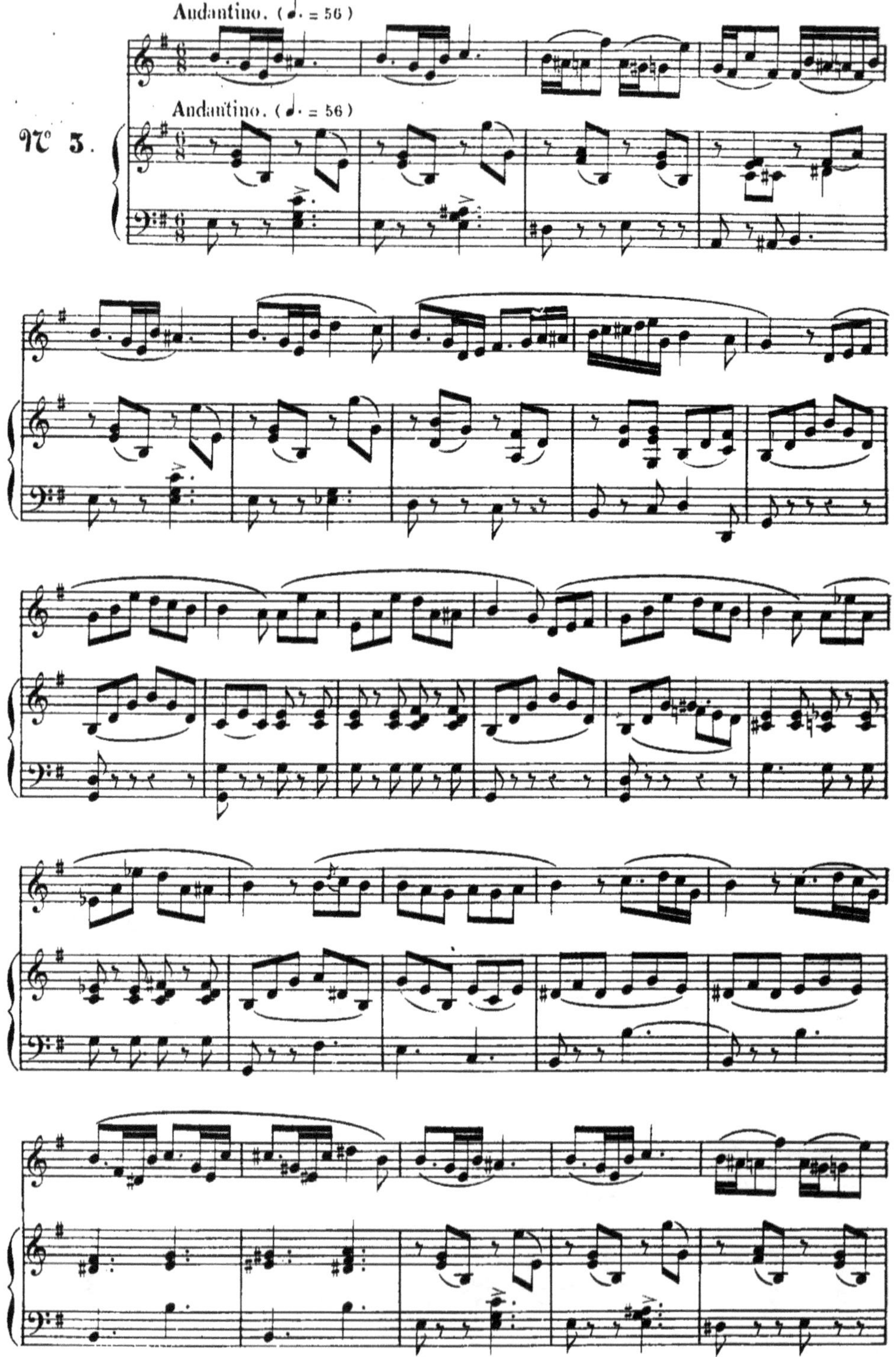
Andantino. (♩. = 56)
Andantino. (♩. = 56)
Nº 3.

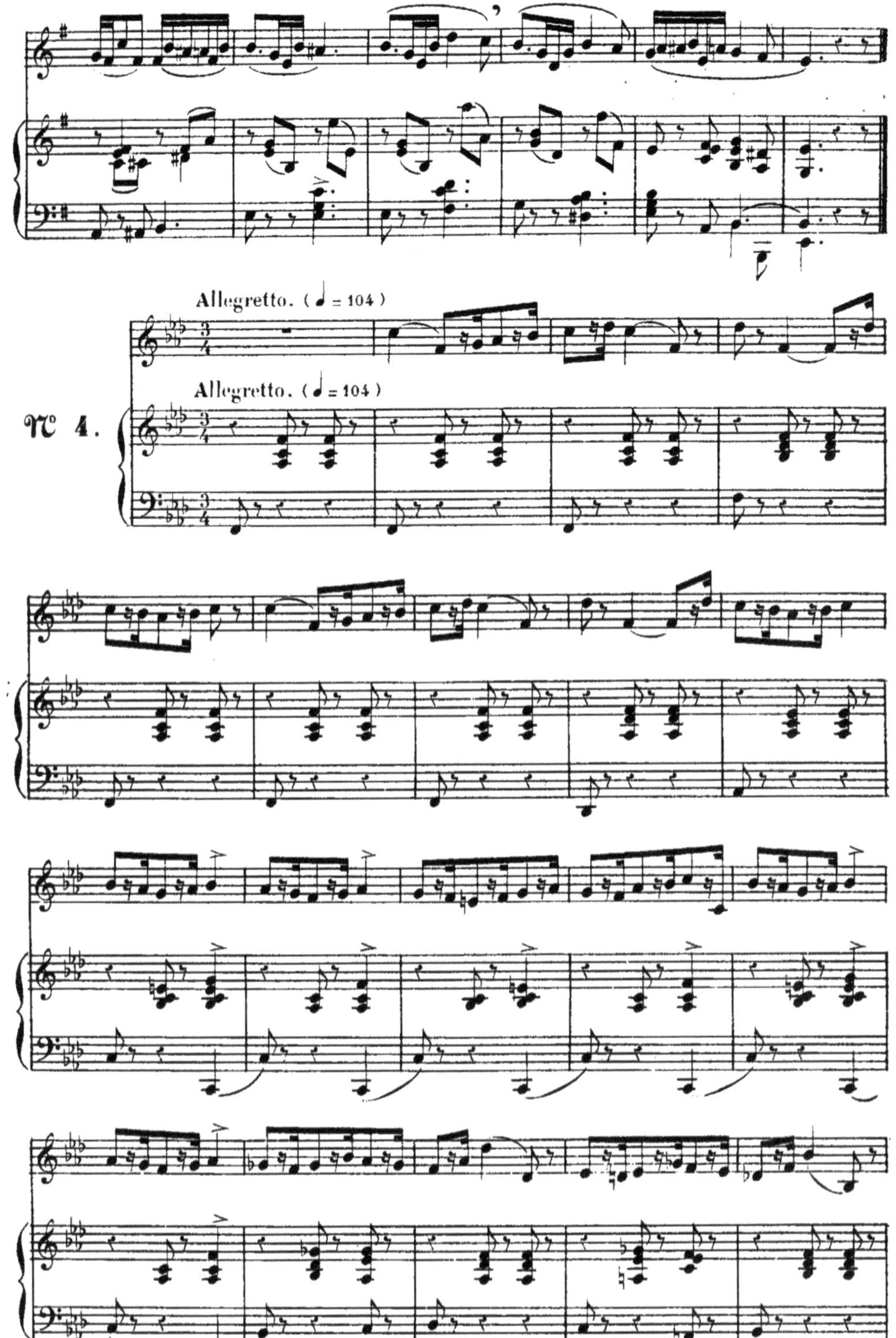
Allegretto. (♩ = 104)
Allegretto. (♩ = 104)
Nº 4.

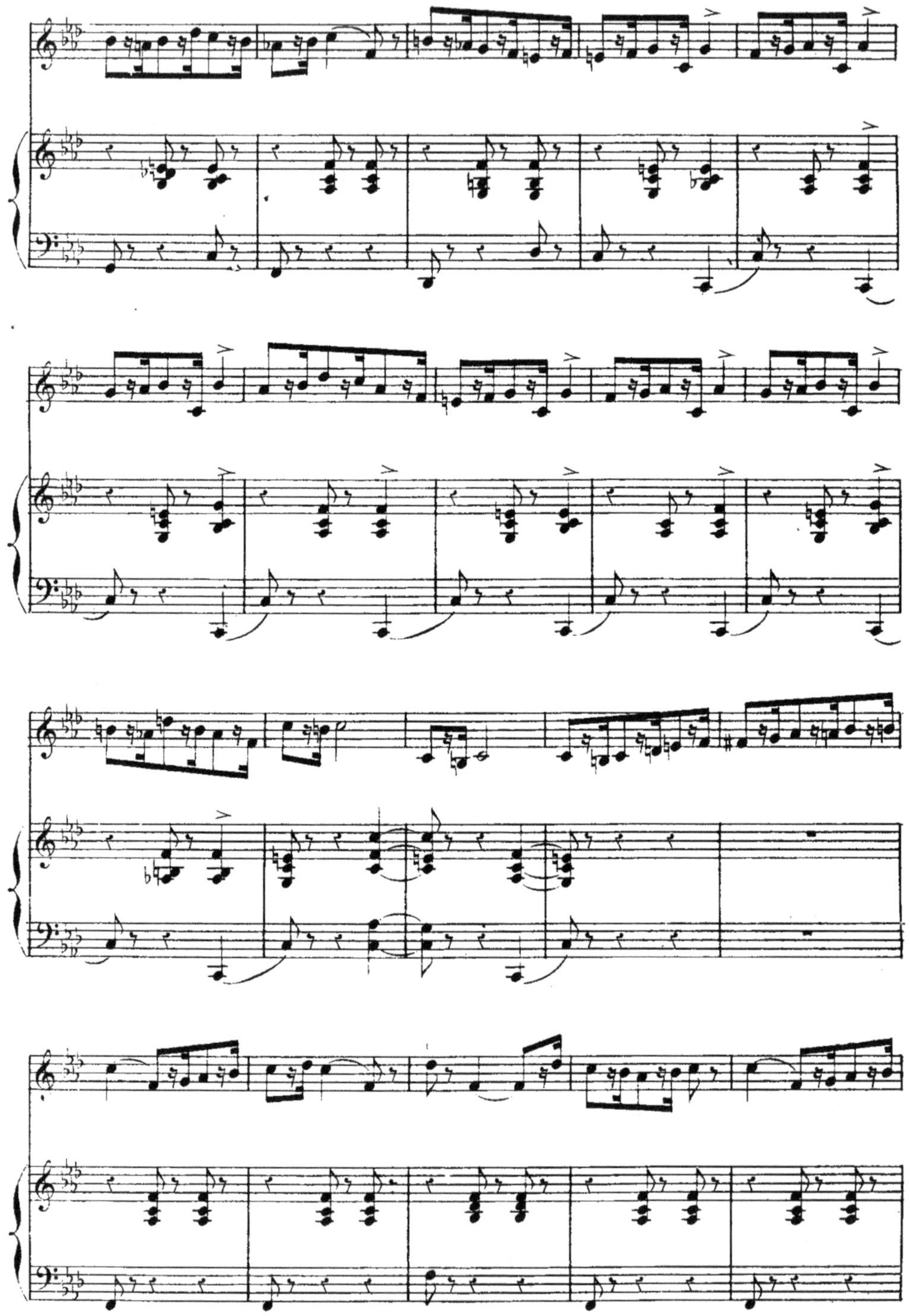

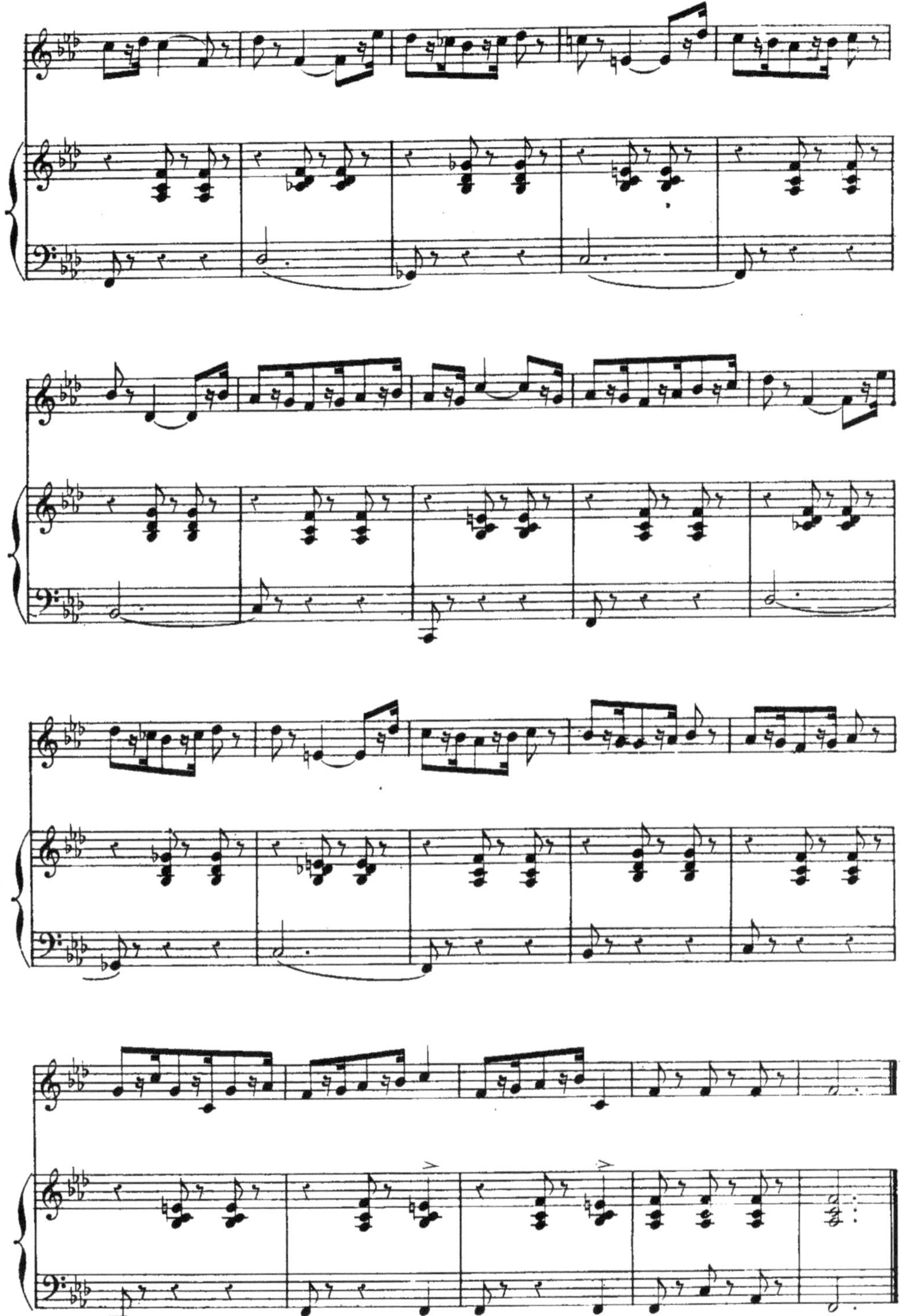

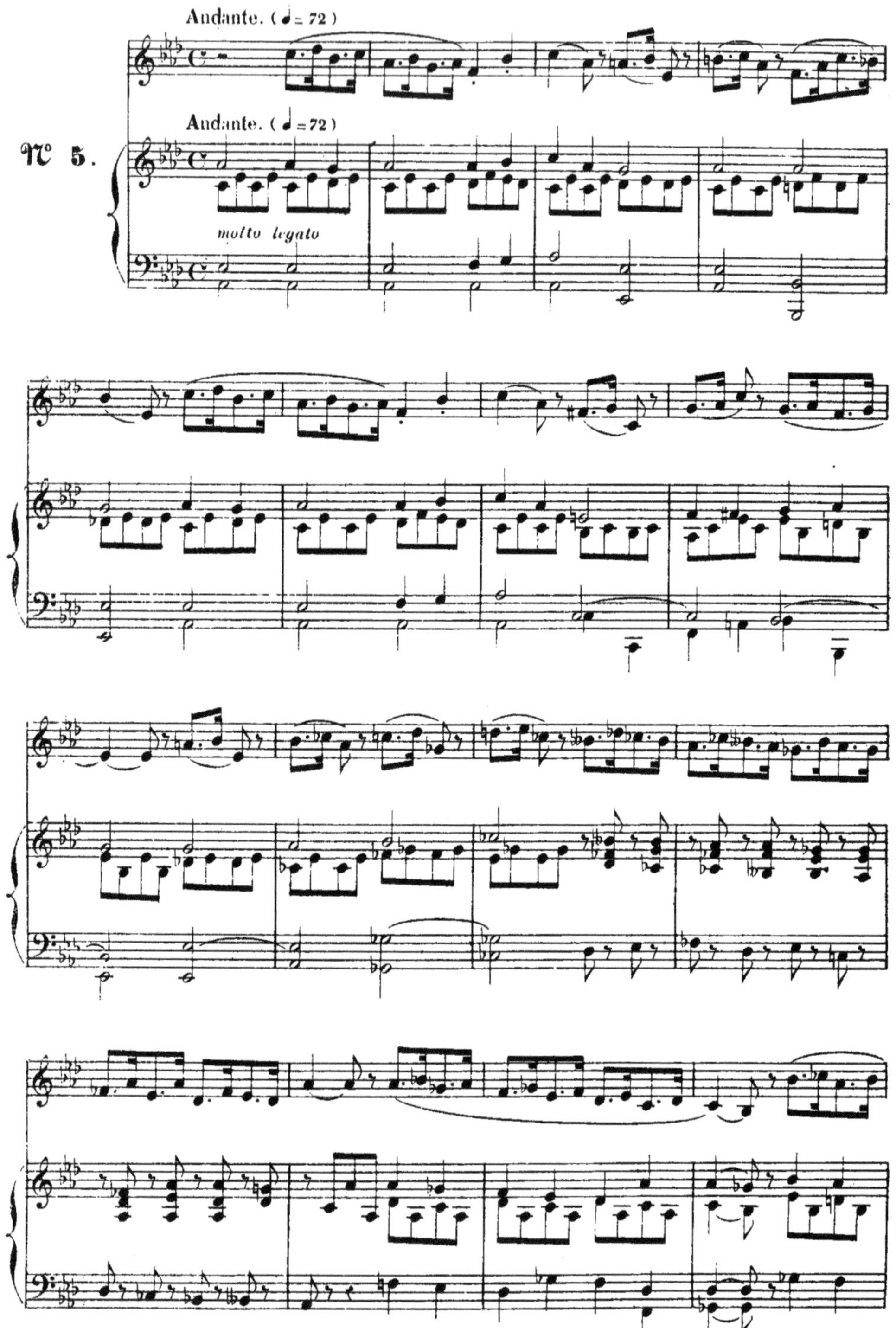

H

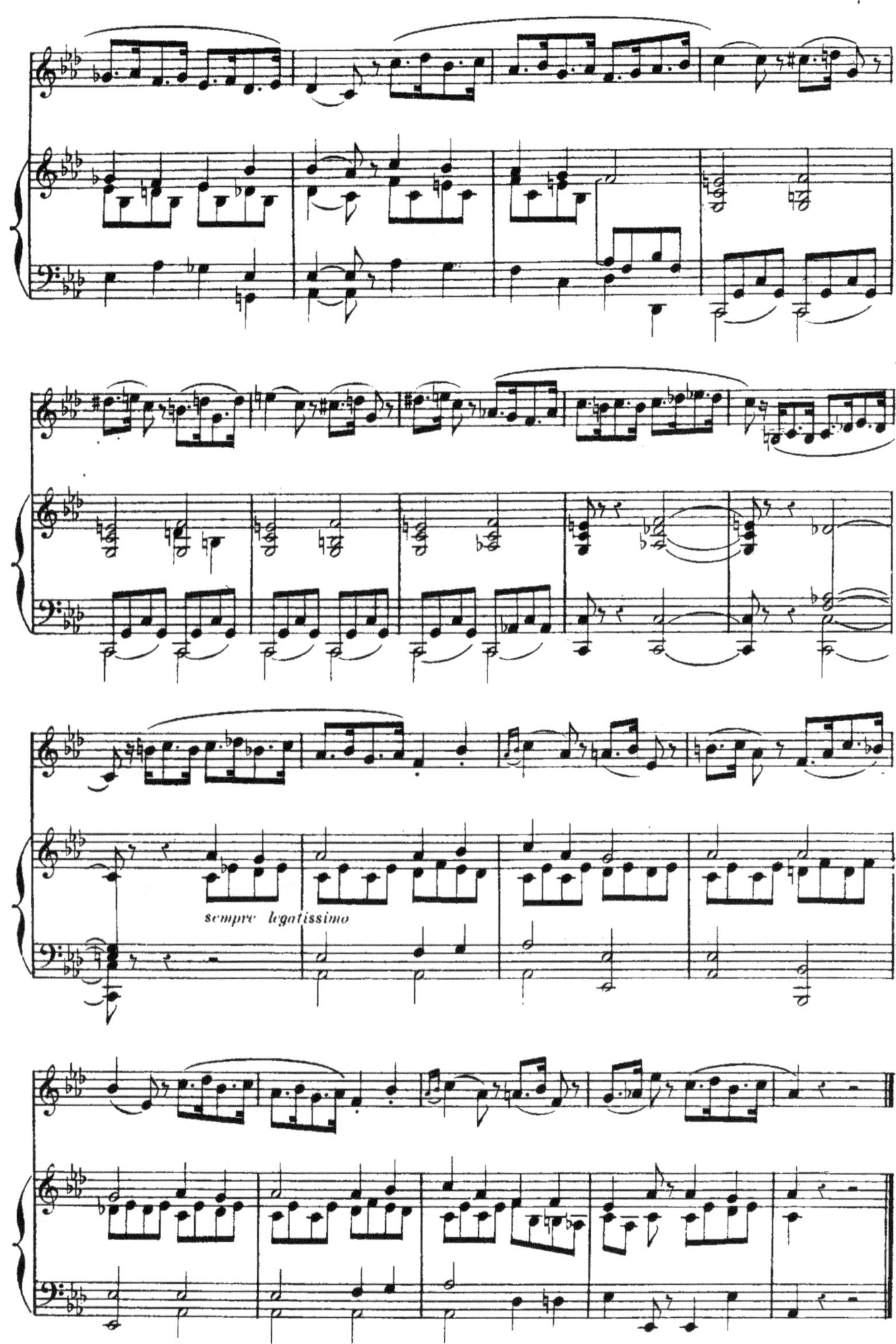
sempre legatissimo

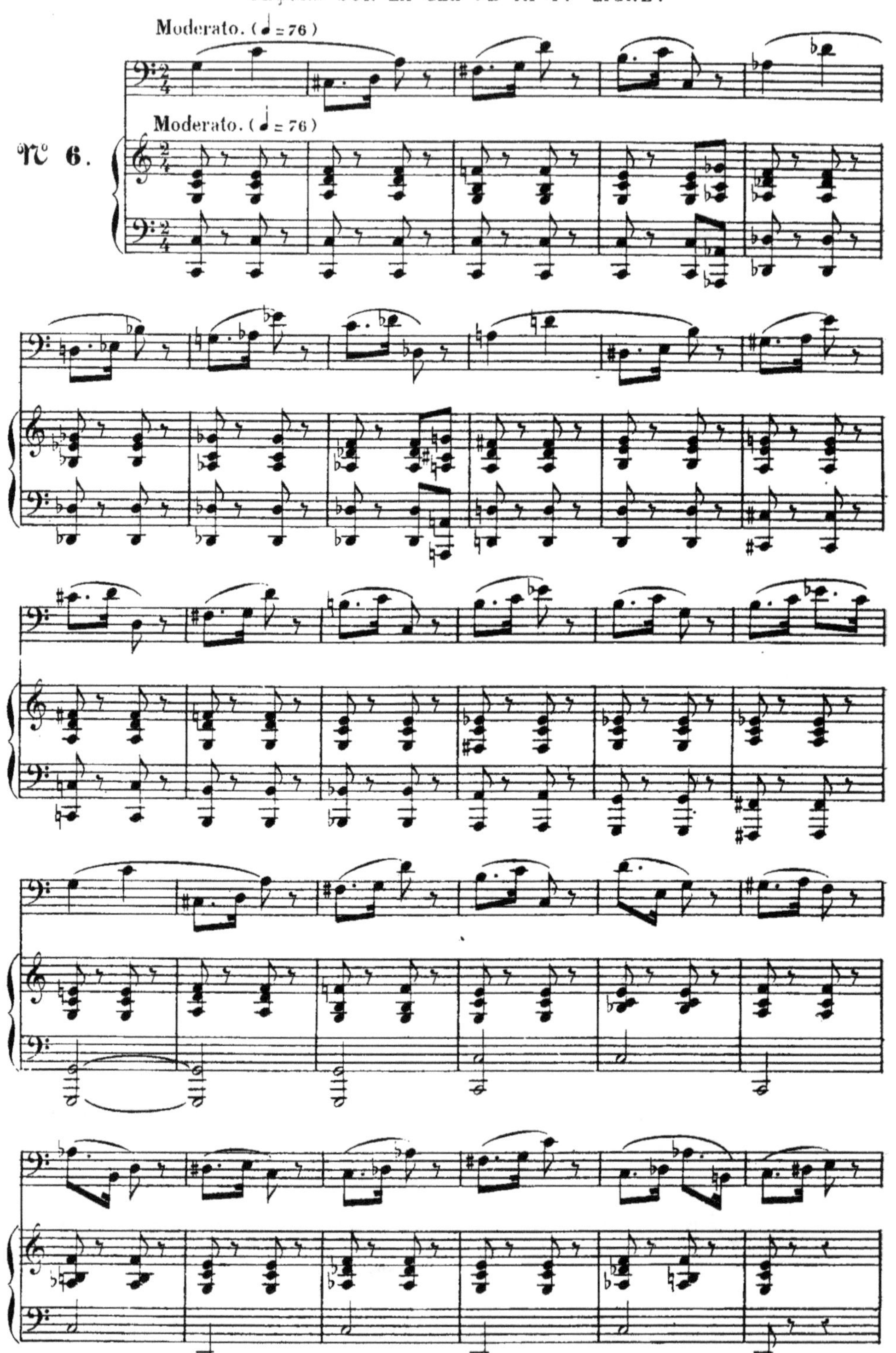
Moderato. (♩ = 76)
Moderato. (♩ = 76)
Nº 6.

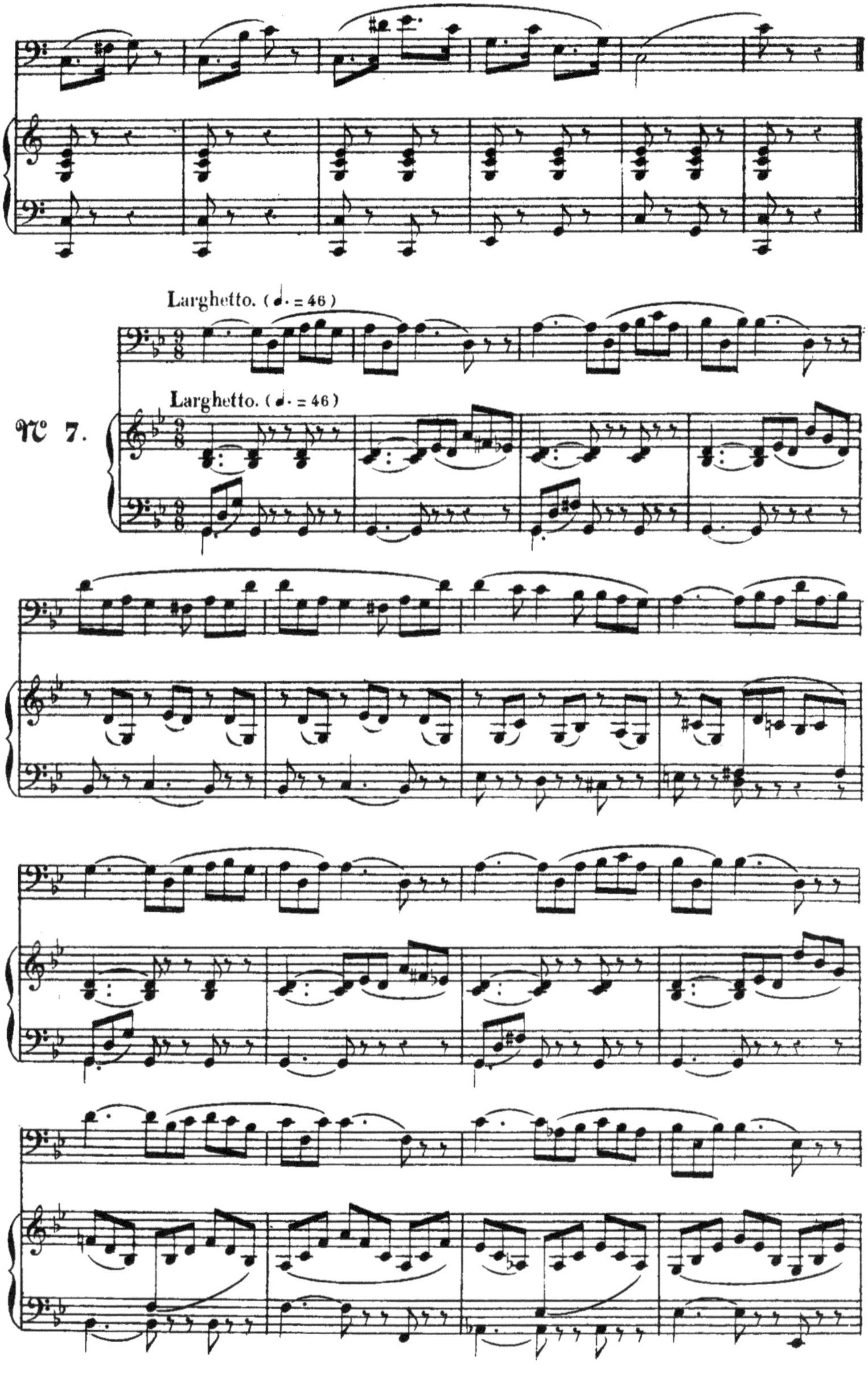

Larghetto. (♩. = 46)

No 7.

Larghetto. (♩. = 46)

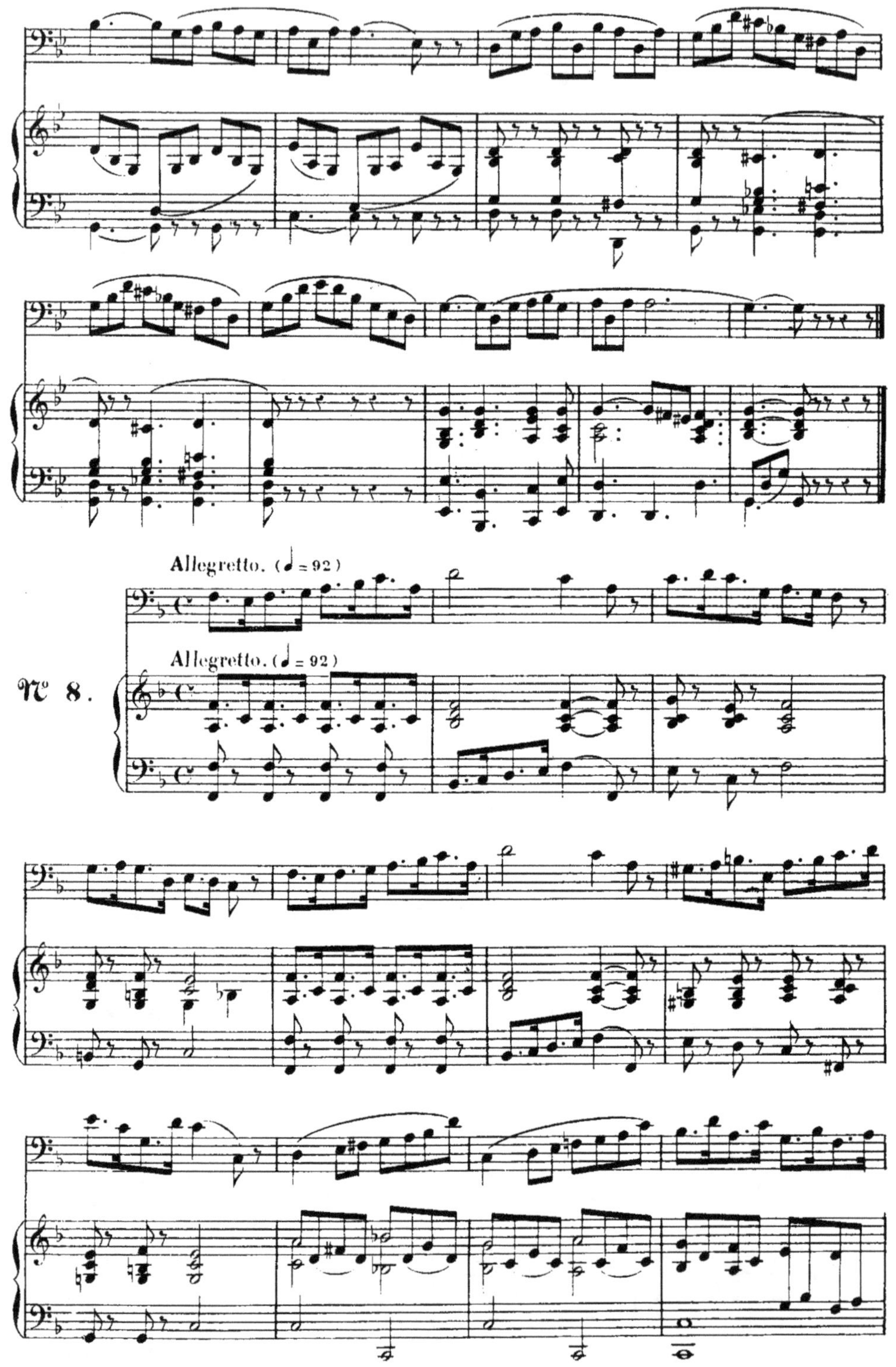
Allegretto. (♩= 92)
Allegretto. (♩= 92)
Nº 8.

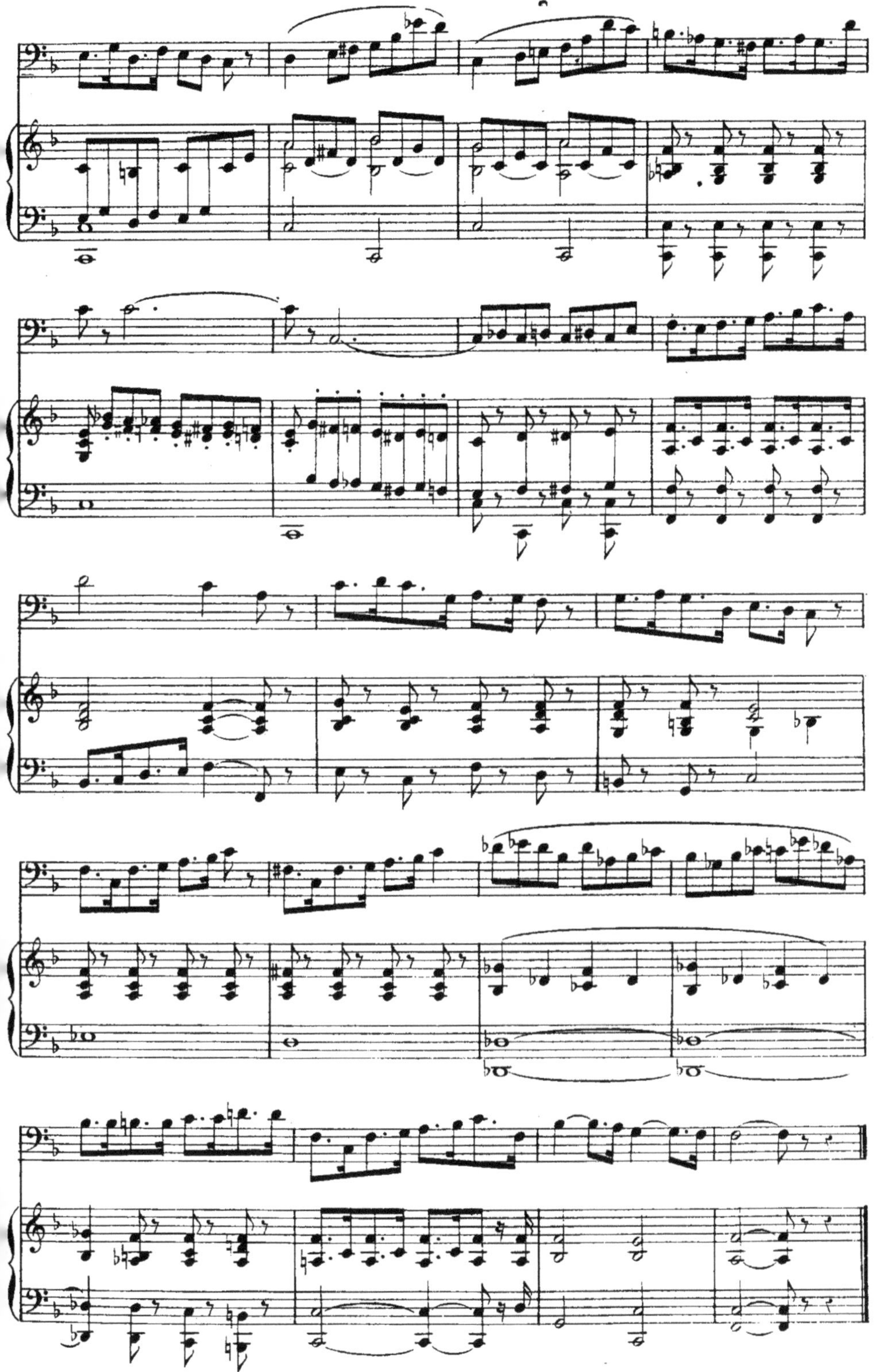

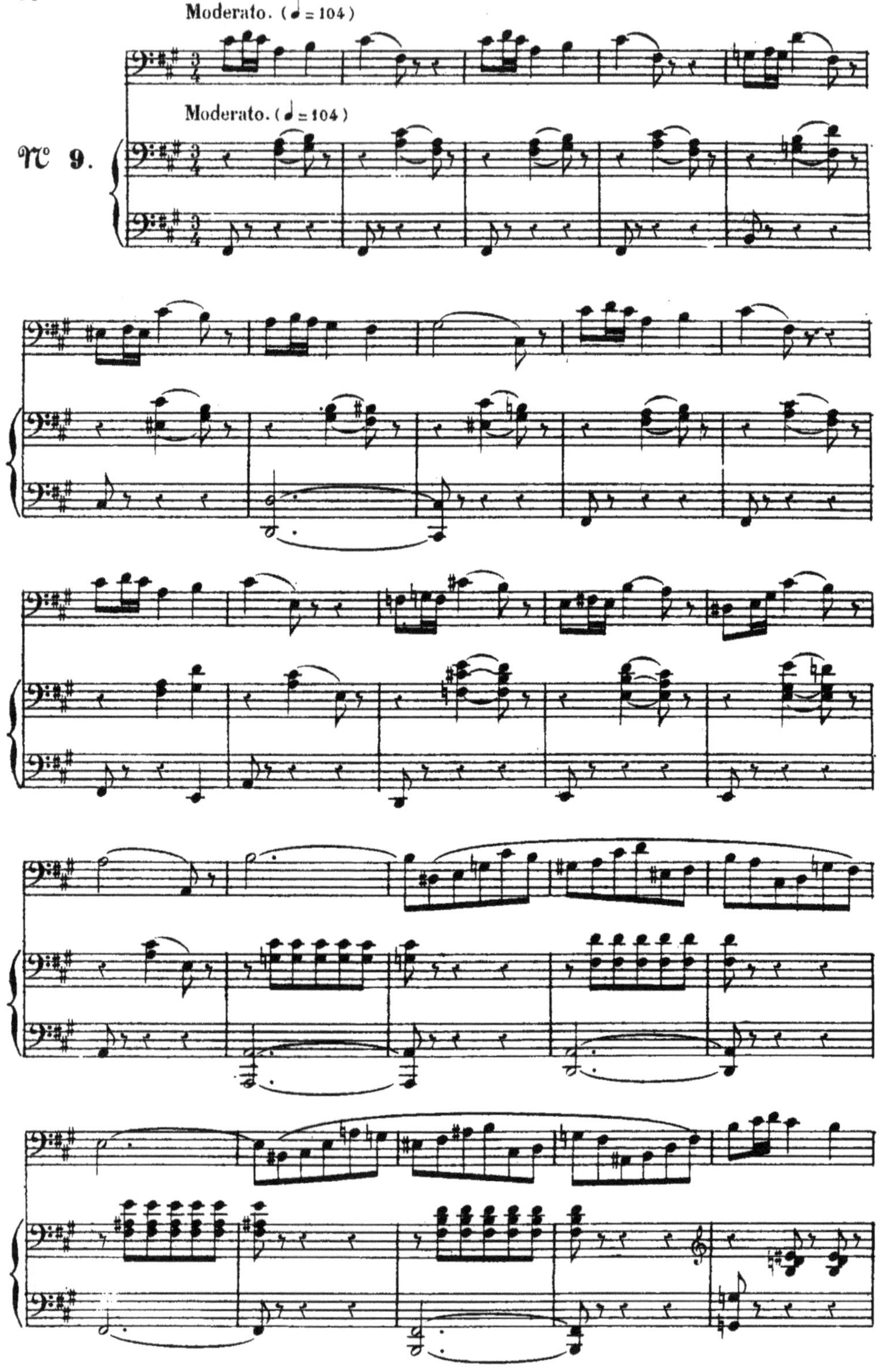
Moderato. (♩= 104)
Moderato. (♩= 104)
Nº 9.

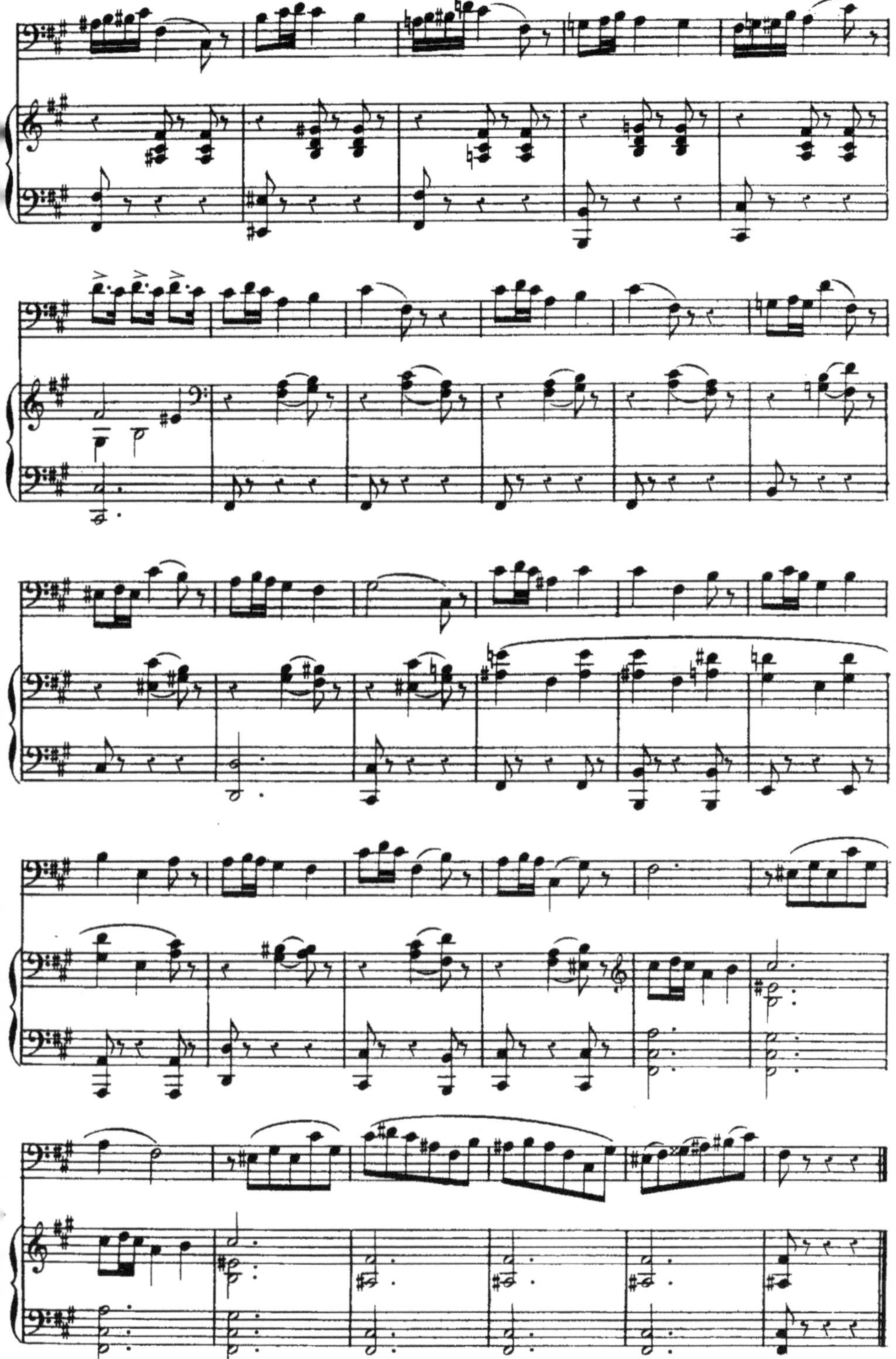

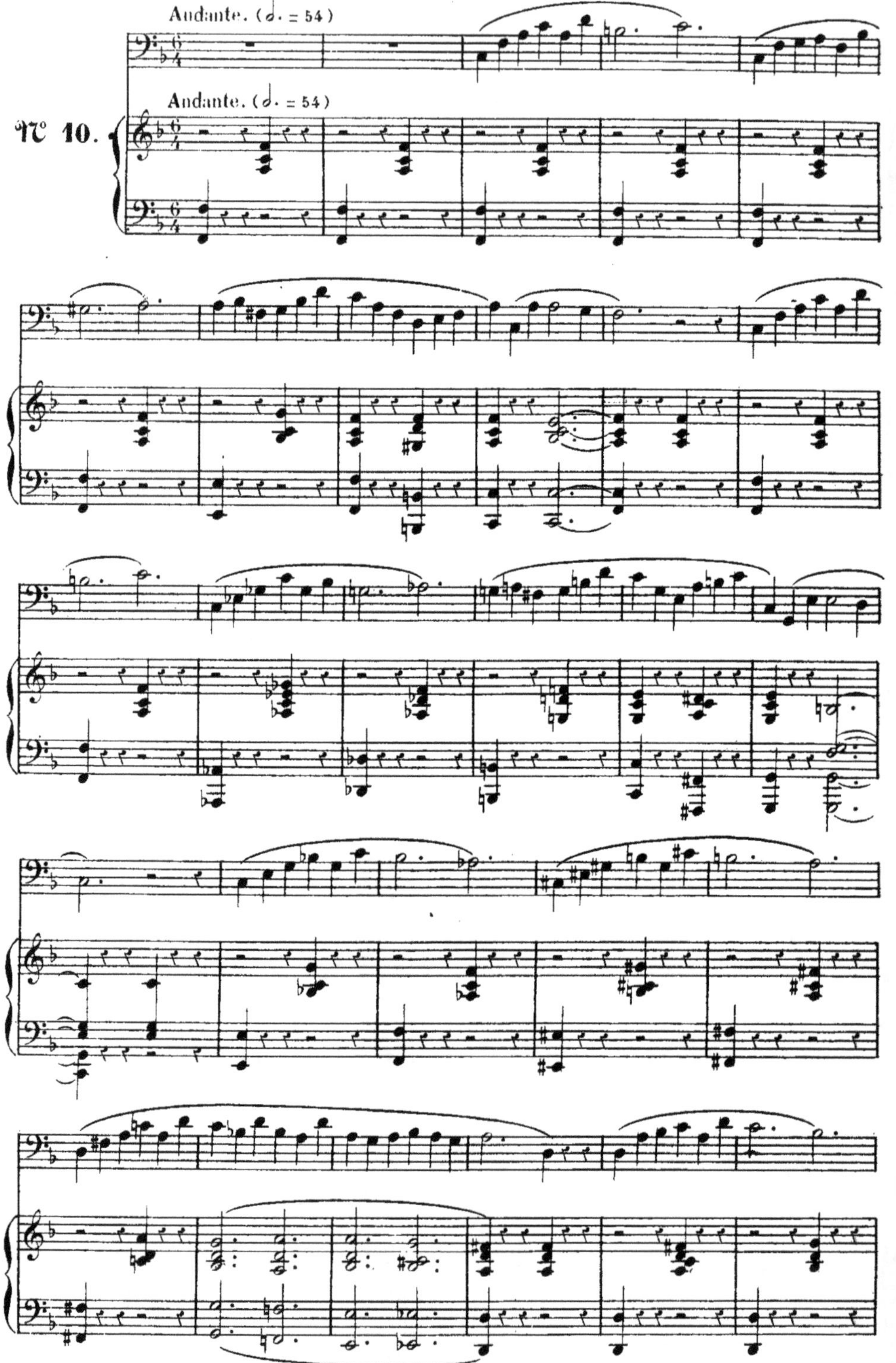
Andante. (𝅗𝅥. = 54)
Andante. (𝅗𝅥. = 54)
Nº 10.

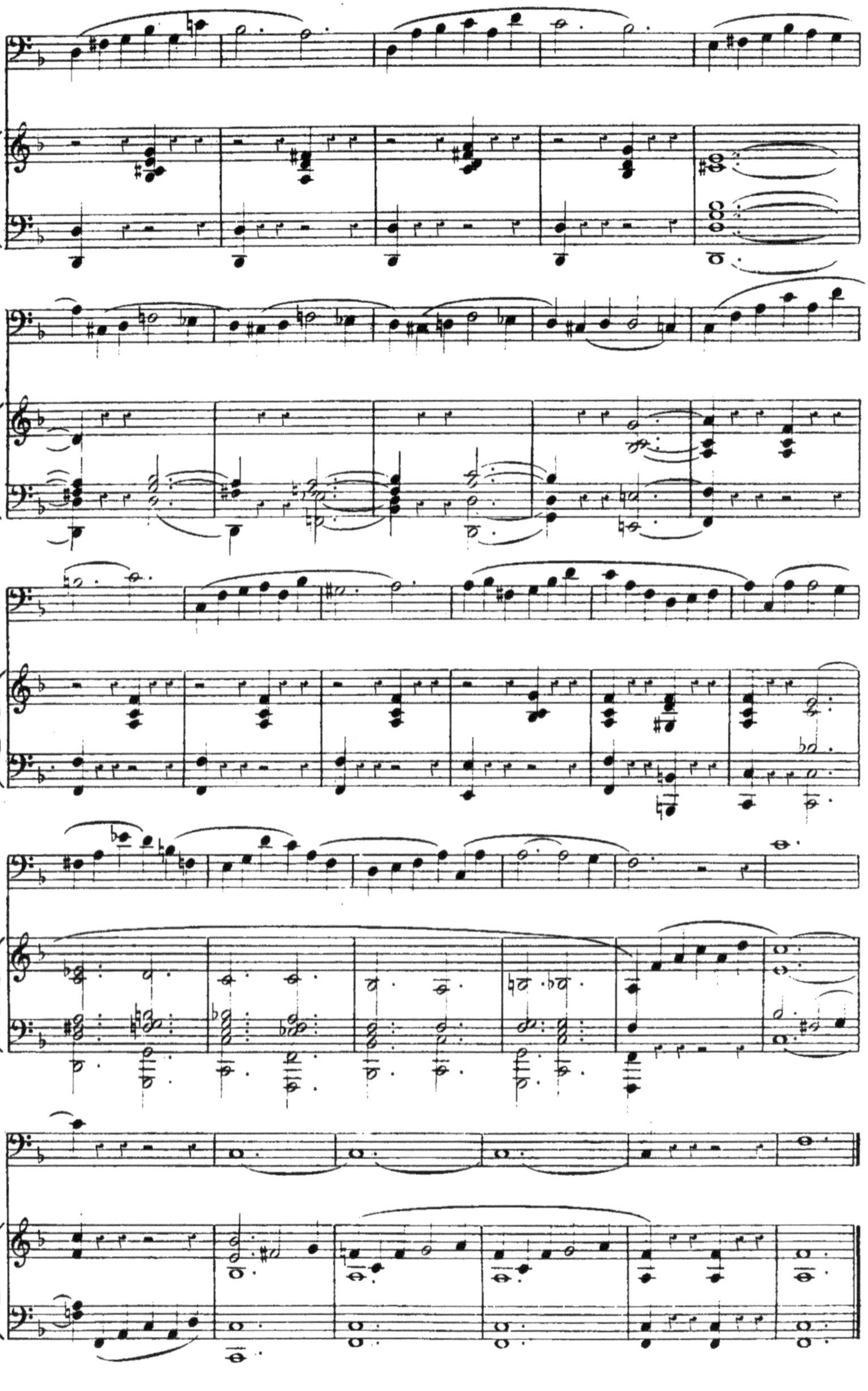

LEÇONS A CHANGEMENTS DE CLÉS

Sur la clé de Sol et la clé de Fa 4e ligne.

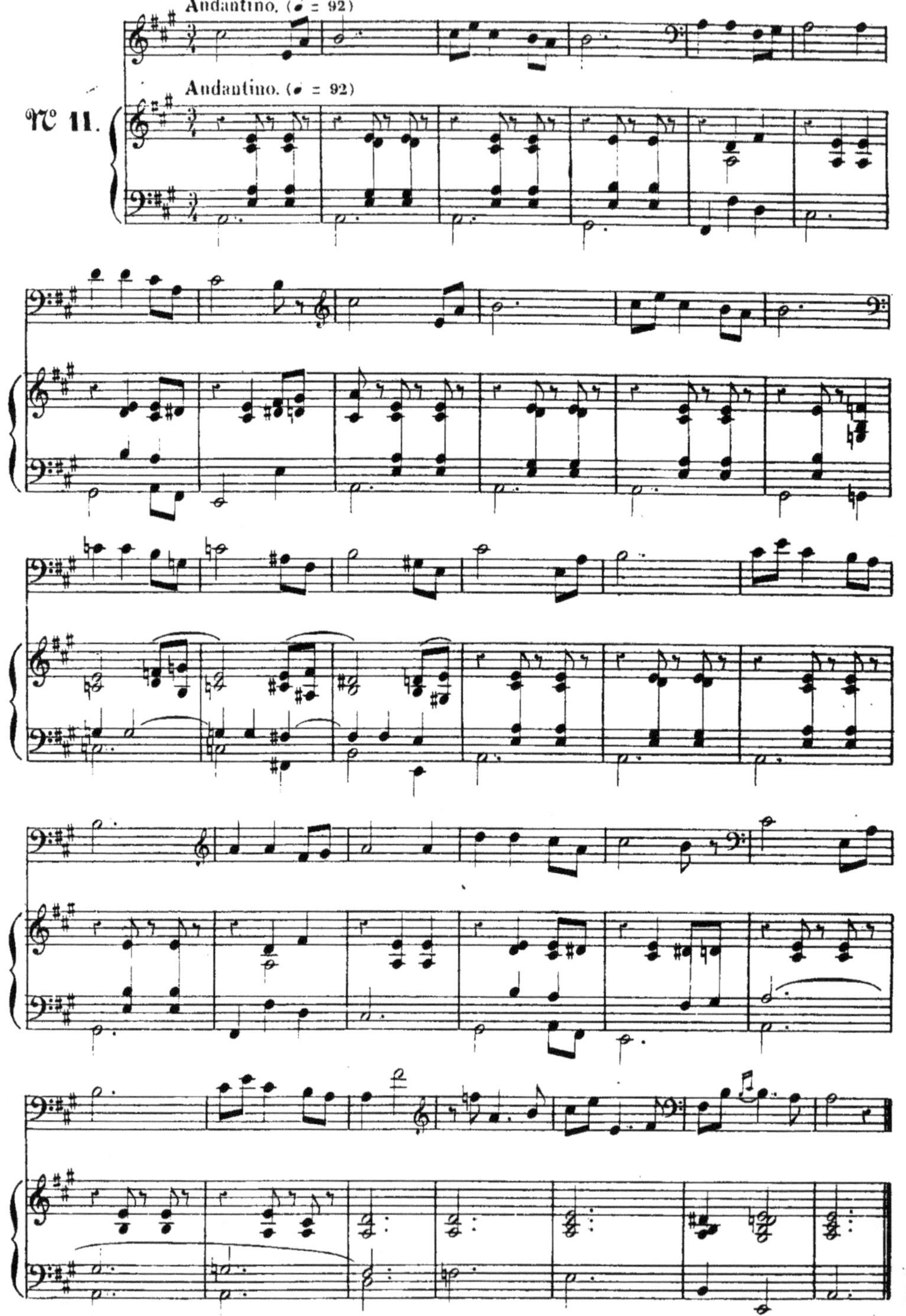

Nº 12.

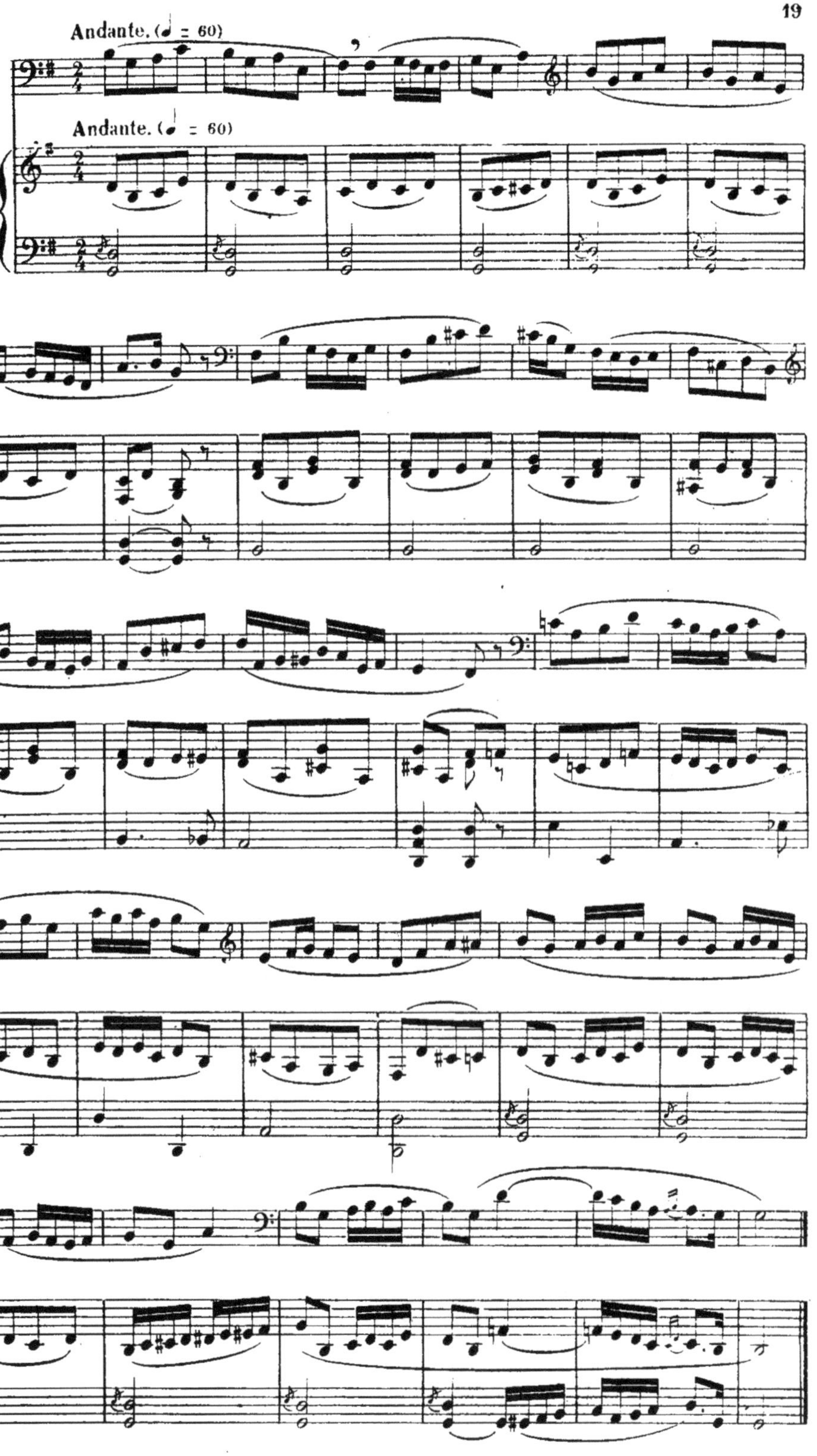

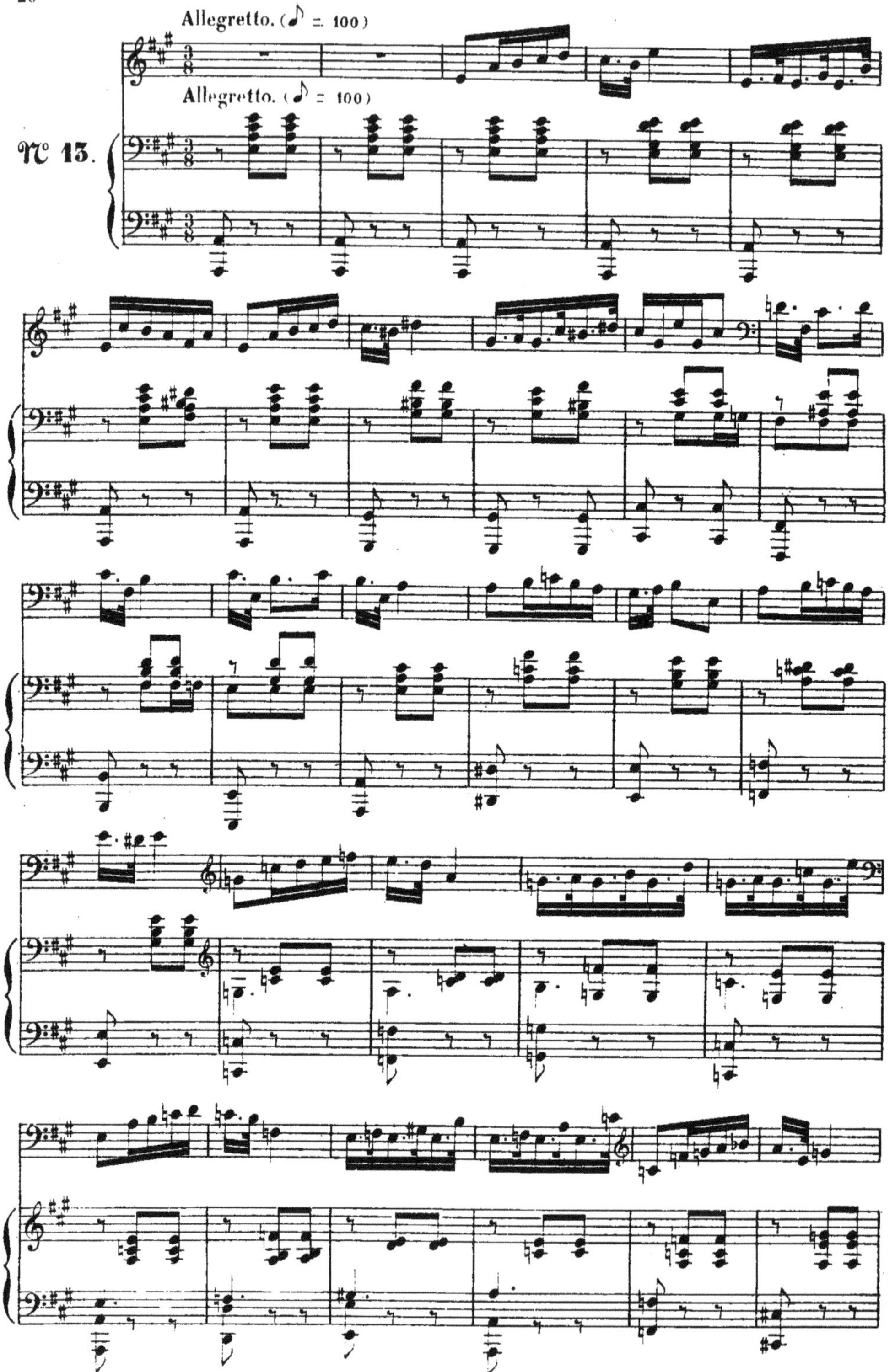

Allegretto. (♪ = 100)
Allegretto. (♪ = 100)
Nº 13.

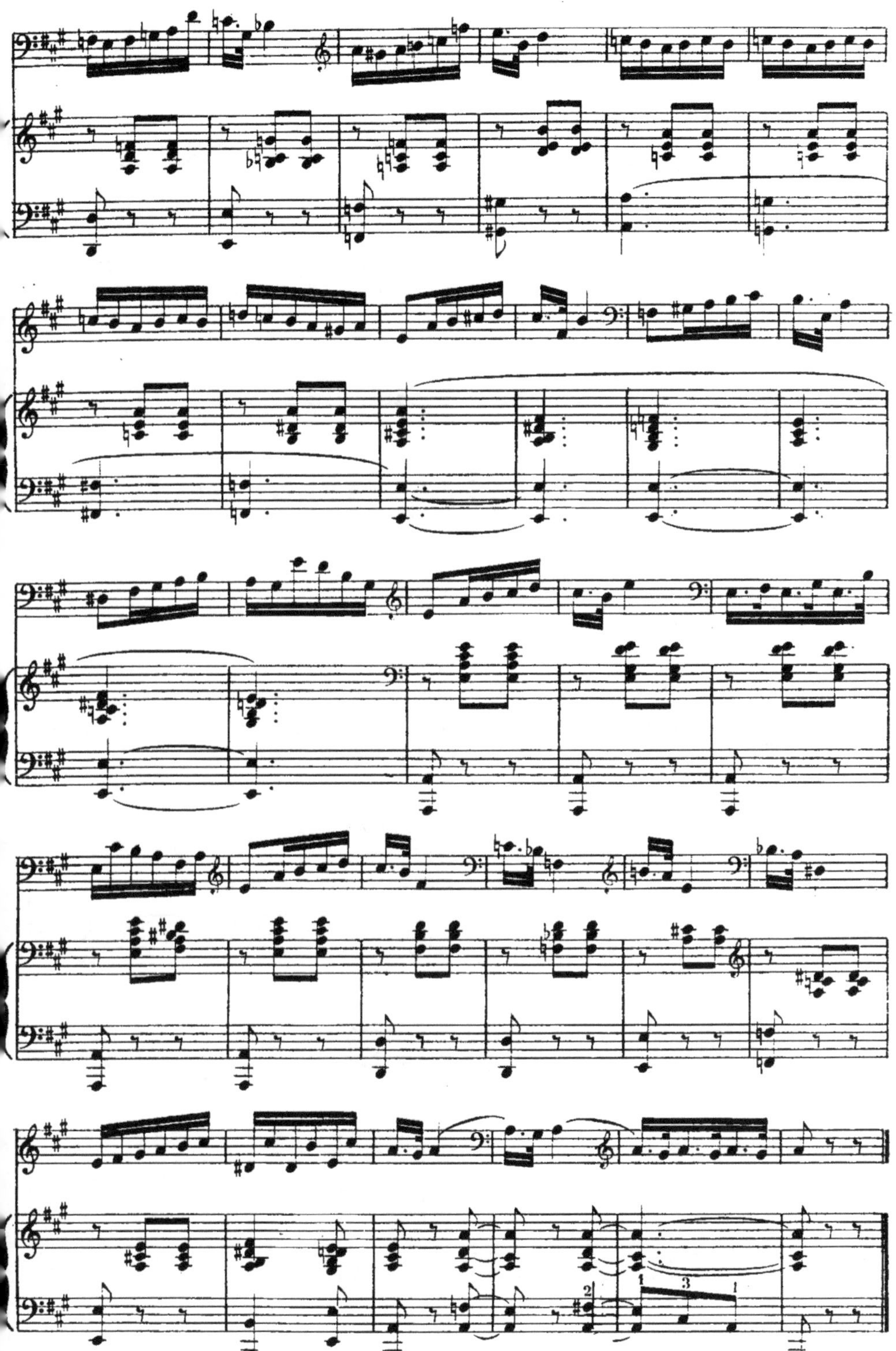

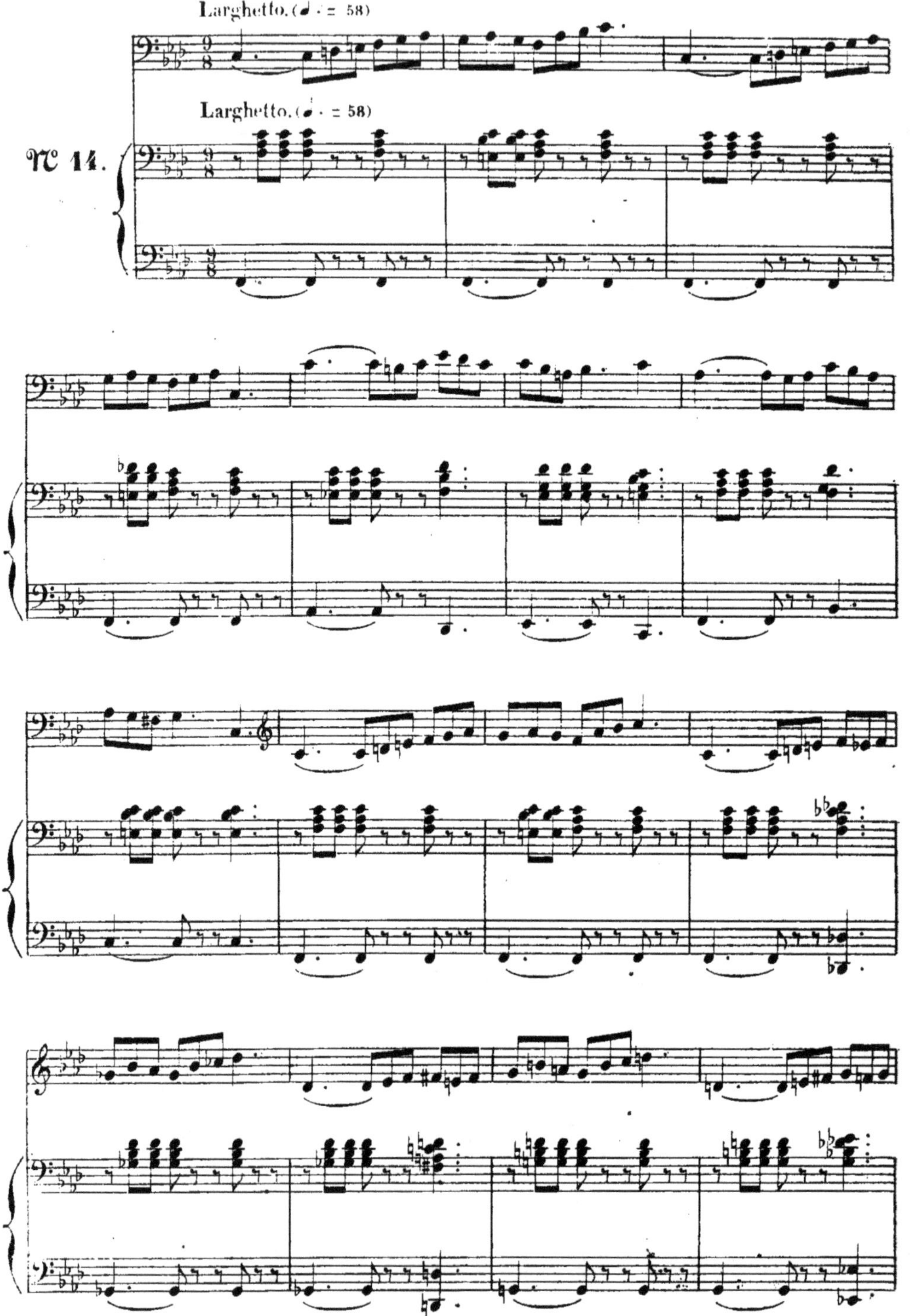
Larghetto. (♩. = 58)
Larghetto. (♩. = 58)
Nº 14.

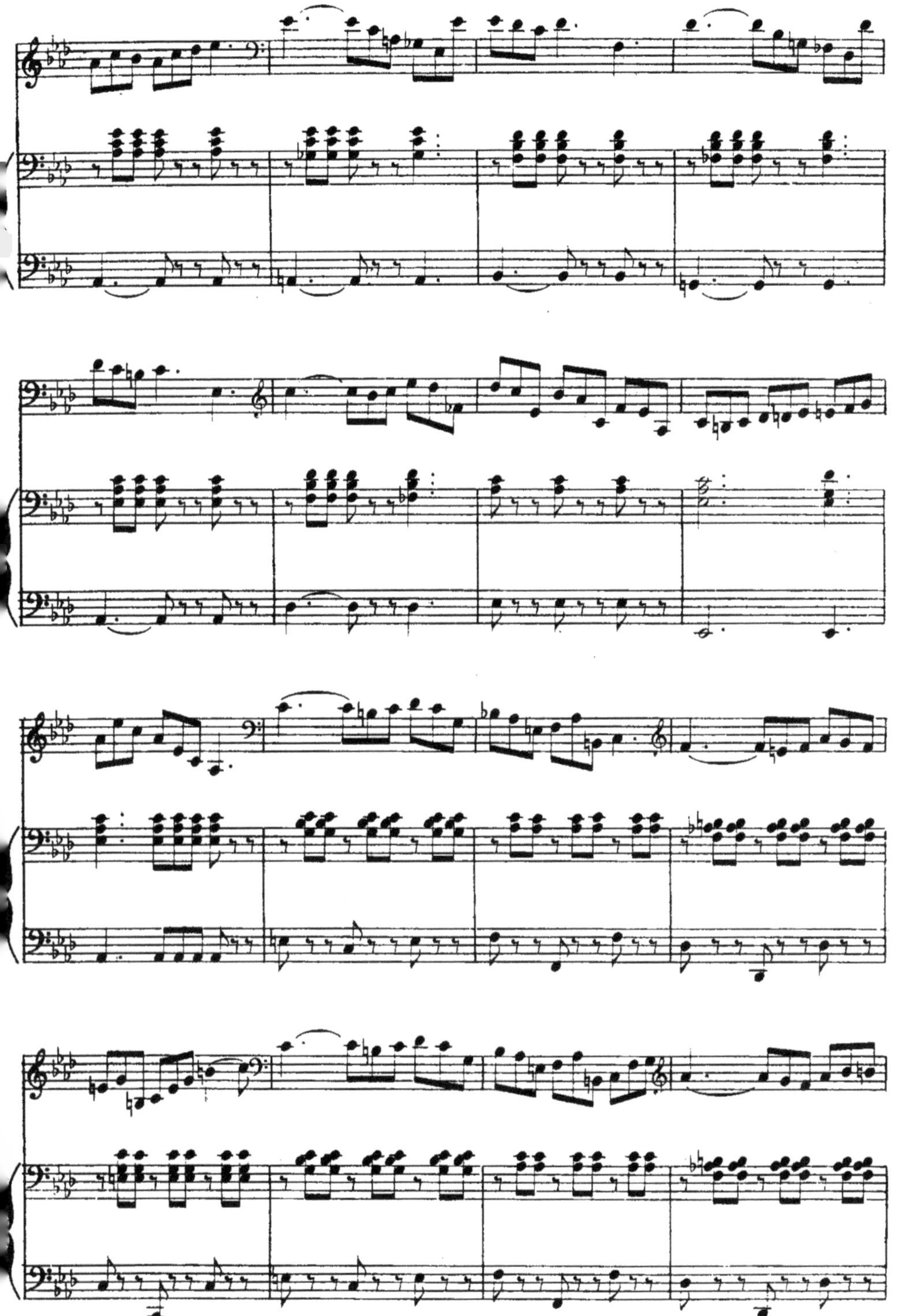

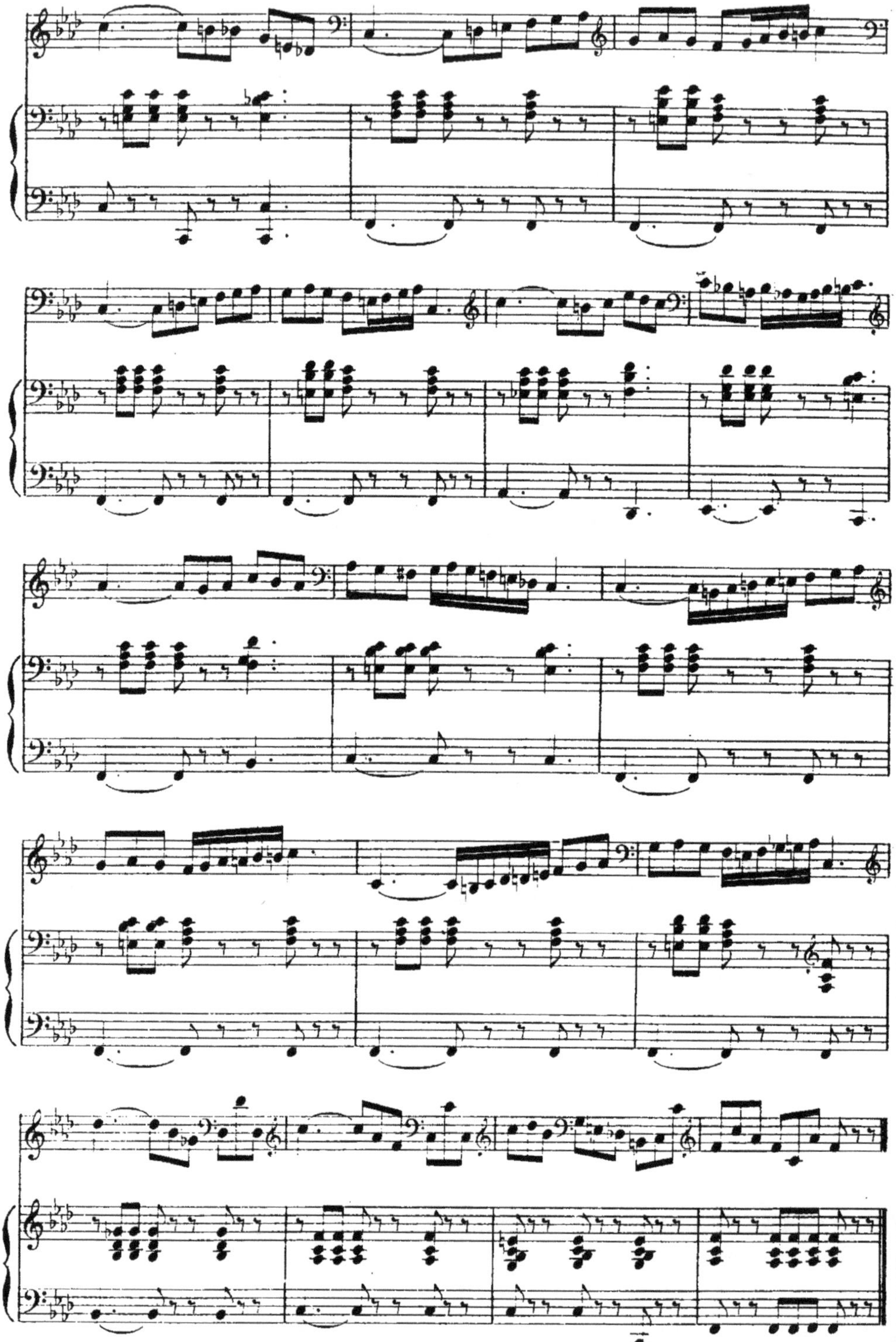

LEÇONS SUR LA CLÉ D'UT 1re LIGNE.

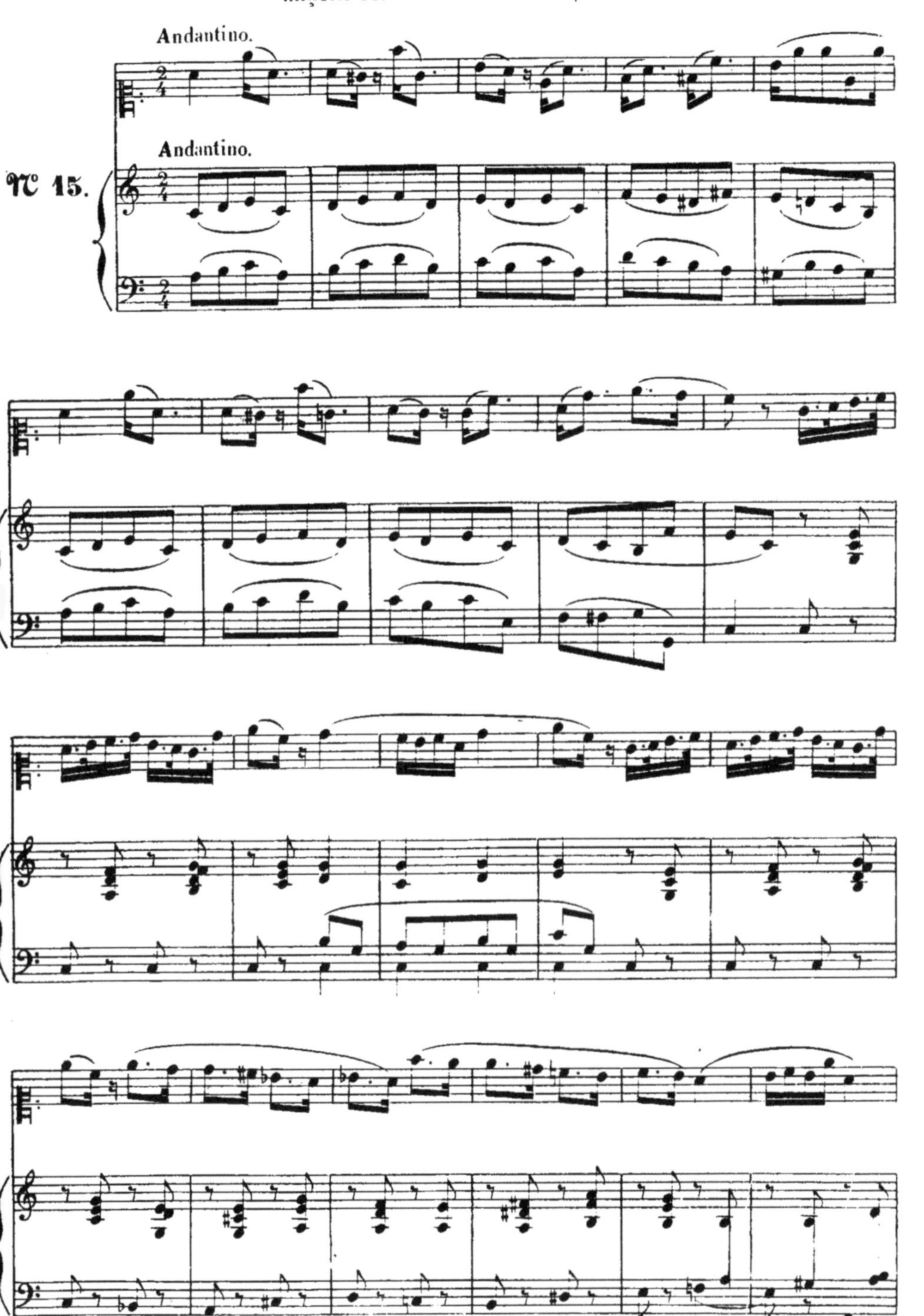

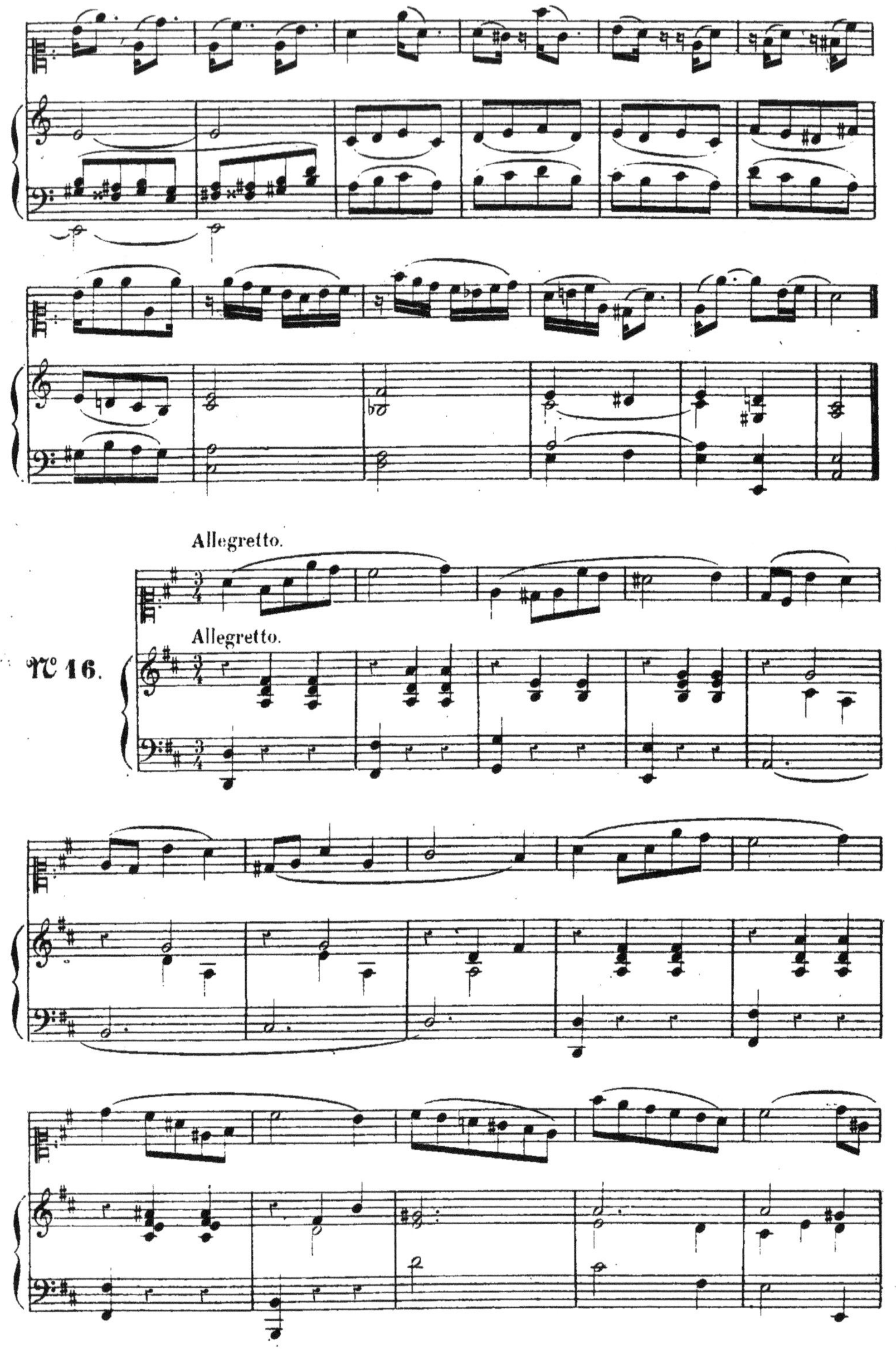
Allegretto.
Allegretto.
Nº 16.

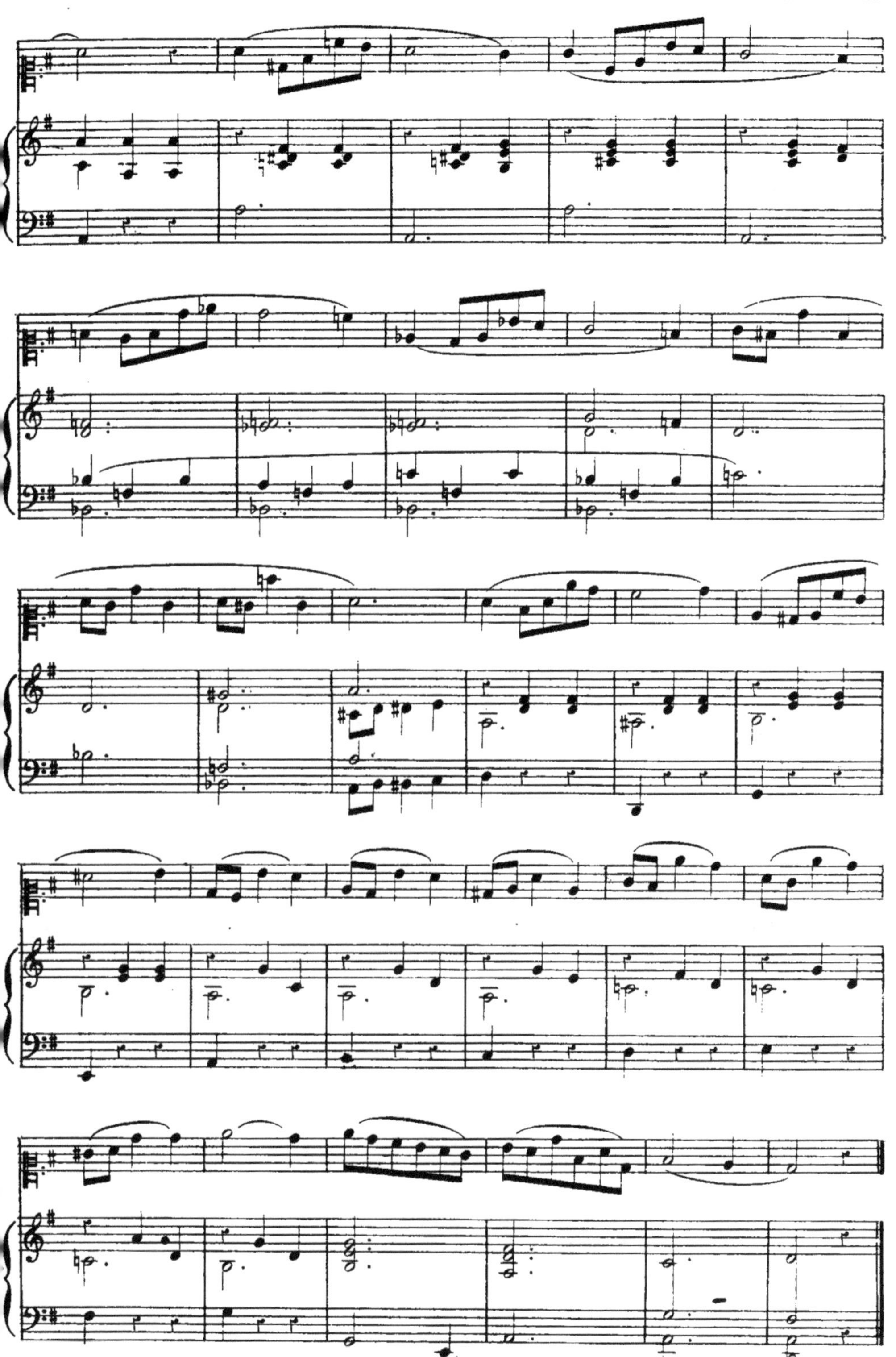

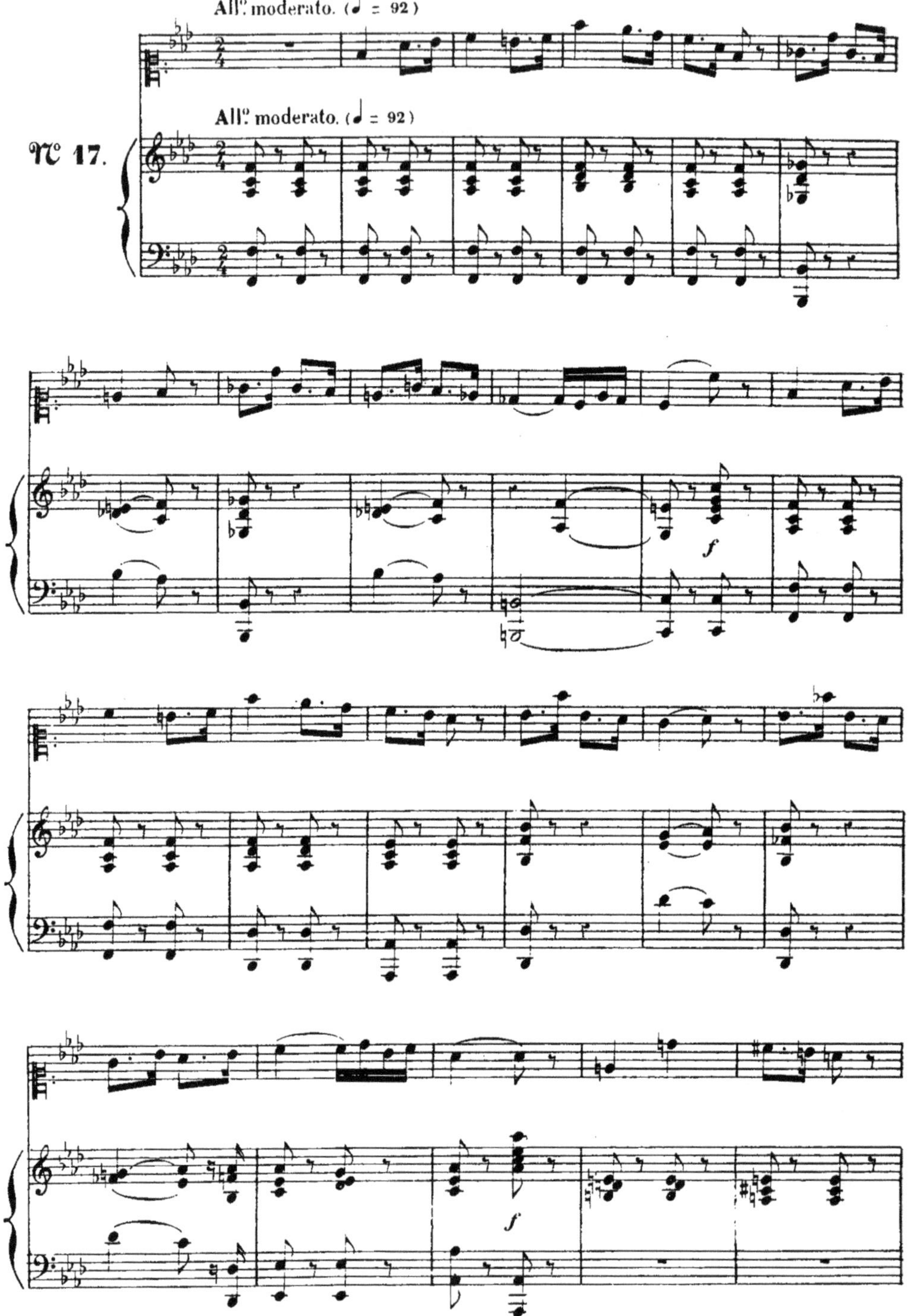
Allº moderato. (♩ = 92)
Allº moderato. (♩ = 92)
Nº 17.
f
f

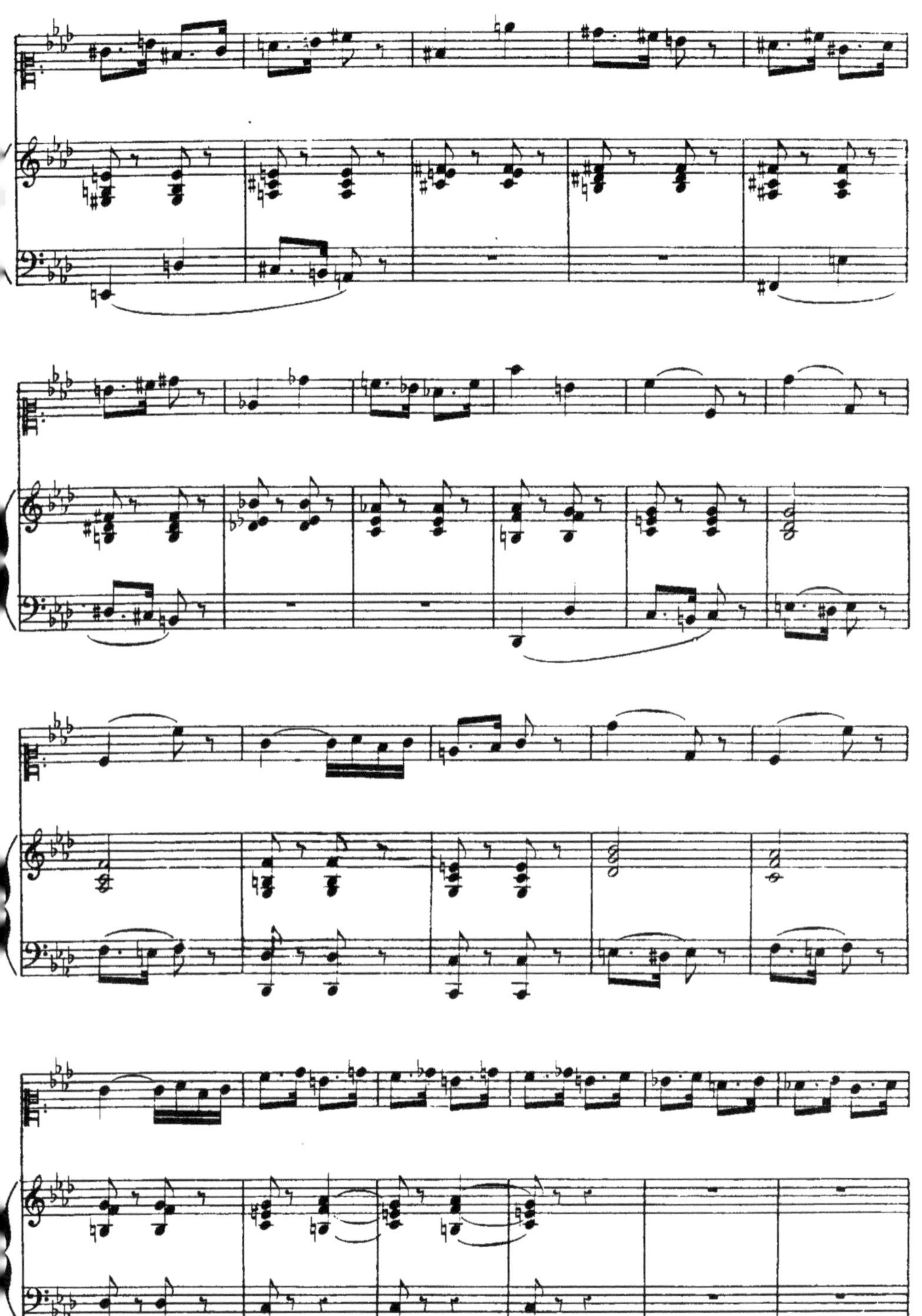

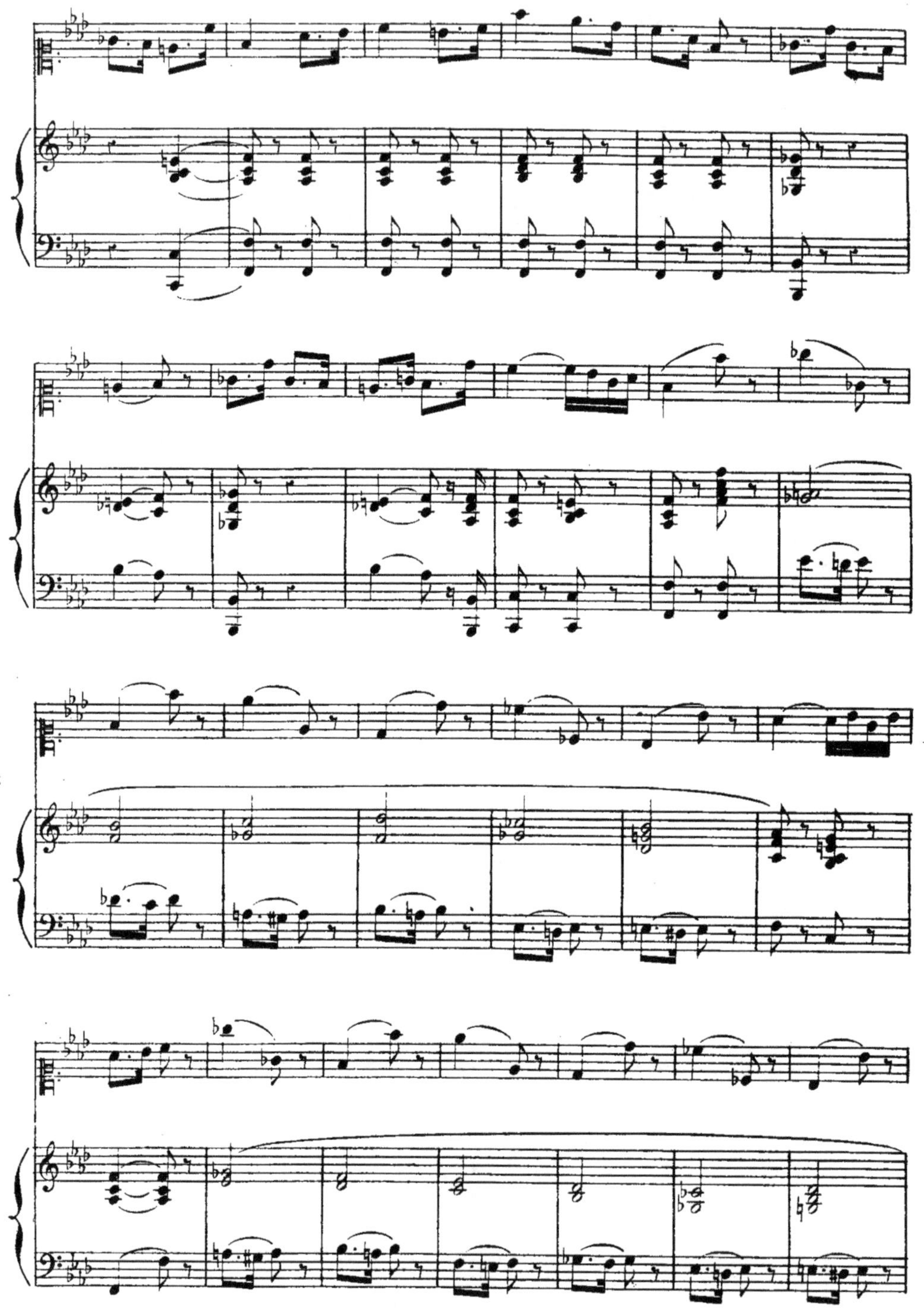

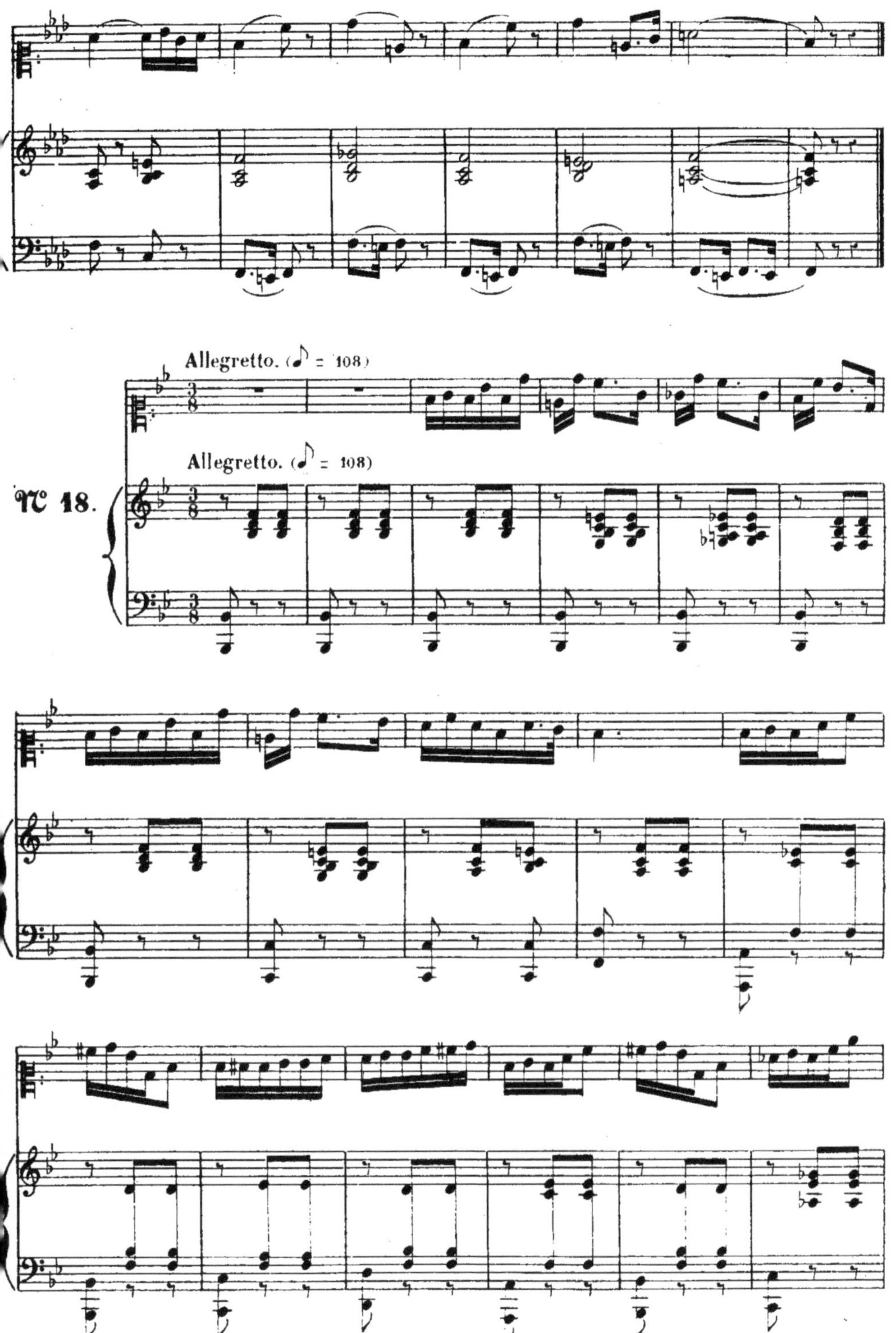
Allegretto. (♪ = 108)
Allegretto. (♪ = 108)
Nº 18.

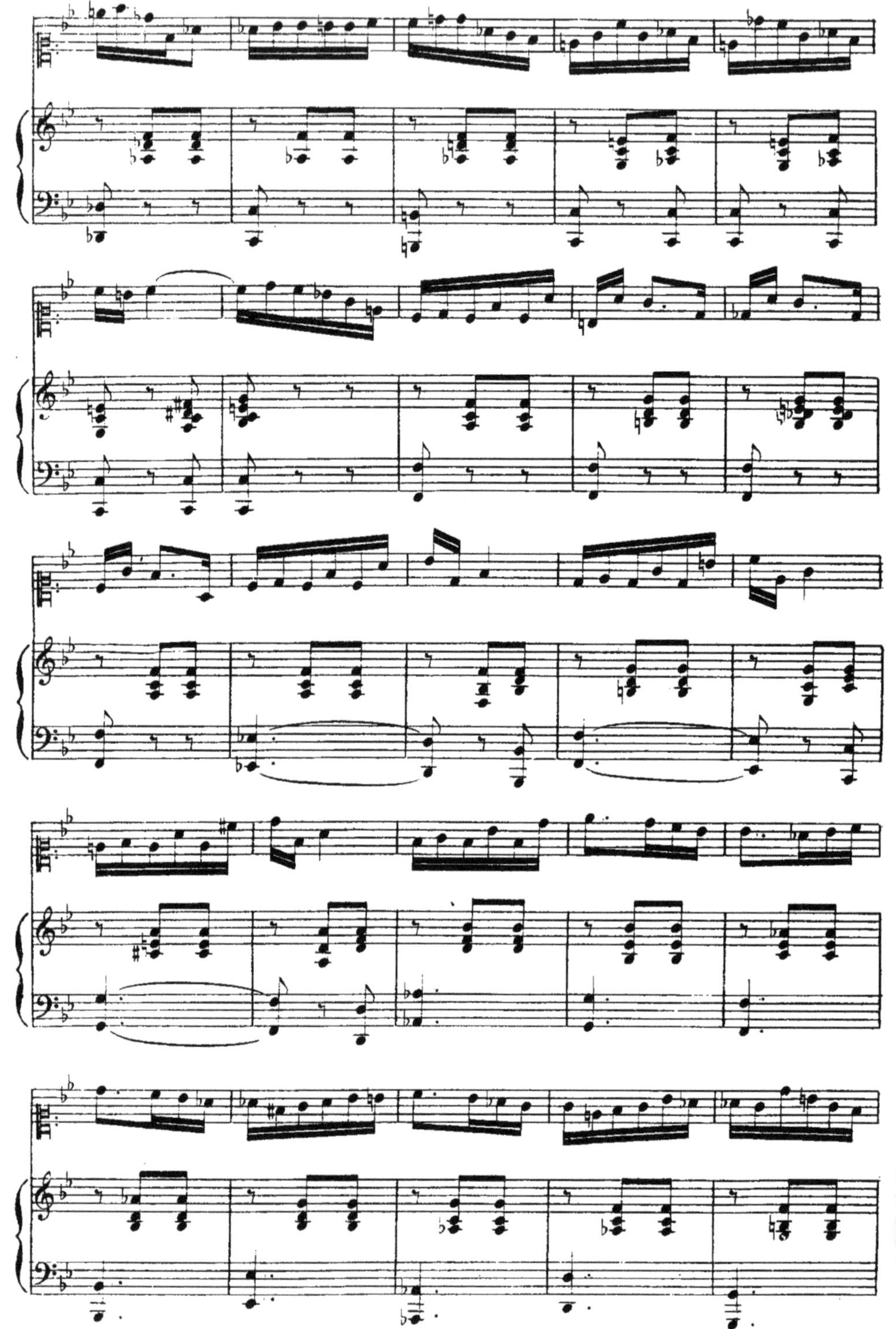

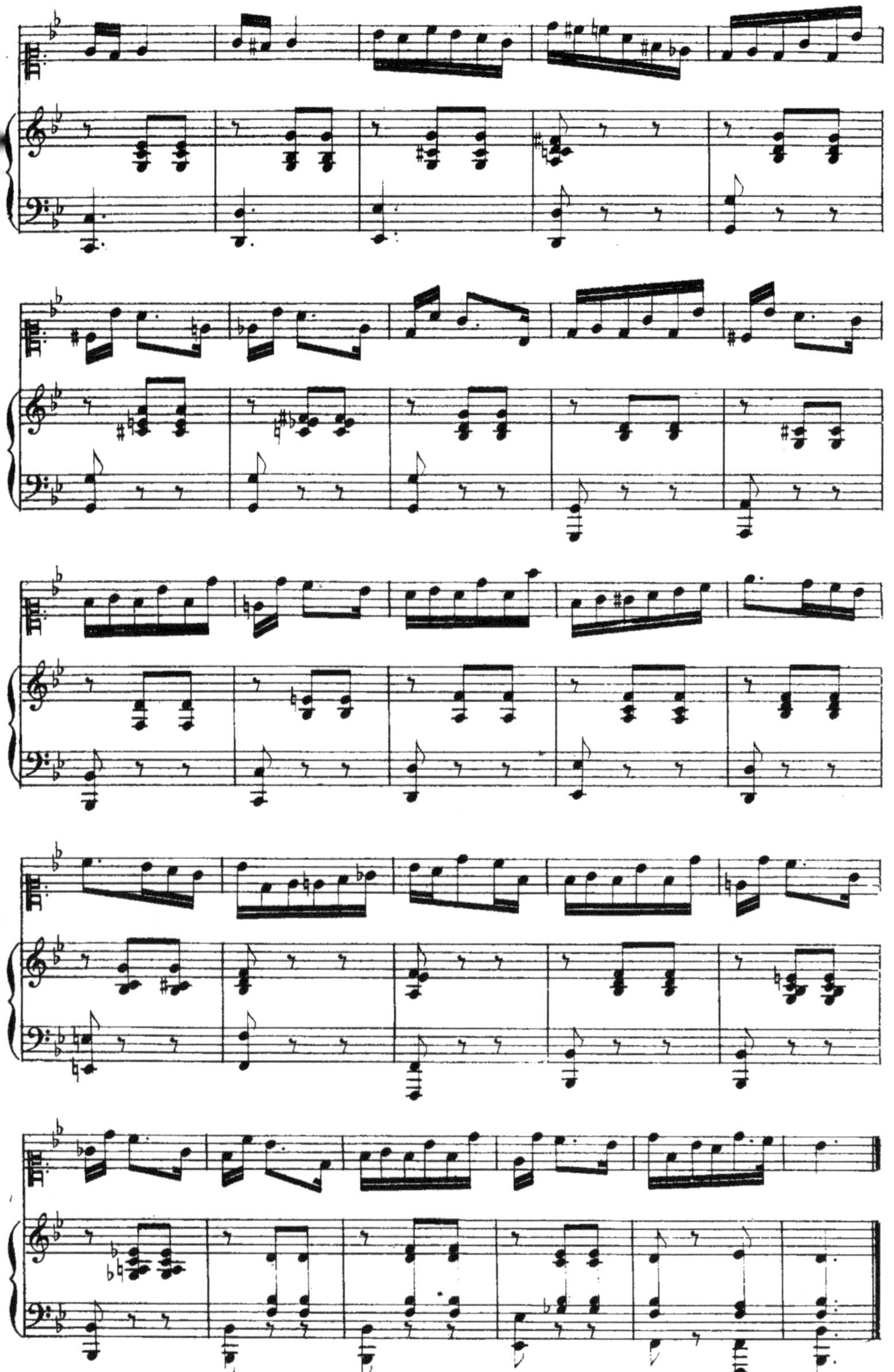

LEÇONS À CHANGEMENTS DE CLÉS

sur la clé de Sol, la clé de Fa 4e ligne et la clé d'Ut 1re ligne.

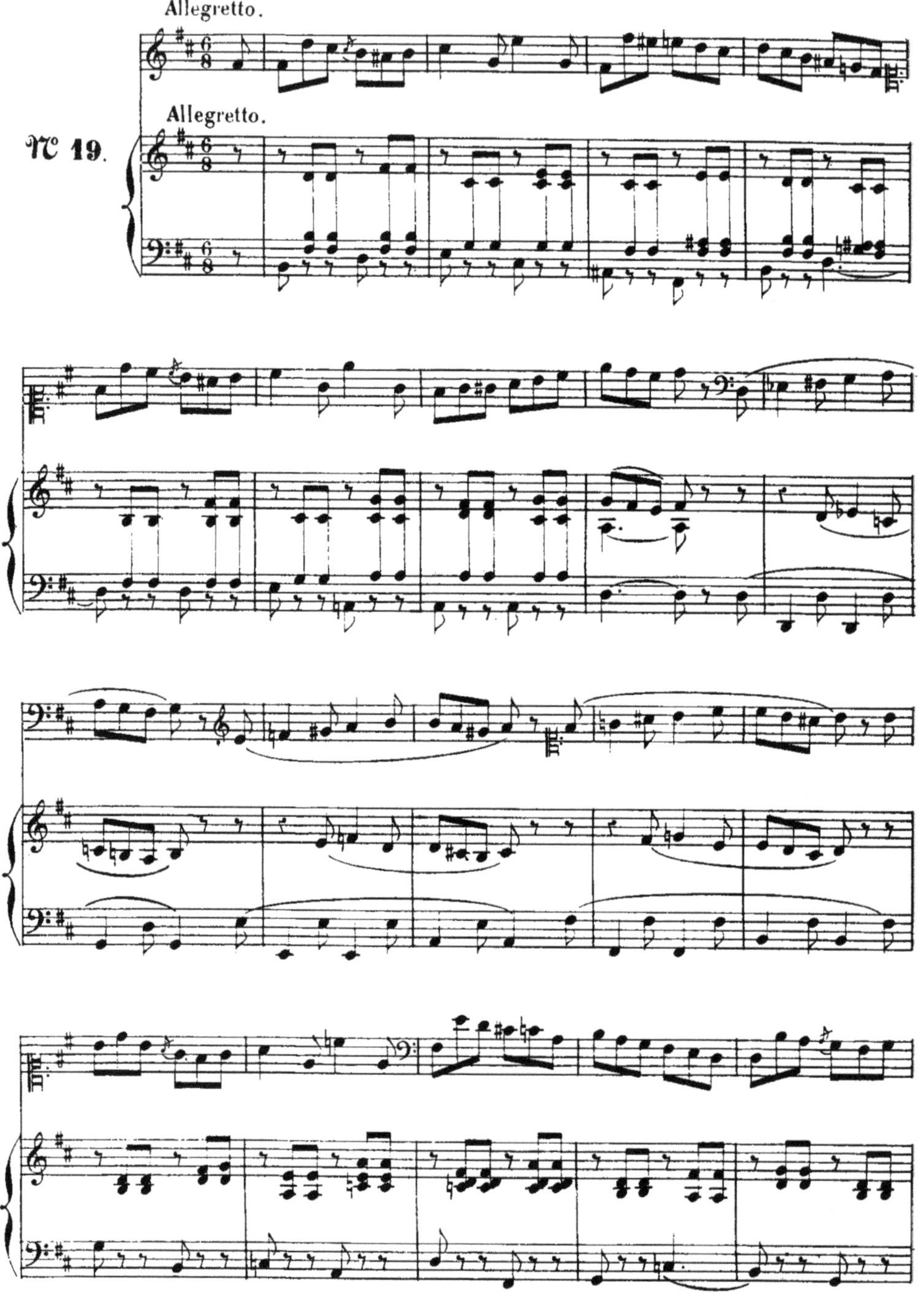

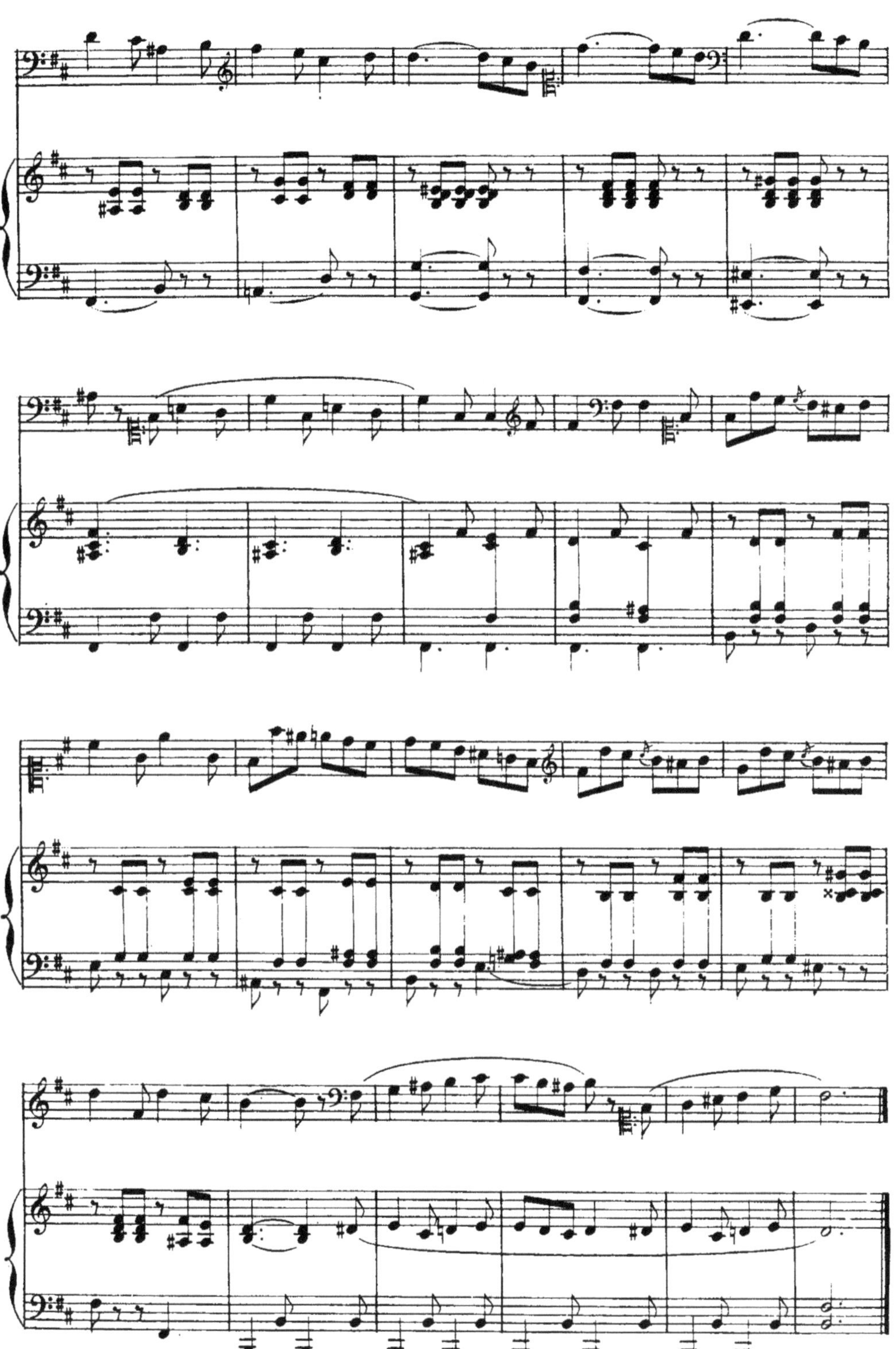

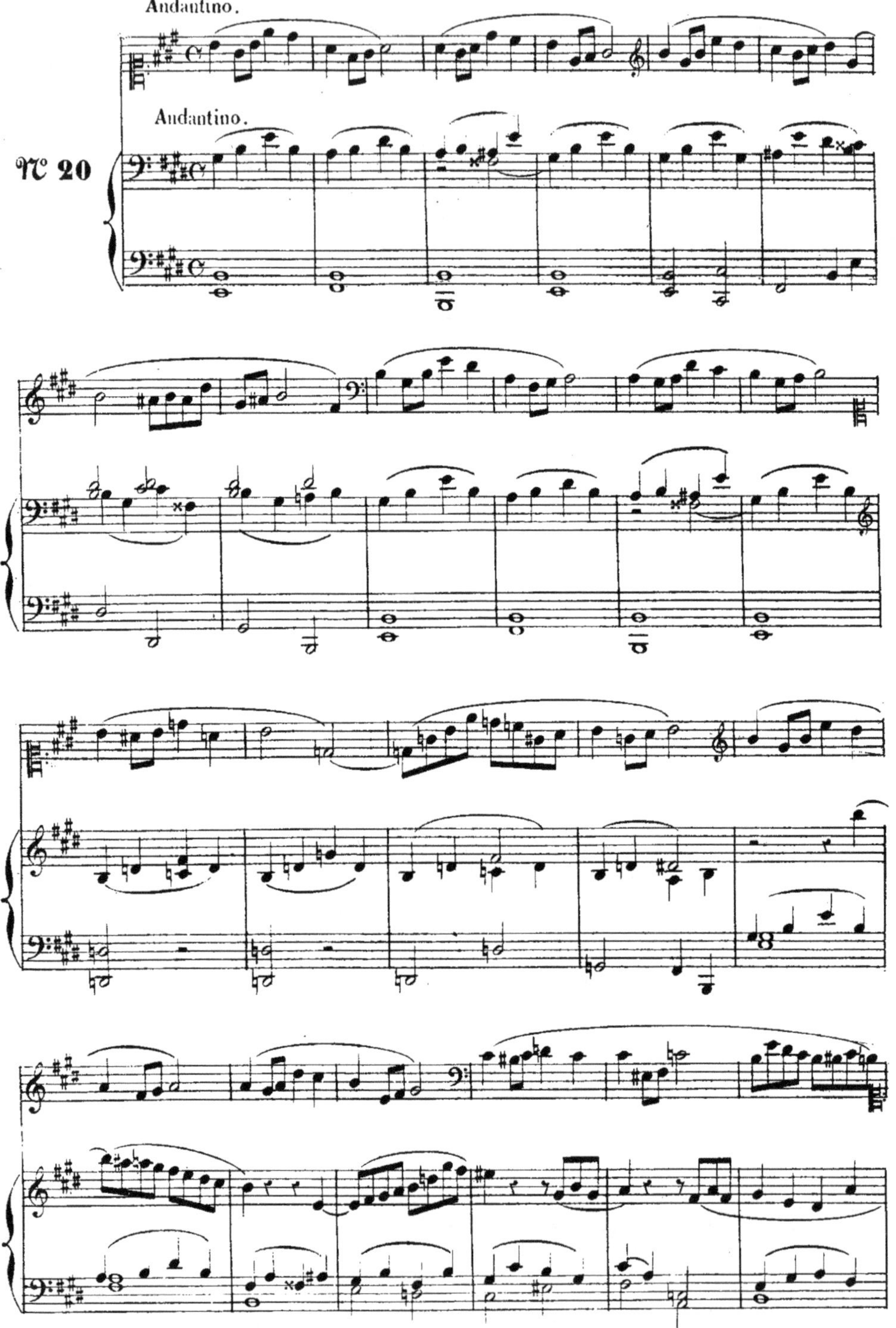
Andantino.
Andantino.
Nº 20

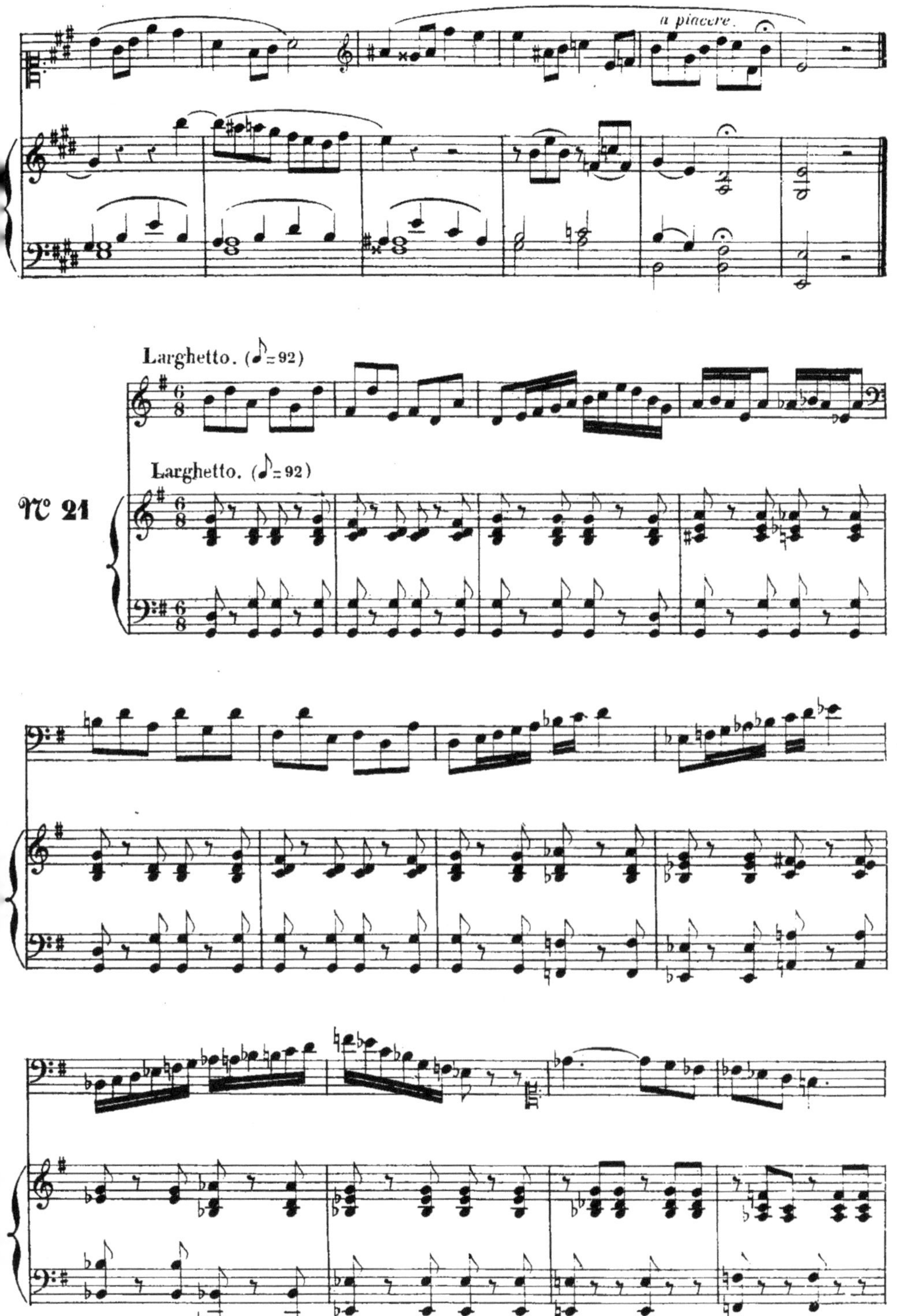

a piacere.
Larghetto. (♪ = 92)
Larghetto. (♪ = 92)
Nº 21

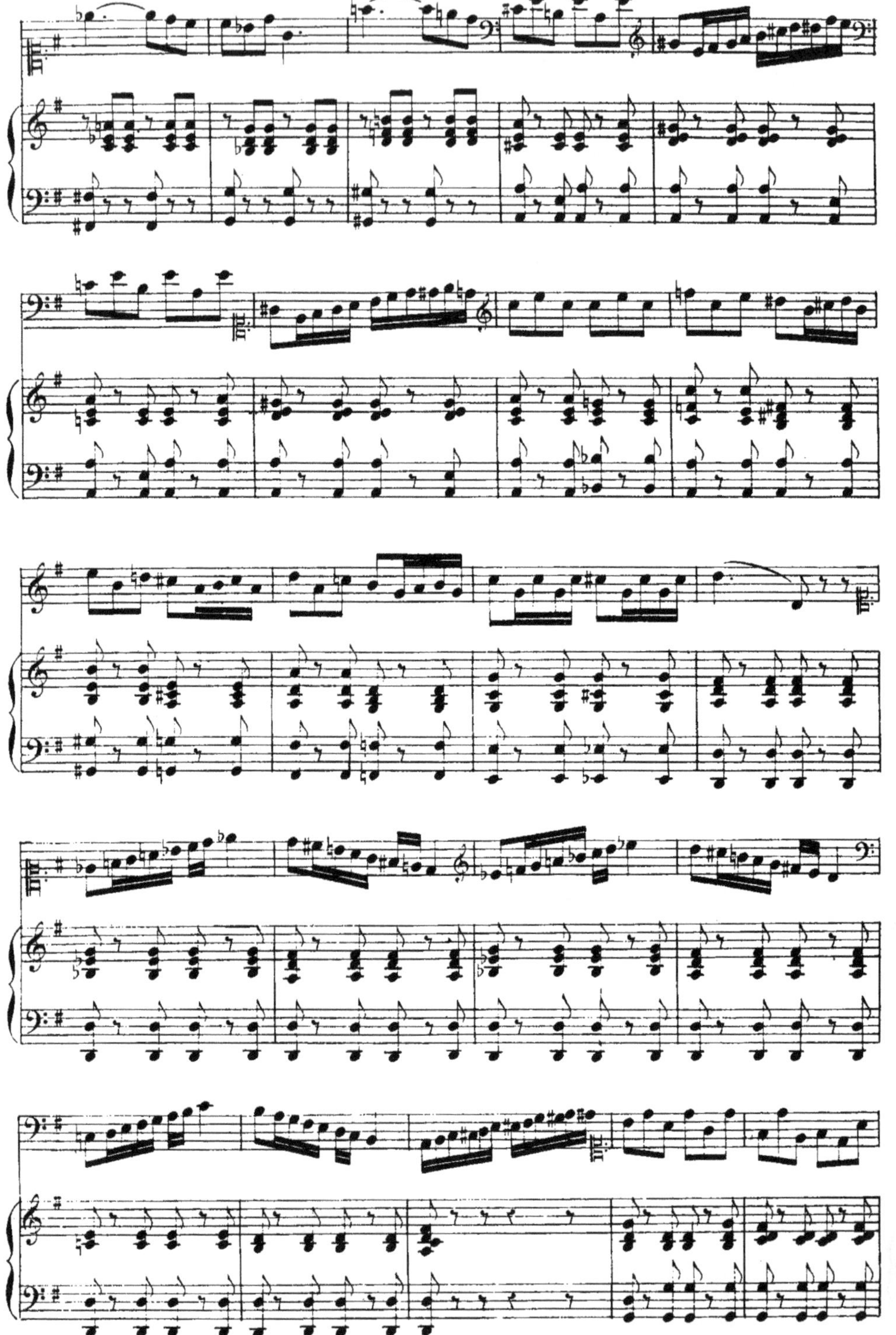

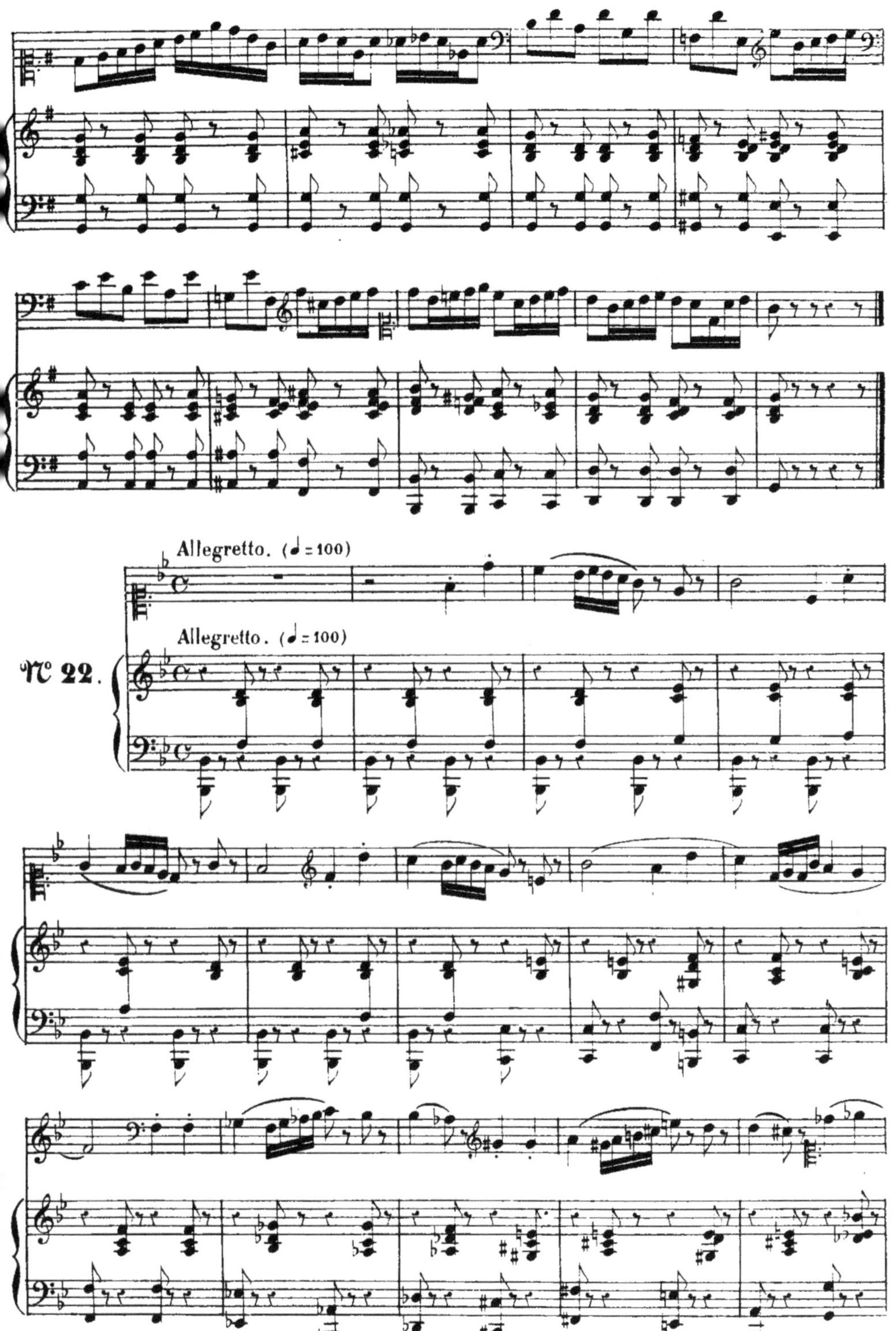
Allegretto. (♩= 100)
Allegretto. (♩= 100)
Nº 22.

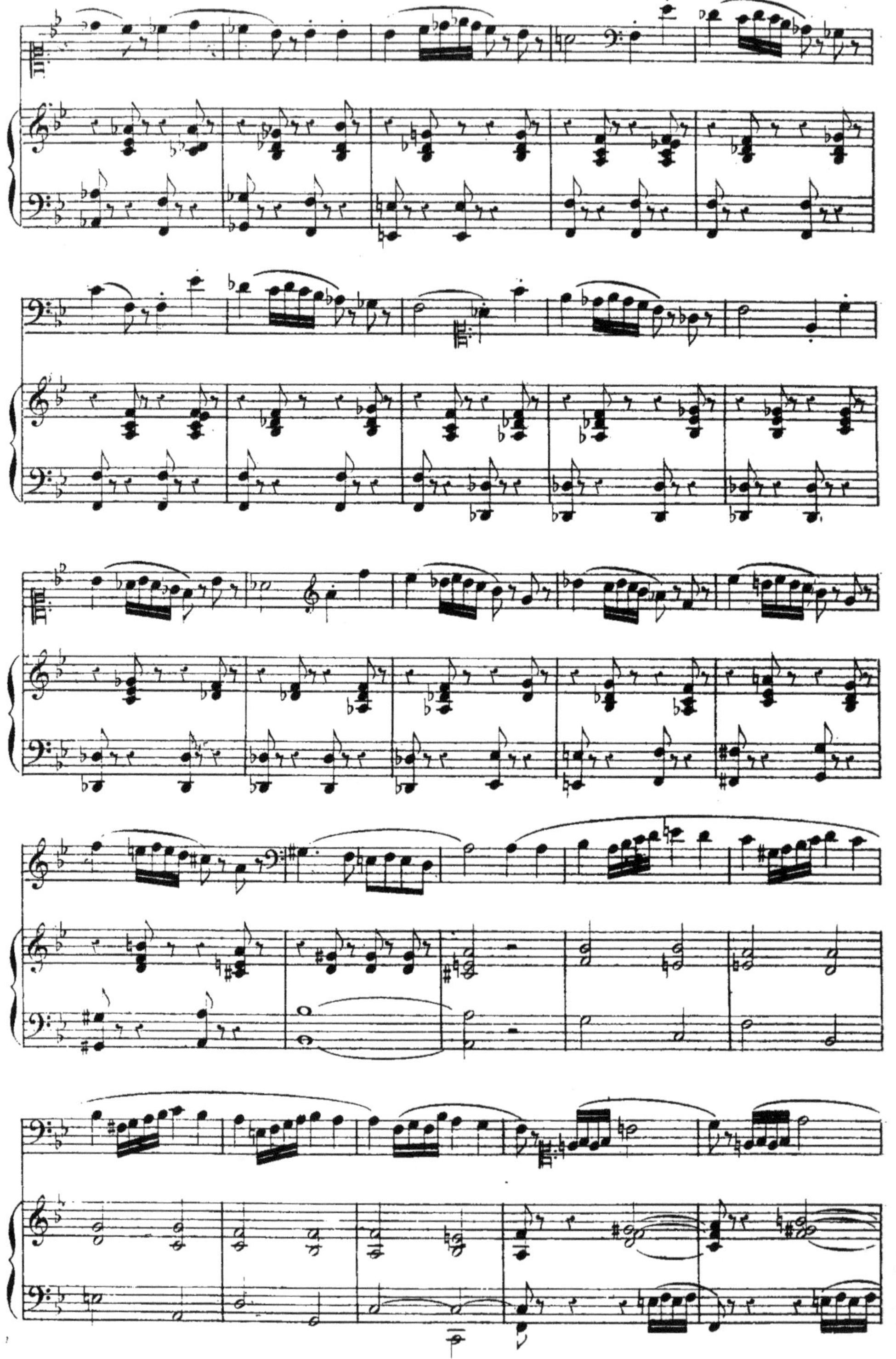

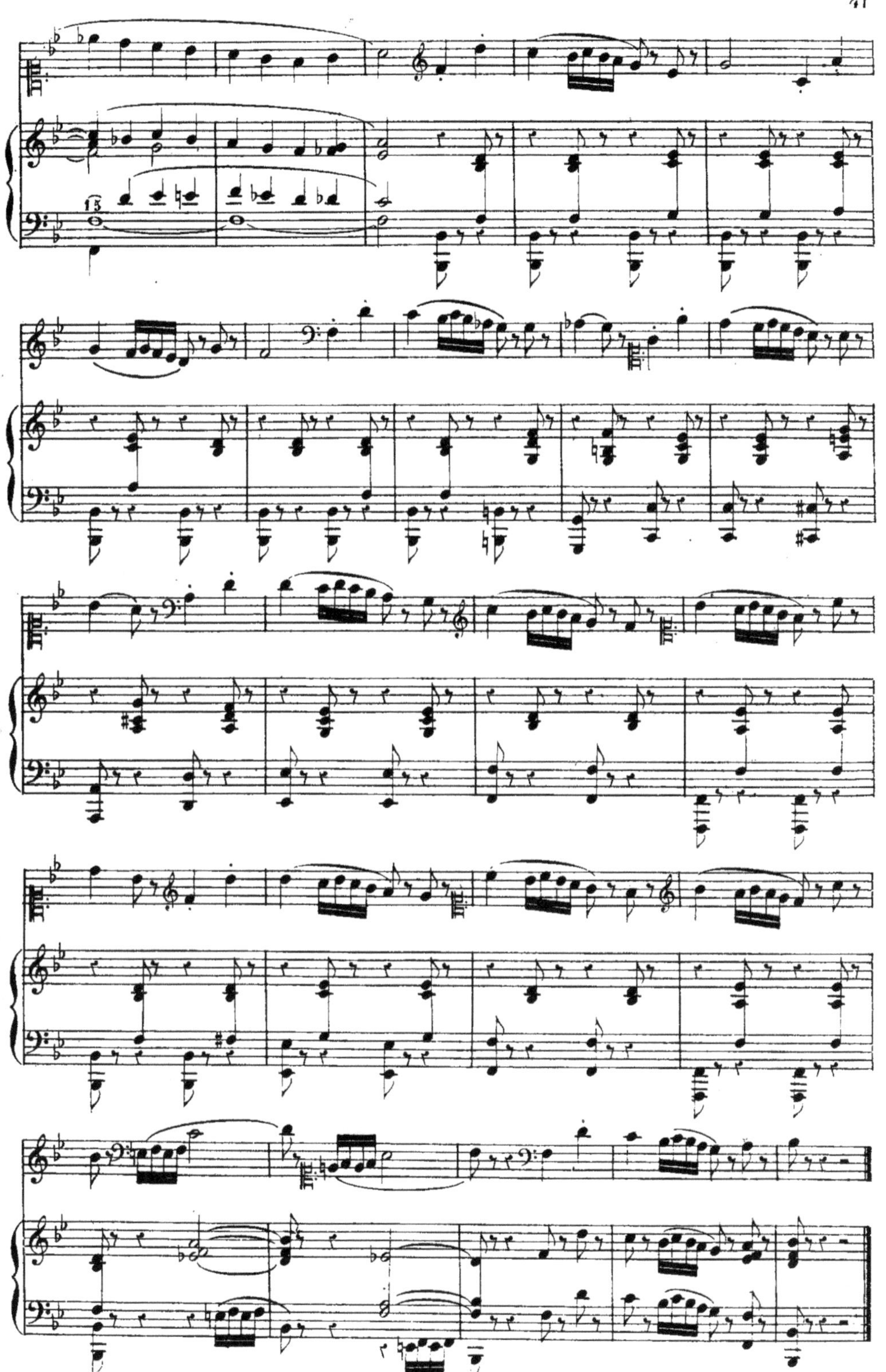
15

LEÇONS SUR LA CLE D'UT 4e LIGNE.

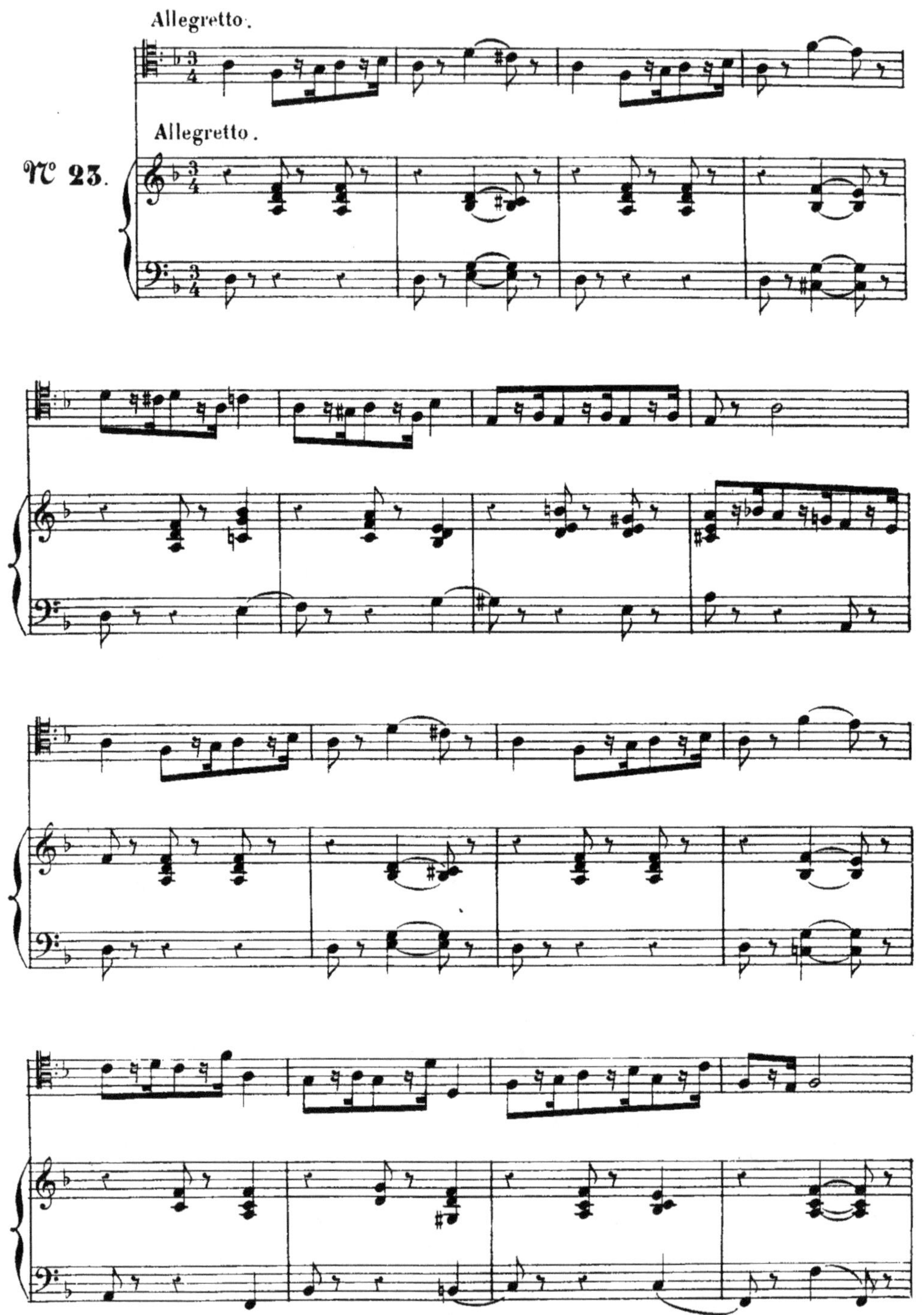

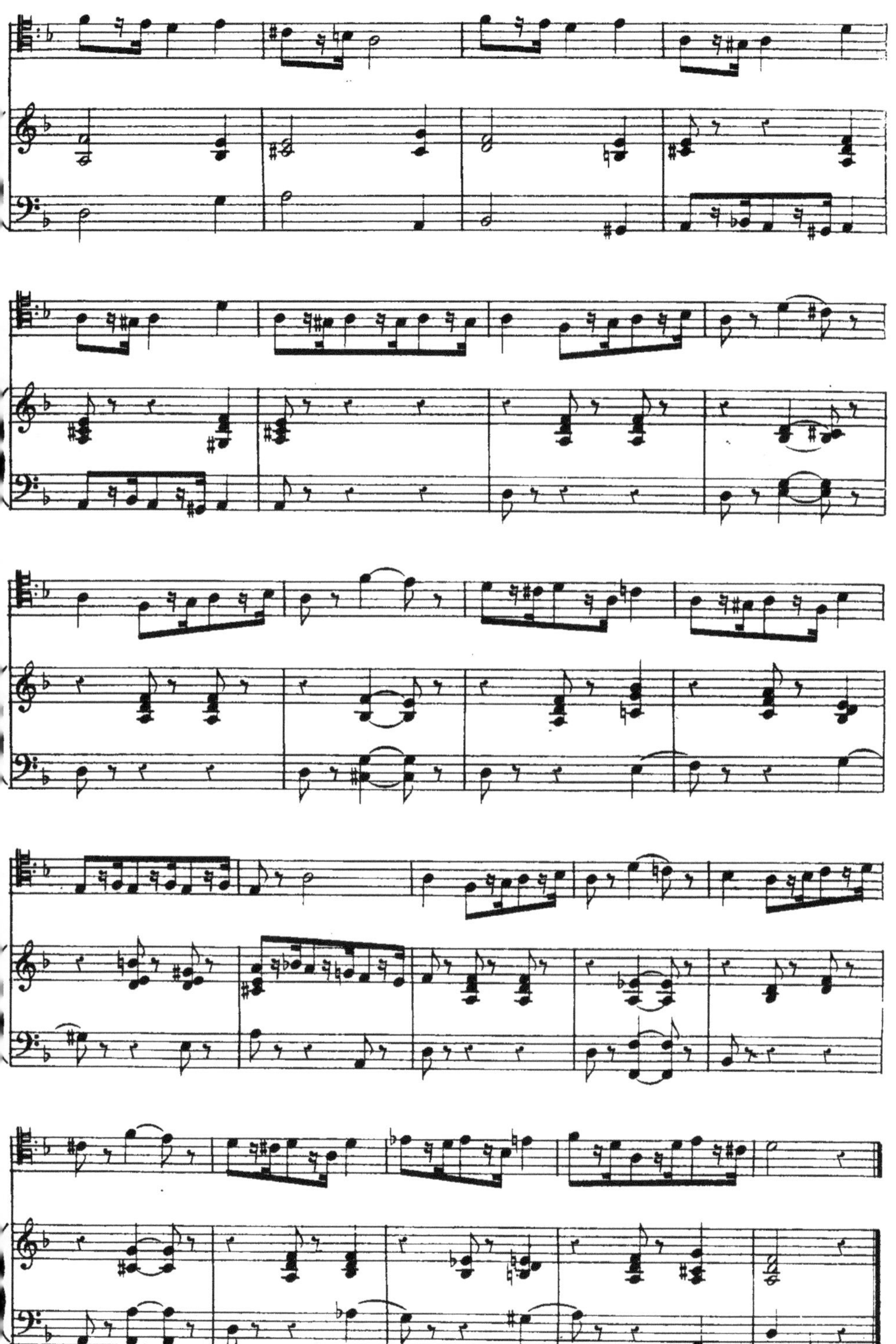

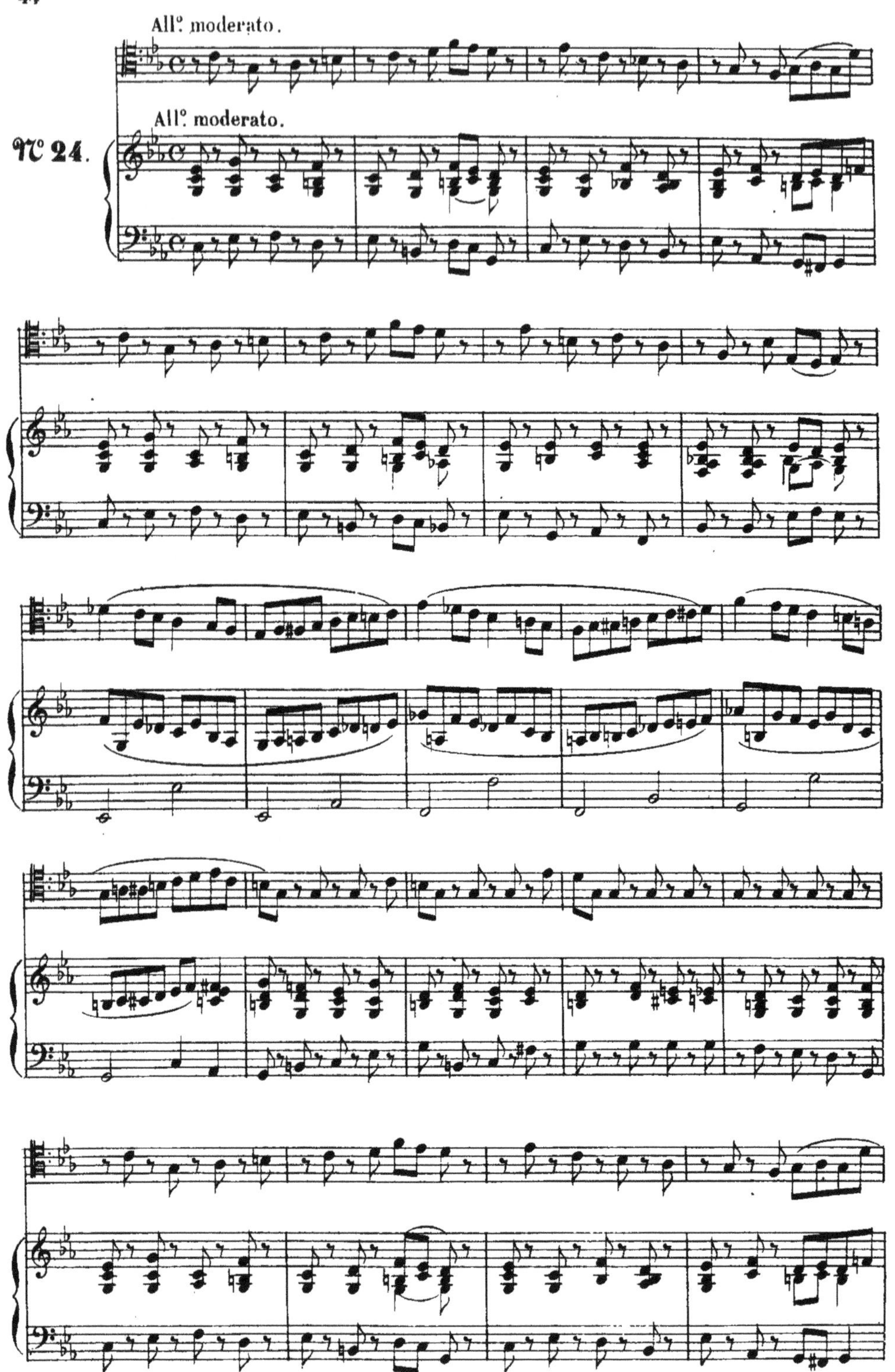
Allº moderato.
Nº 24.
Allº moderato.

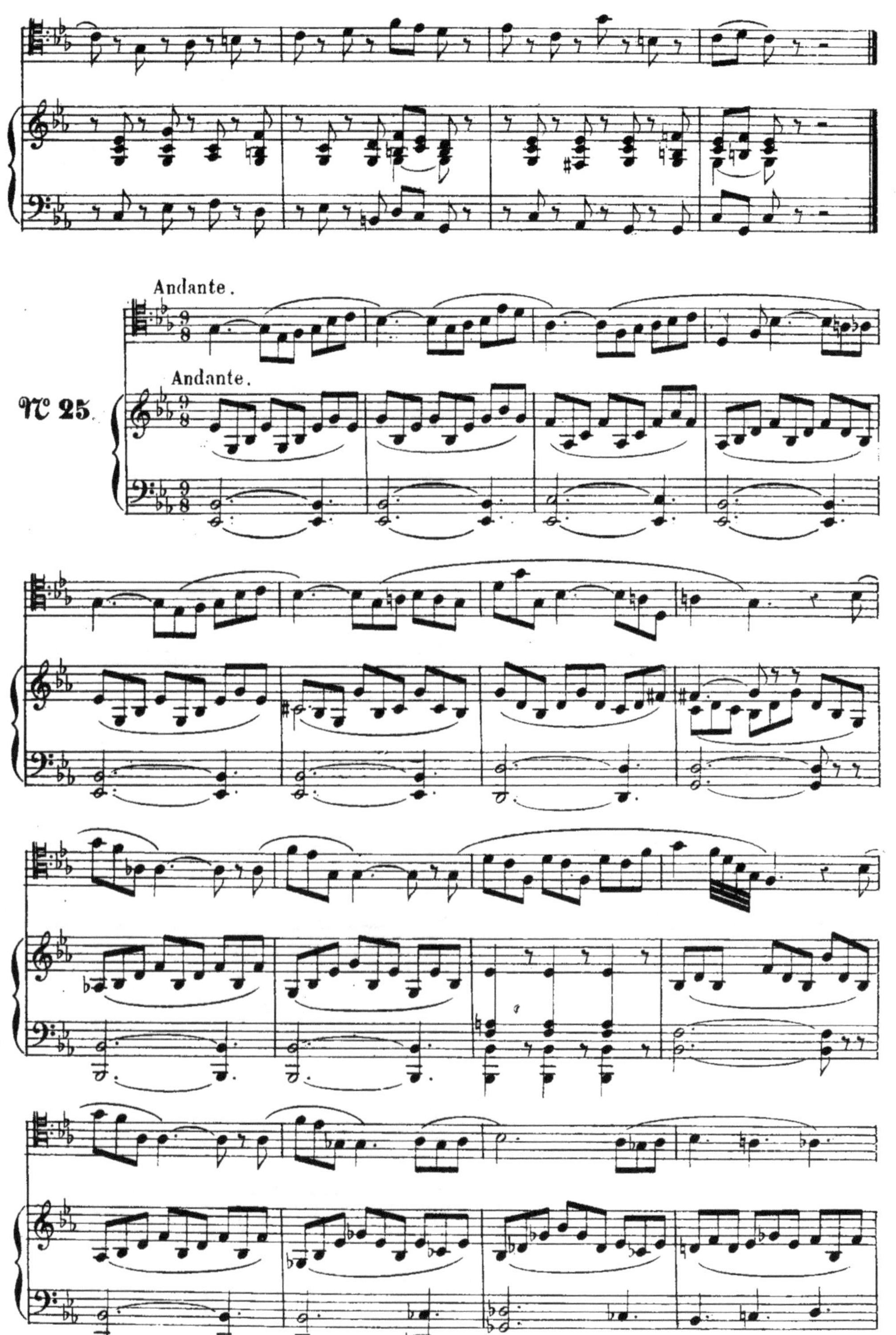
Andante.
Andante.
Nº 25.

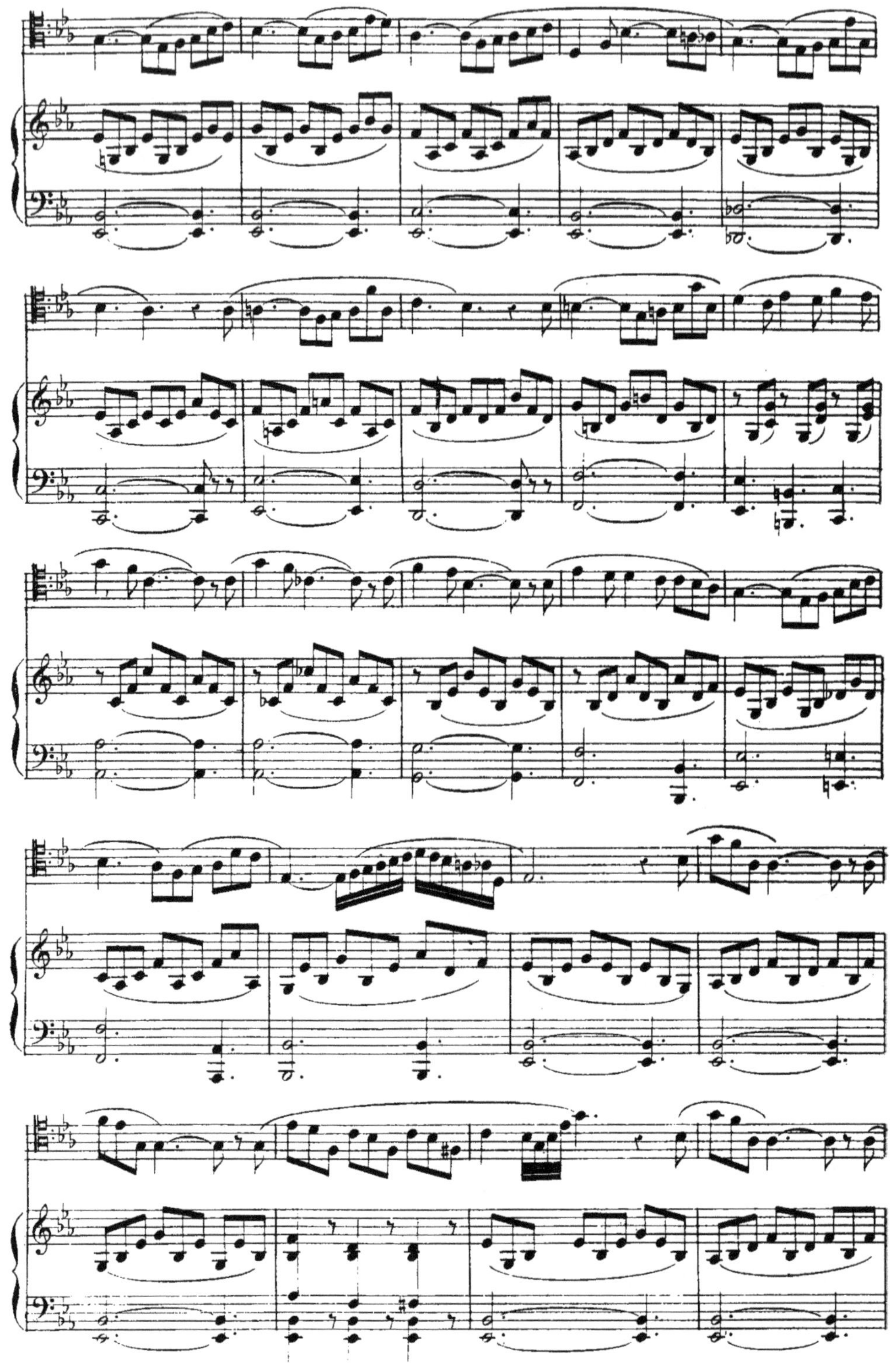

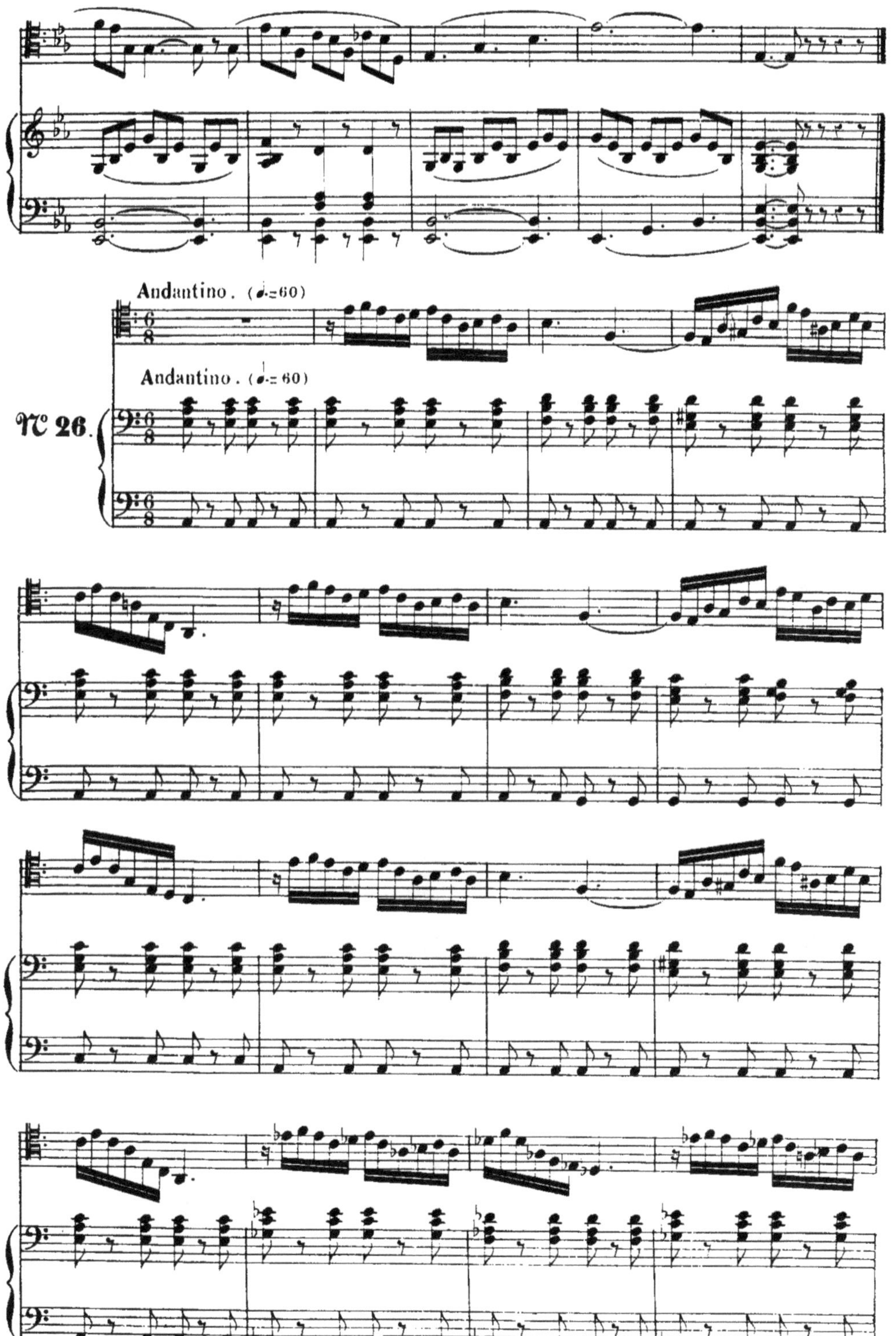
Andantino. (♩.=60)
Andantino. (♩.=60)
Nº 26.

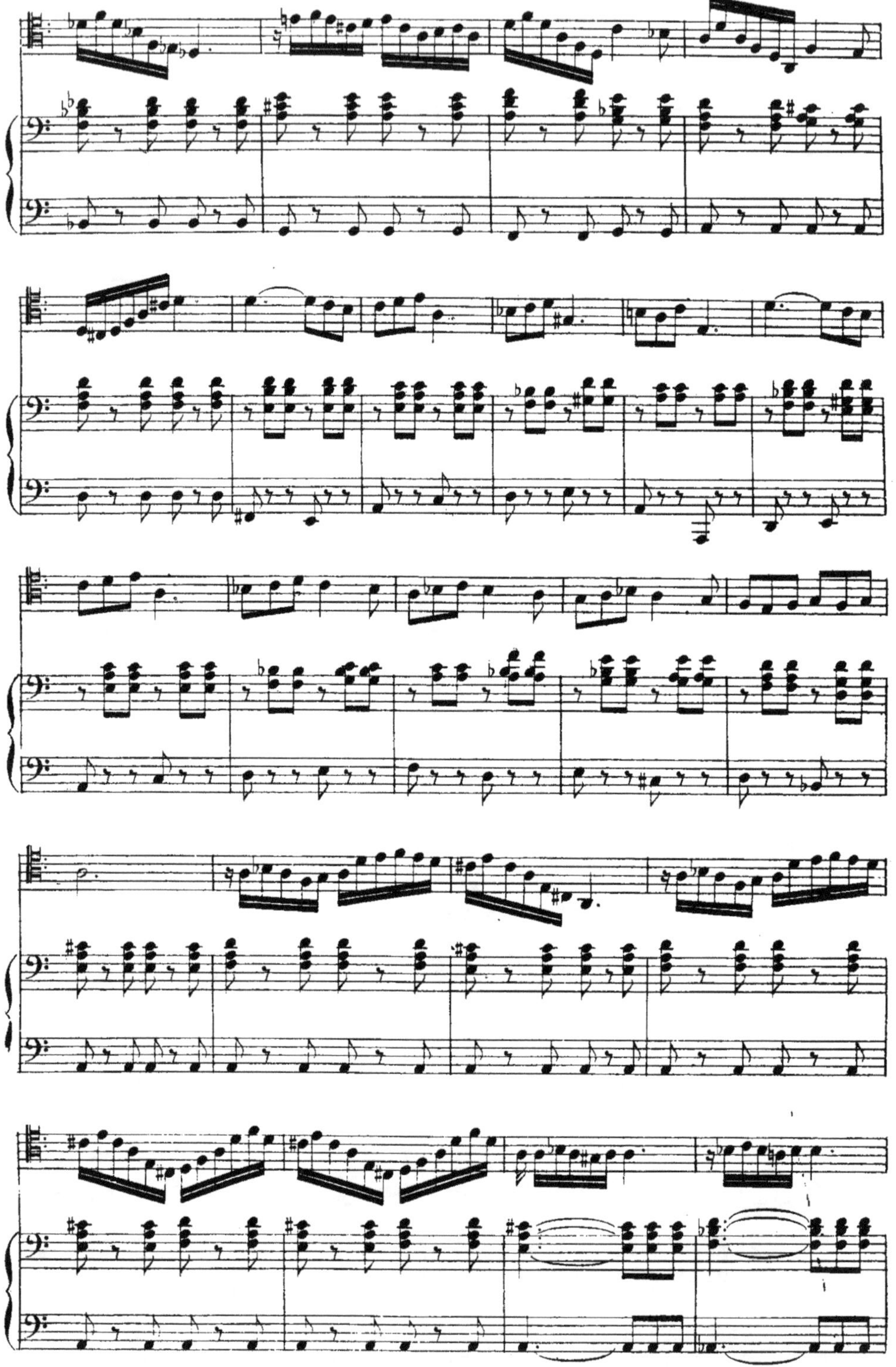

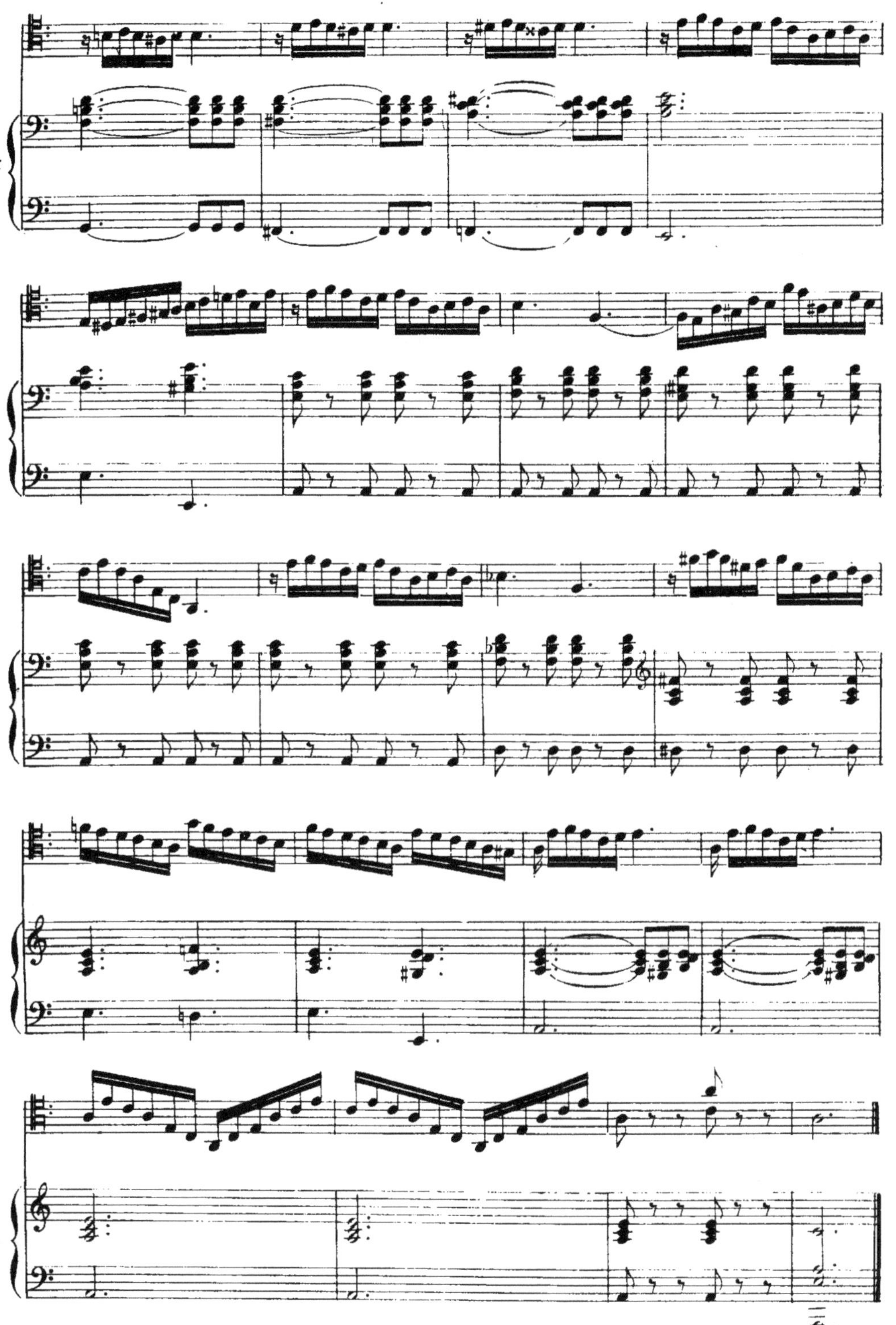

LEÇONS A CHANGEMENTS DE CLÉS
sur la clé de Sol, la clé de Fa 4e ligne, la clé d'Ut 1re ligne et la clé d'Ut 4e ligne.

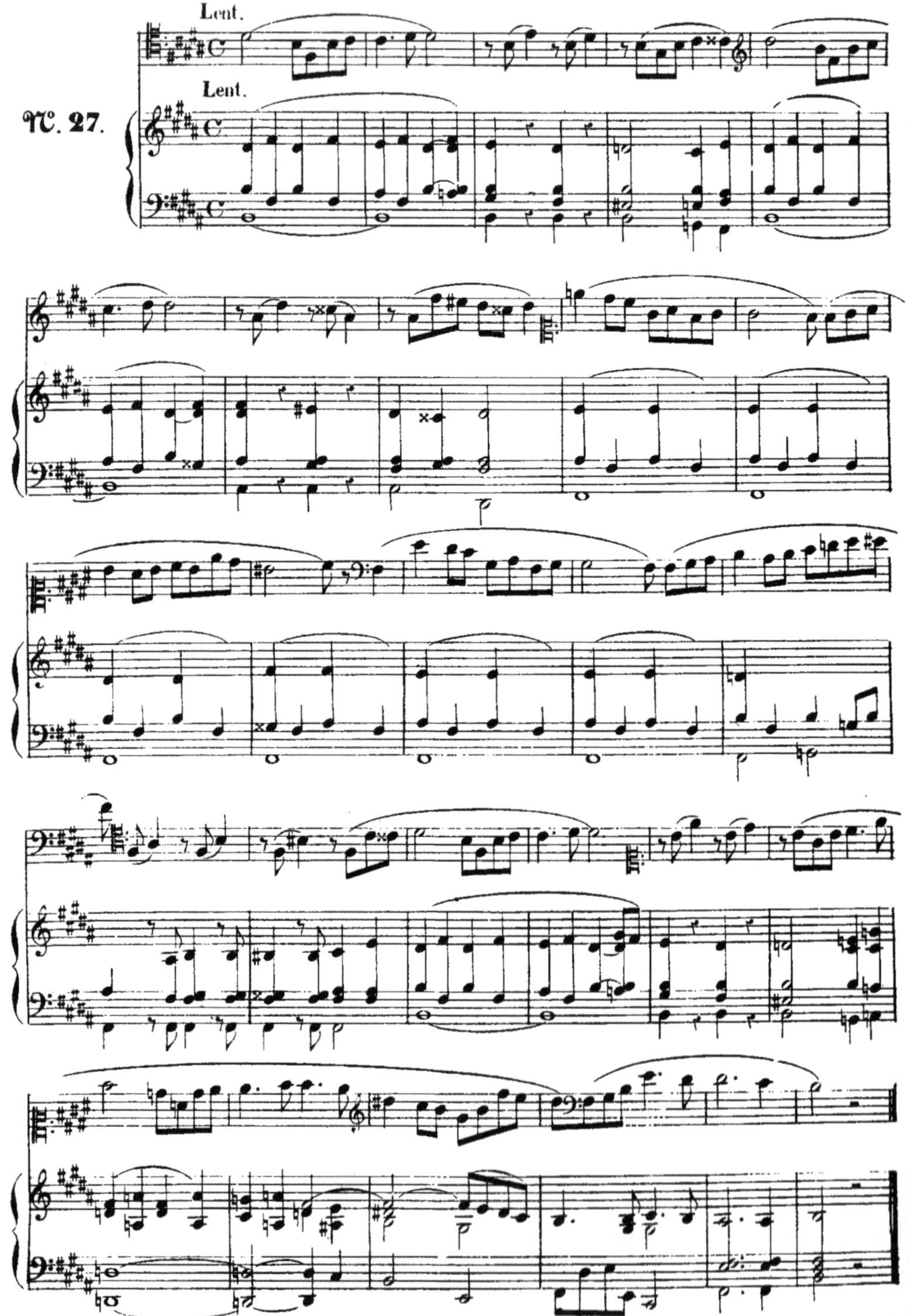

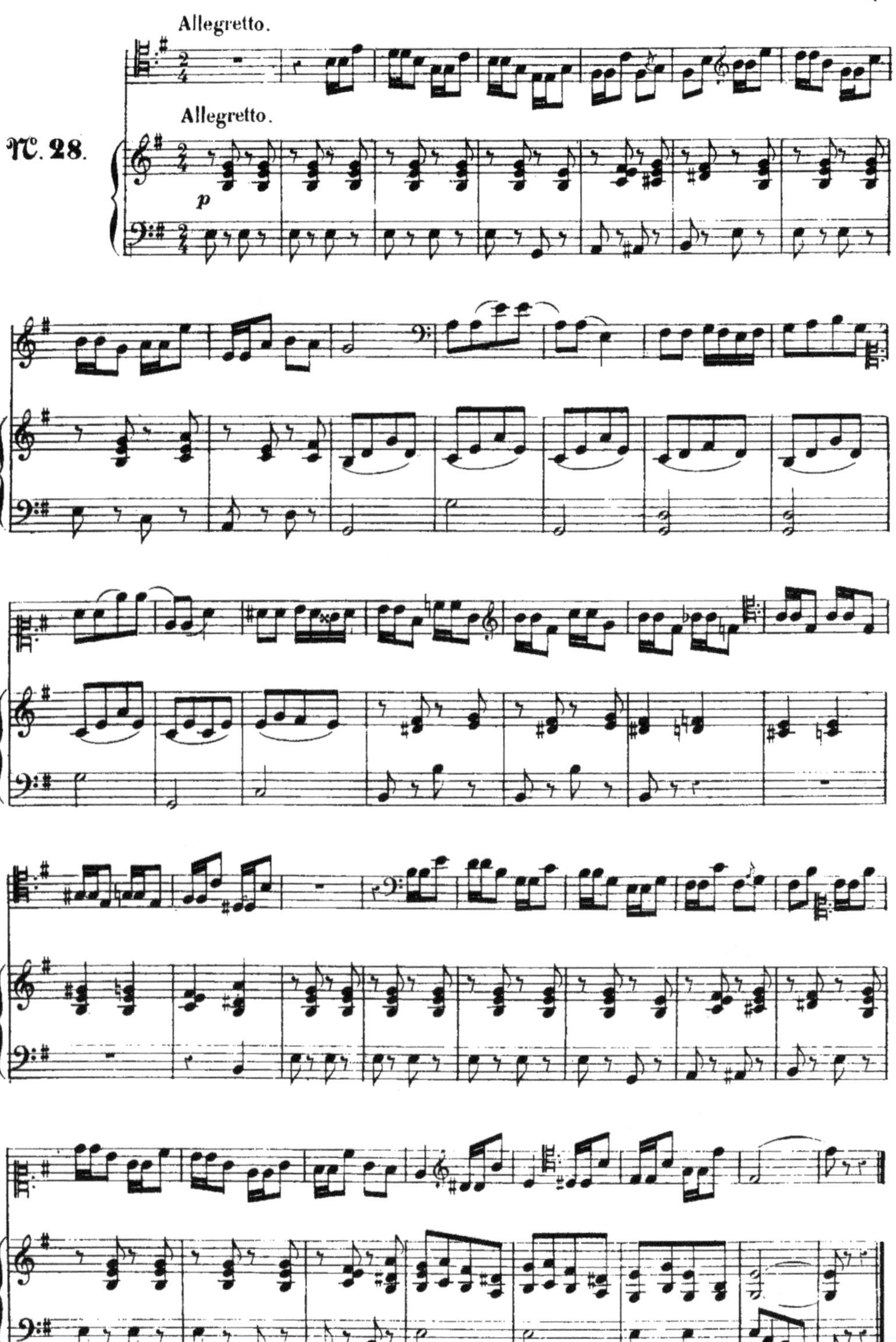
Allegretto.
Allegretto.
Nº. 28.
p

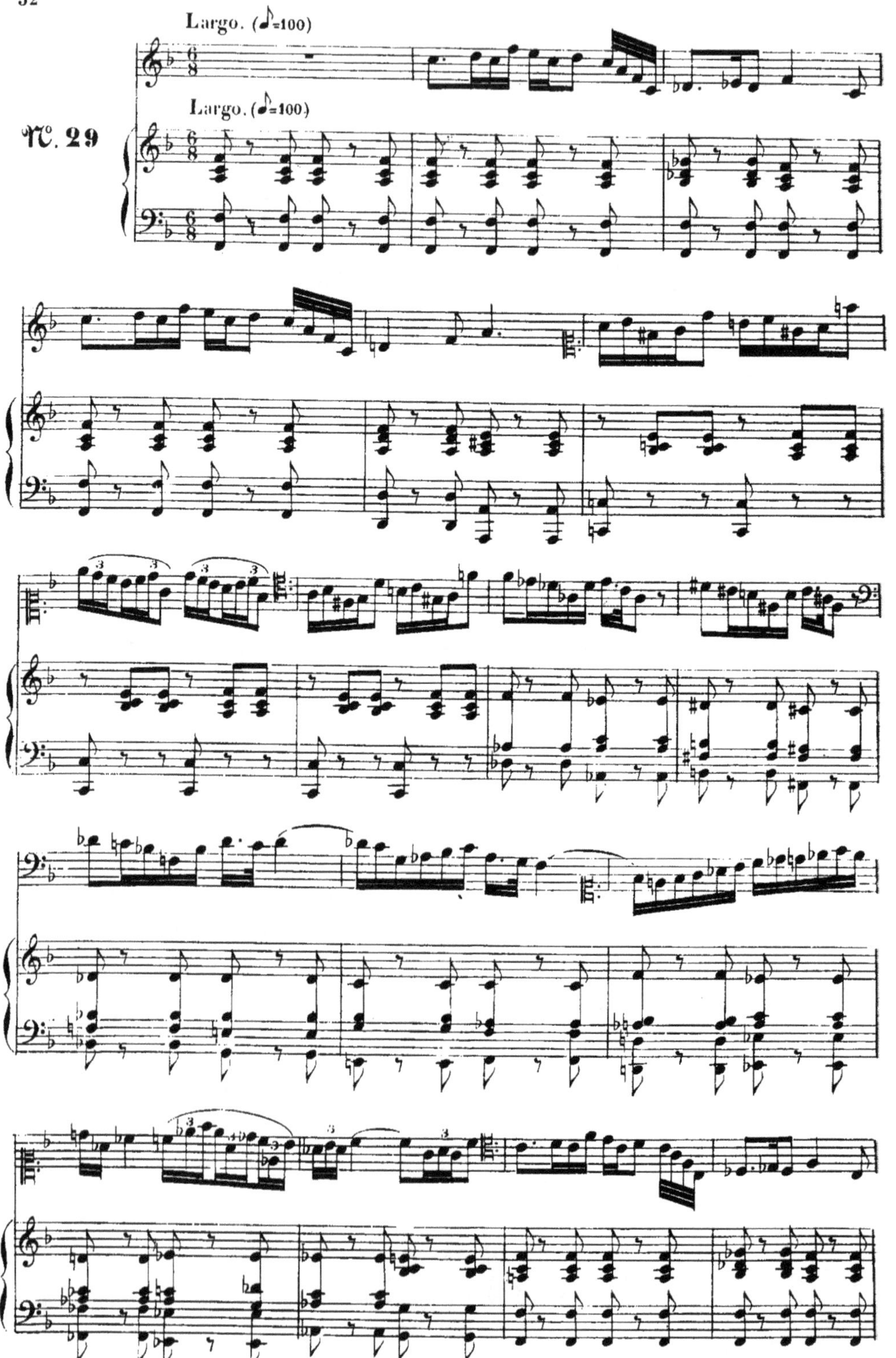

H.

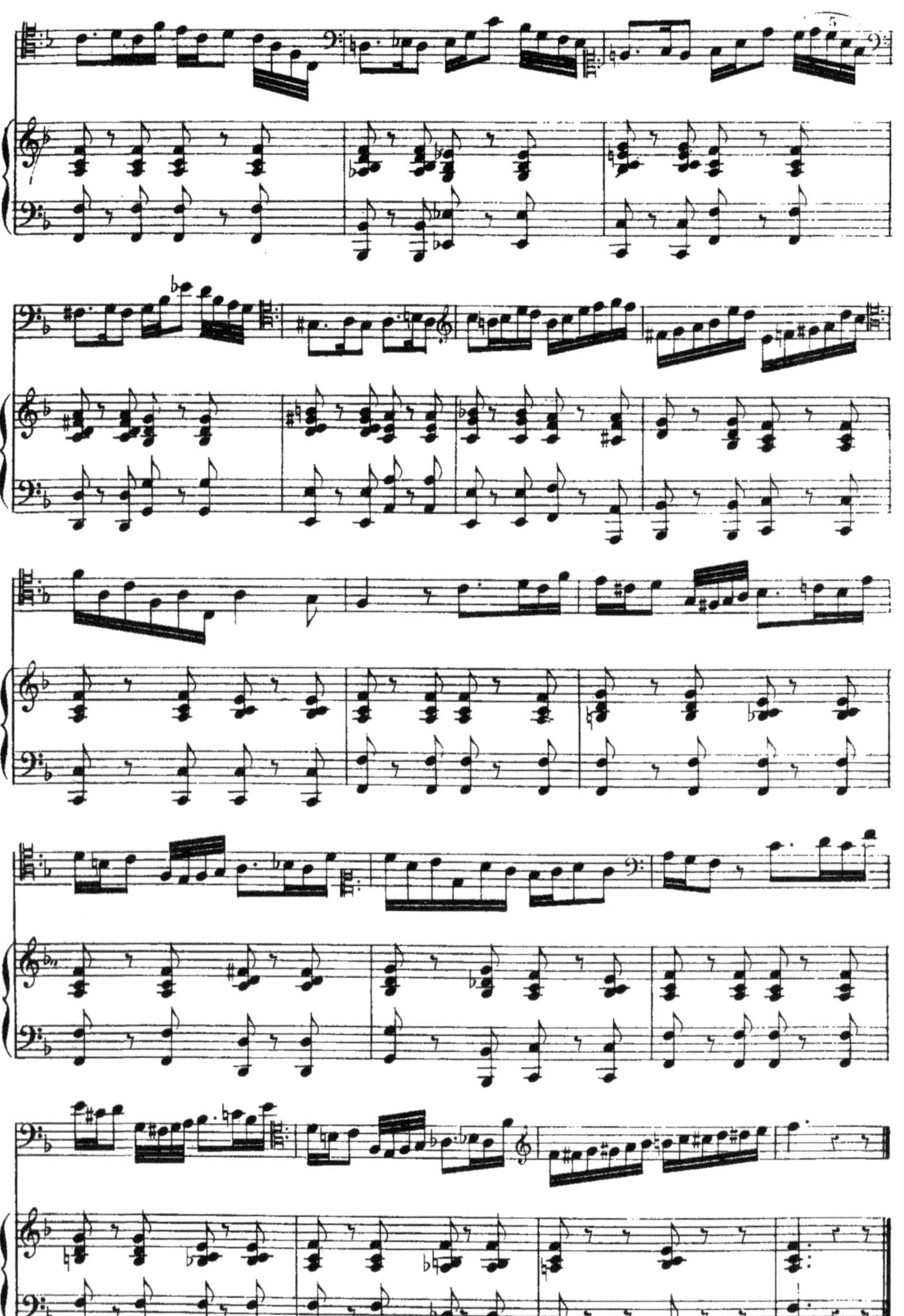

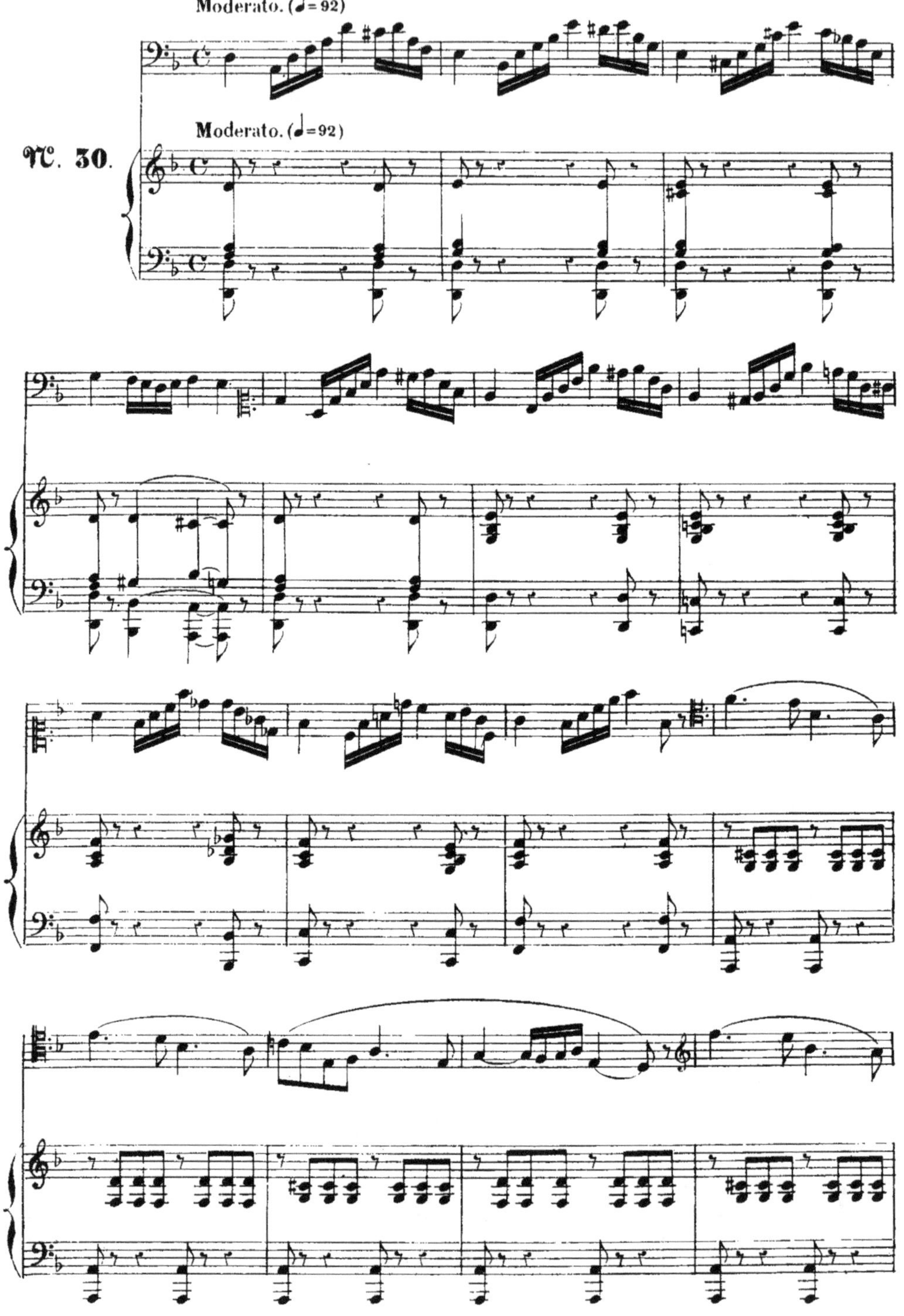

Moderato. (𝅗𝅥 = 92)
Moderato. (𝅗𝅥 = 92)
№. 30.

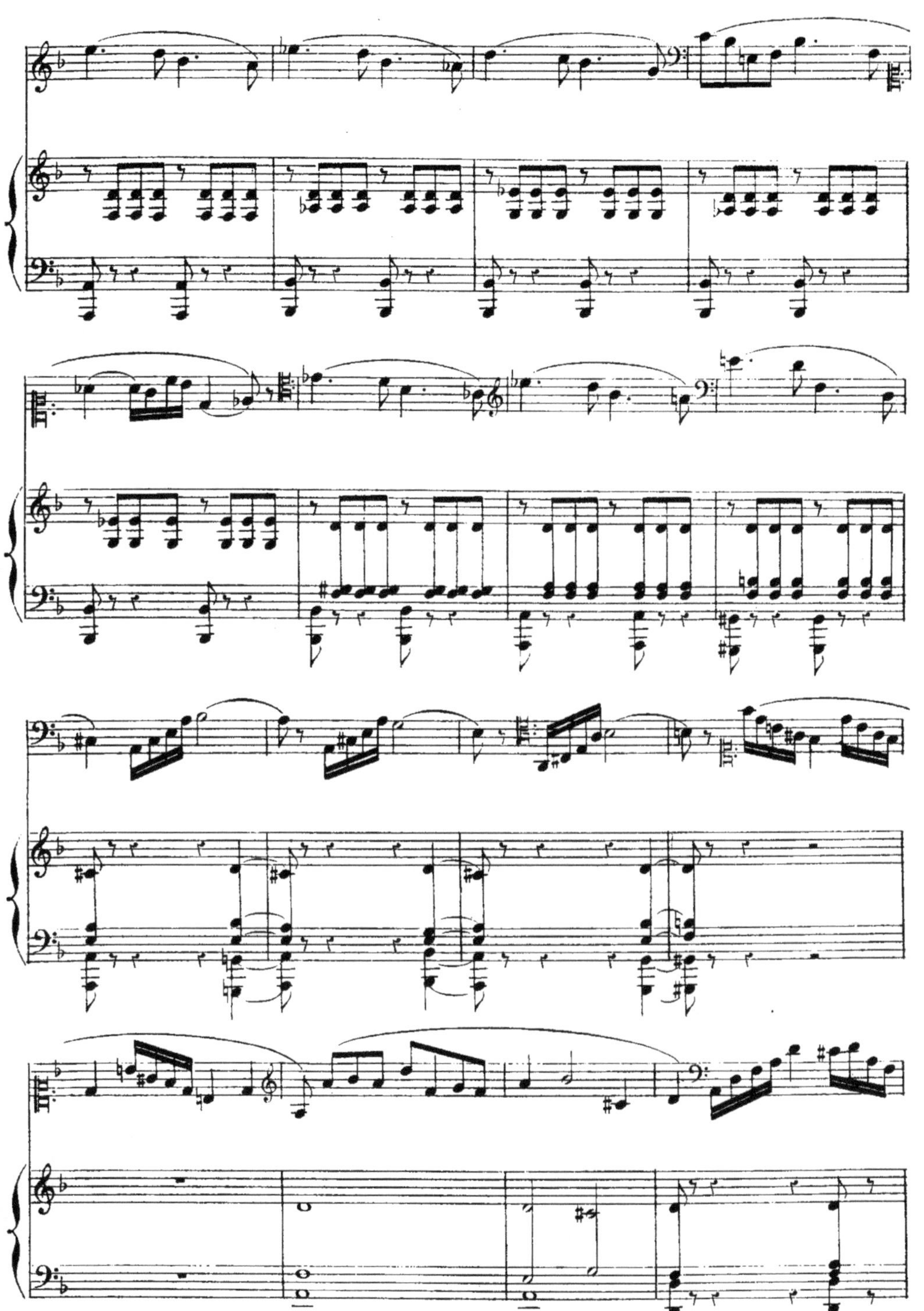

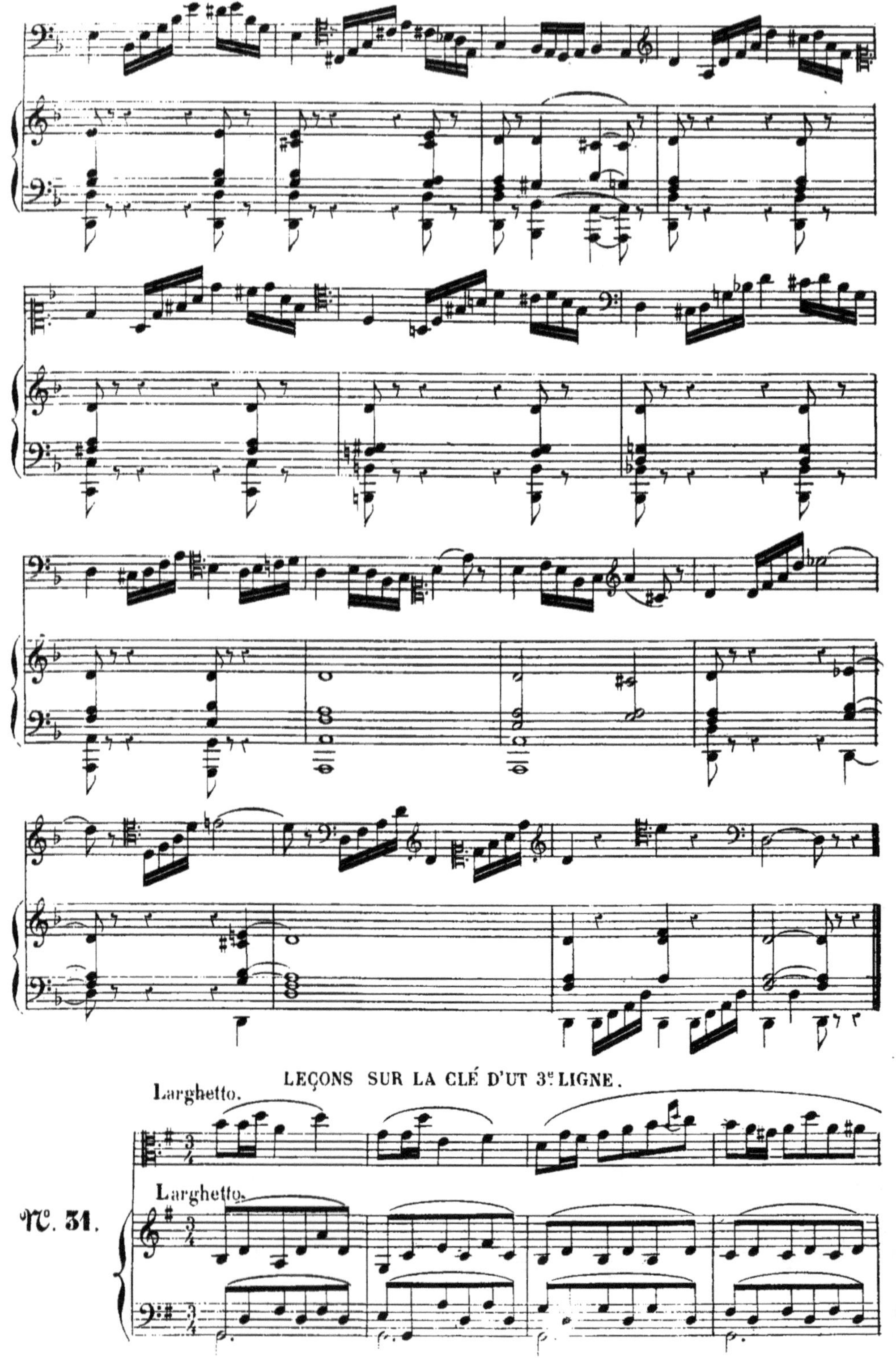
LEÇONS SUR LA CLÉ D'UT 3e LIGNE.
Larghetto.
Larghetto.
No. 31.

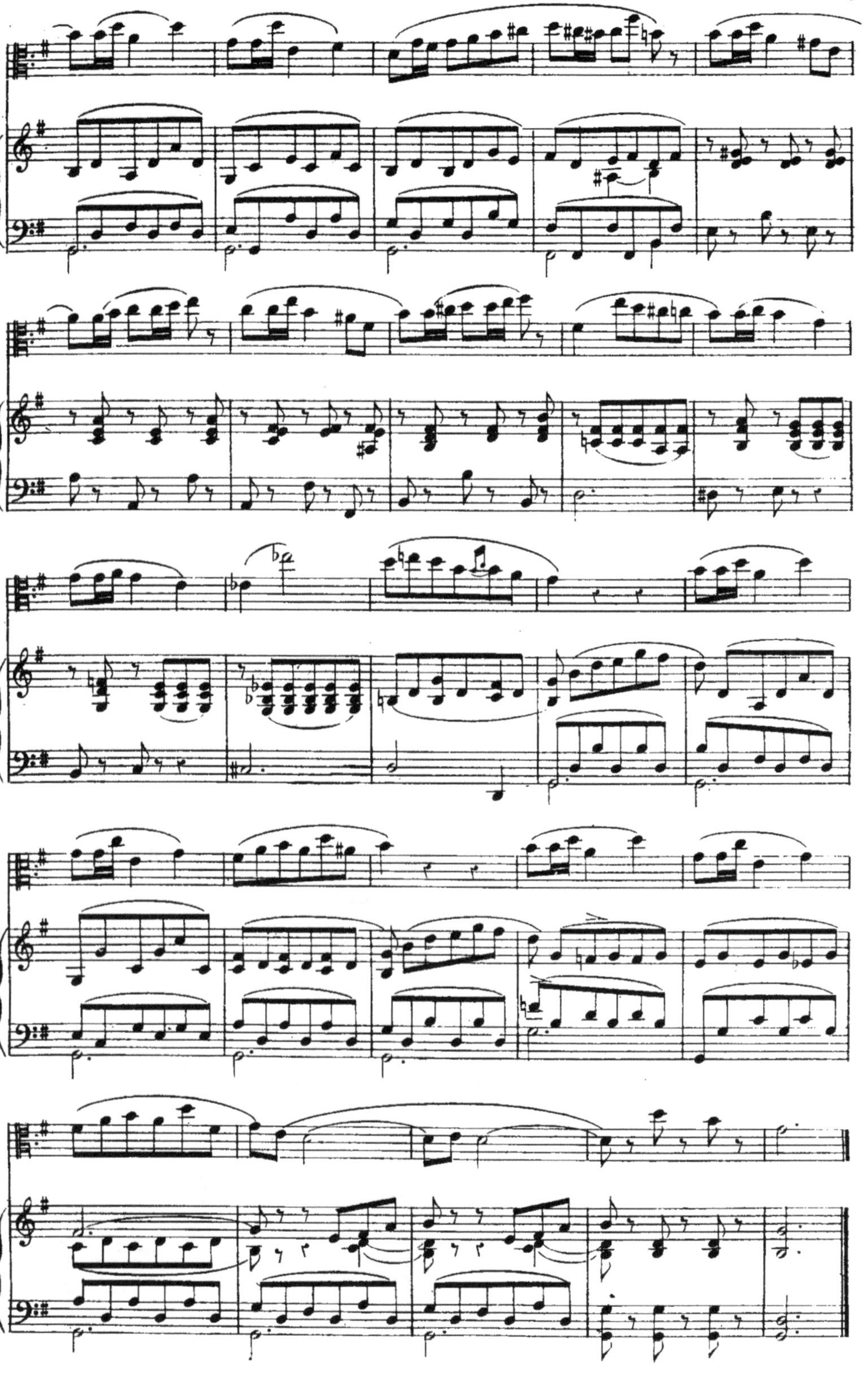

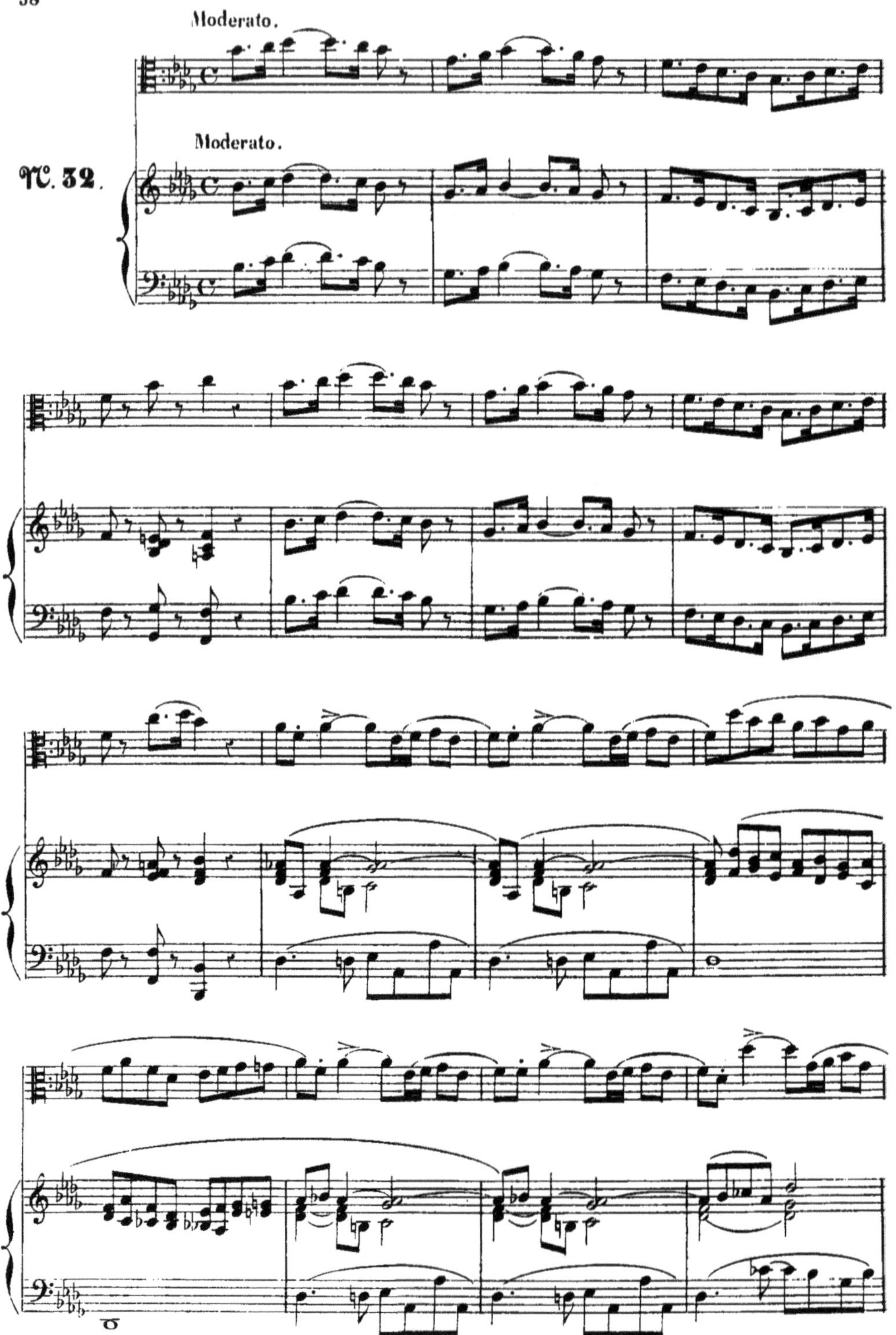
Moderato.
Moderato.
Nº. 32.

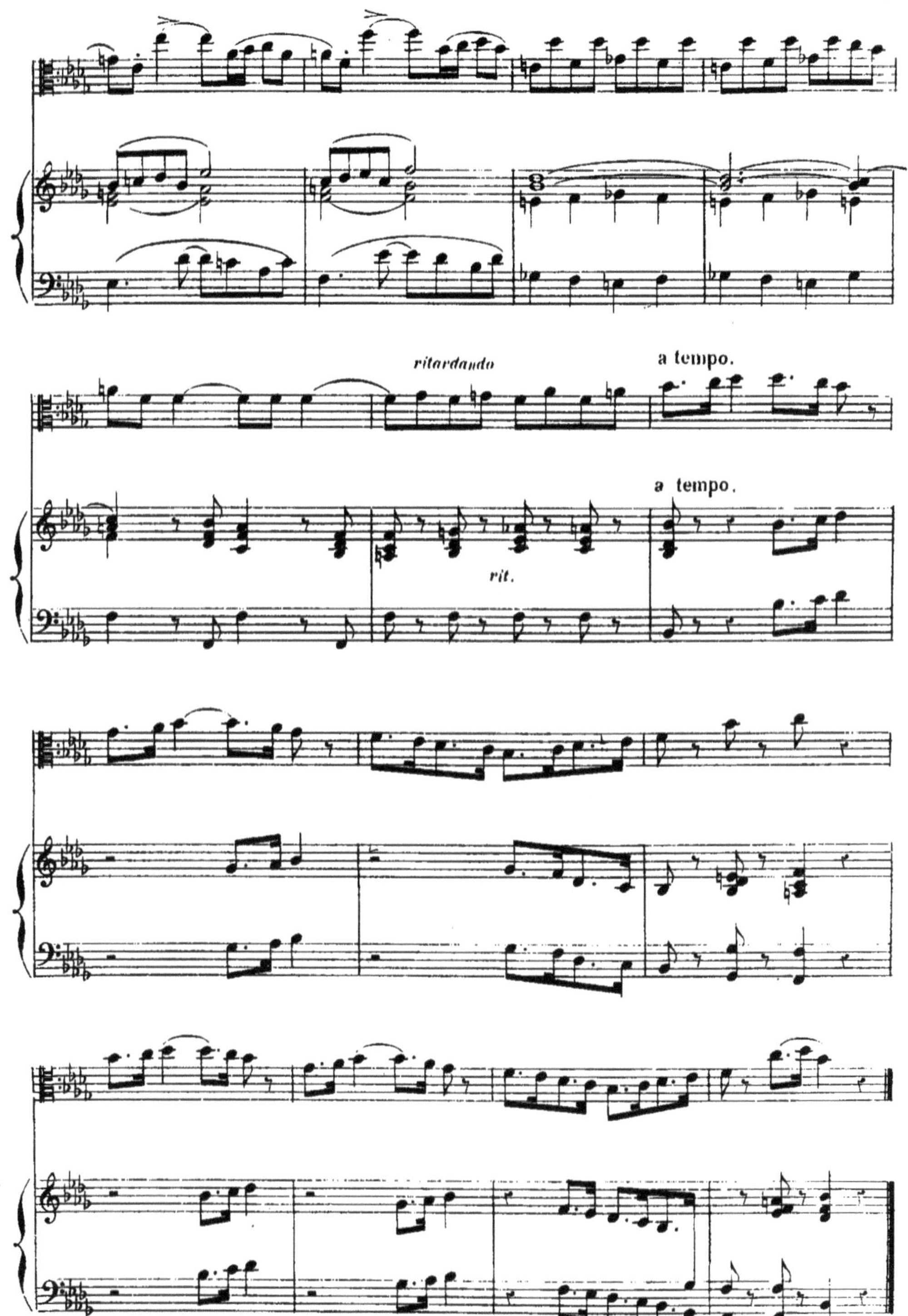
ritardando
a tempo.
a tempo.
rit.

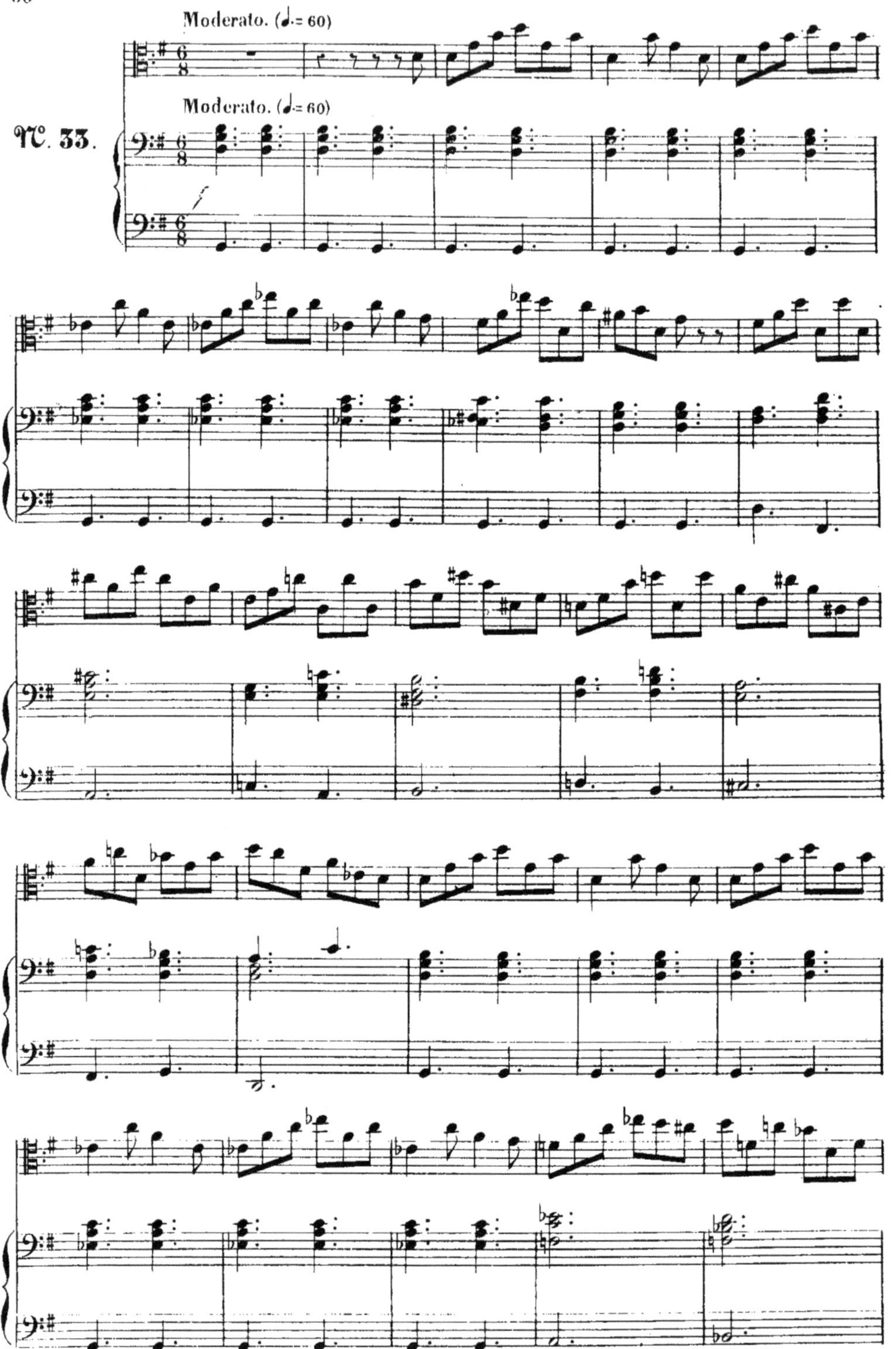
Moderato. (♩.= 60)
Moderato. (♩.= 60)
Nº. 33.

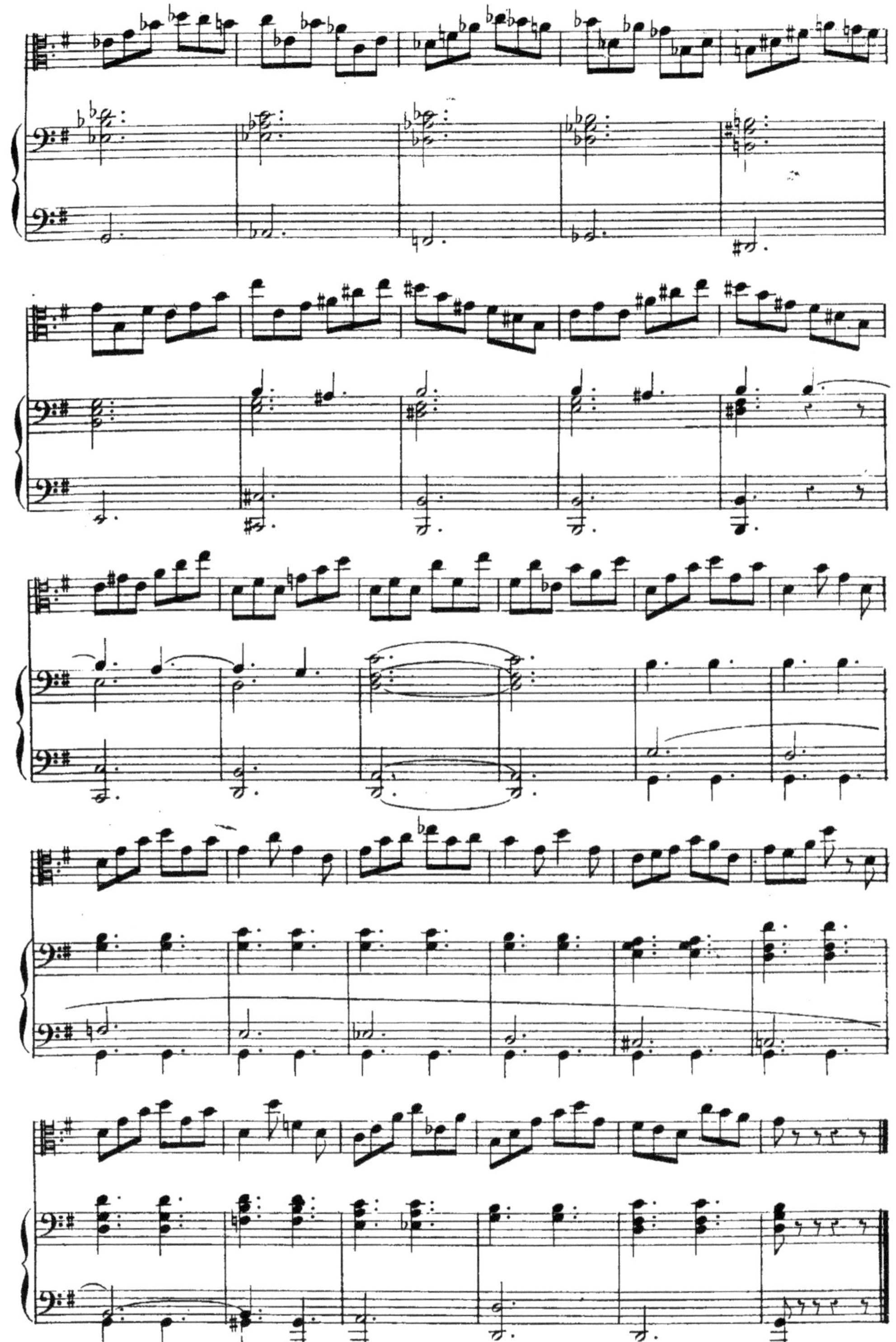

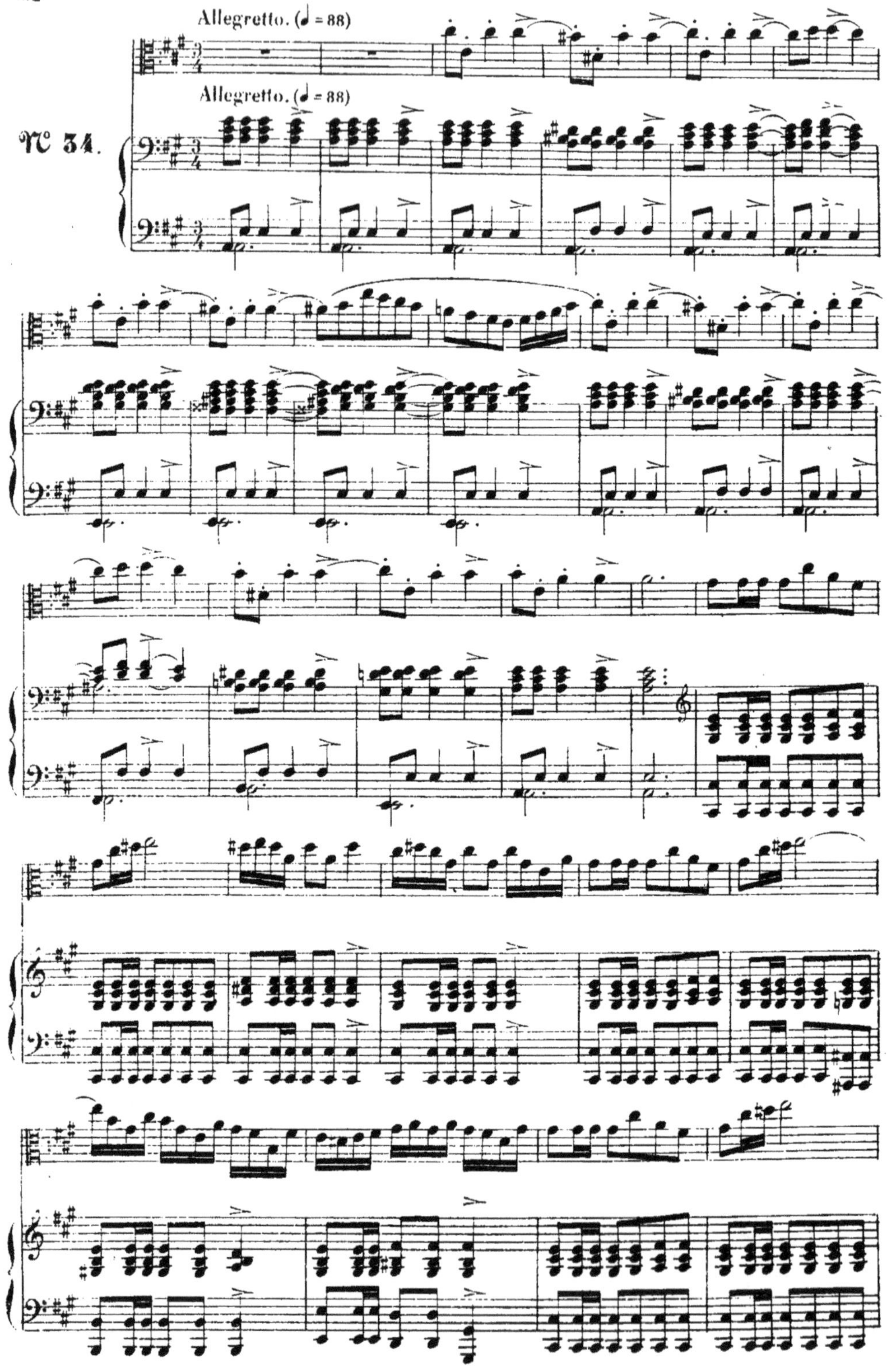
Allegretto. (♩ = 88)
Nº 34.
Allegretto. (♩ = 88)

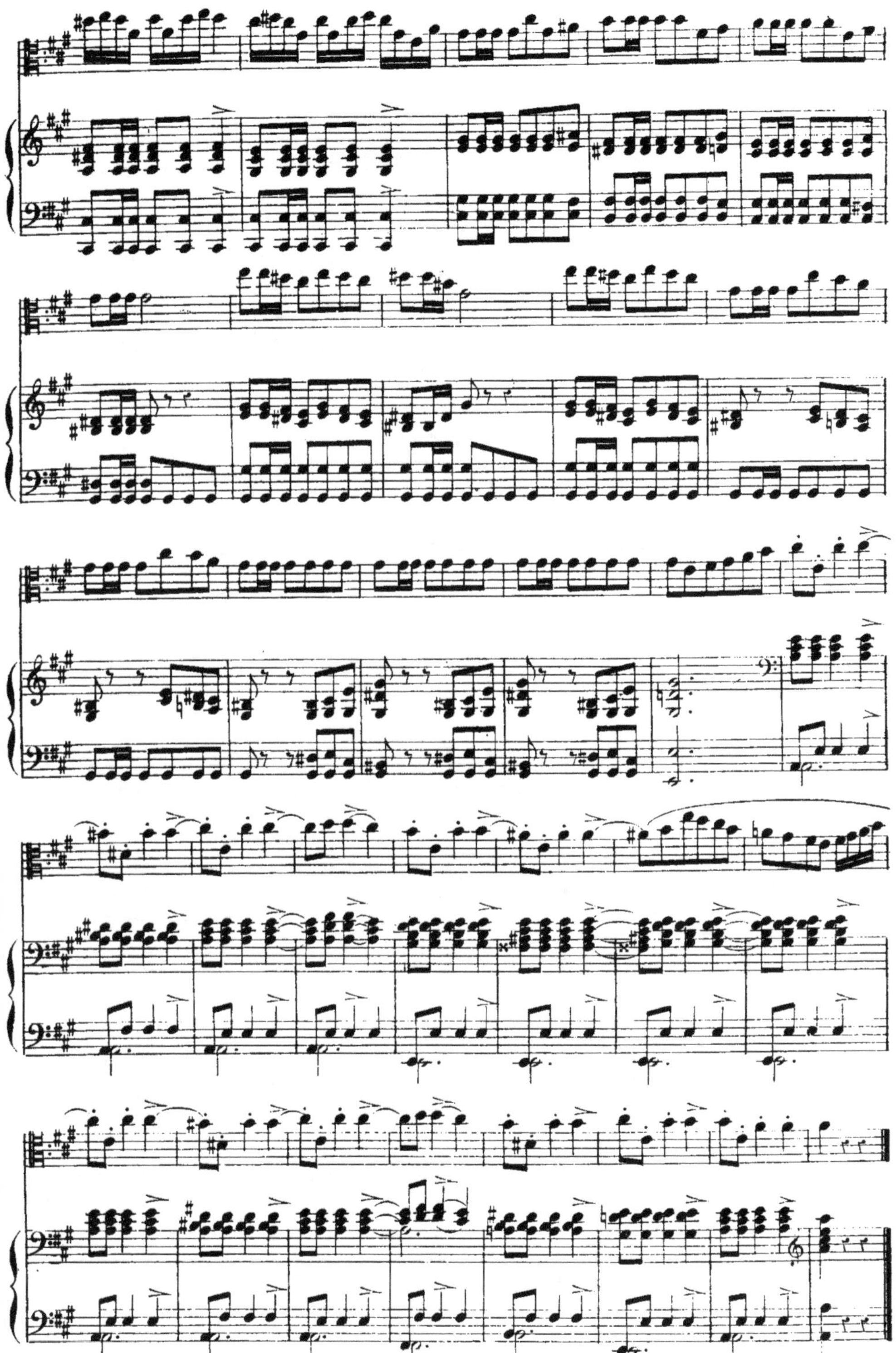

LEÇONS A CHANGEMENTS DE CLÉS

sur la clé de Sol, la clé de Fa 4e ligne, la clé d'Ut 1re ligne,
la clé d'Ut 4e ligne et la clé d'Ut 3e ligne.

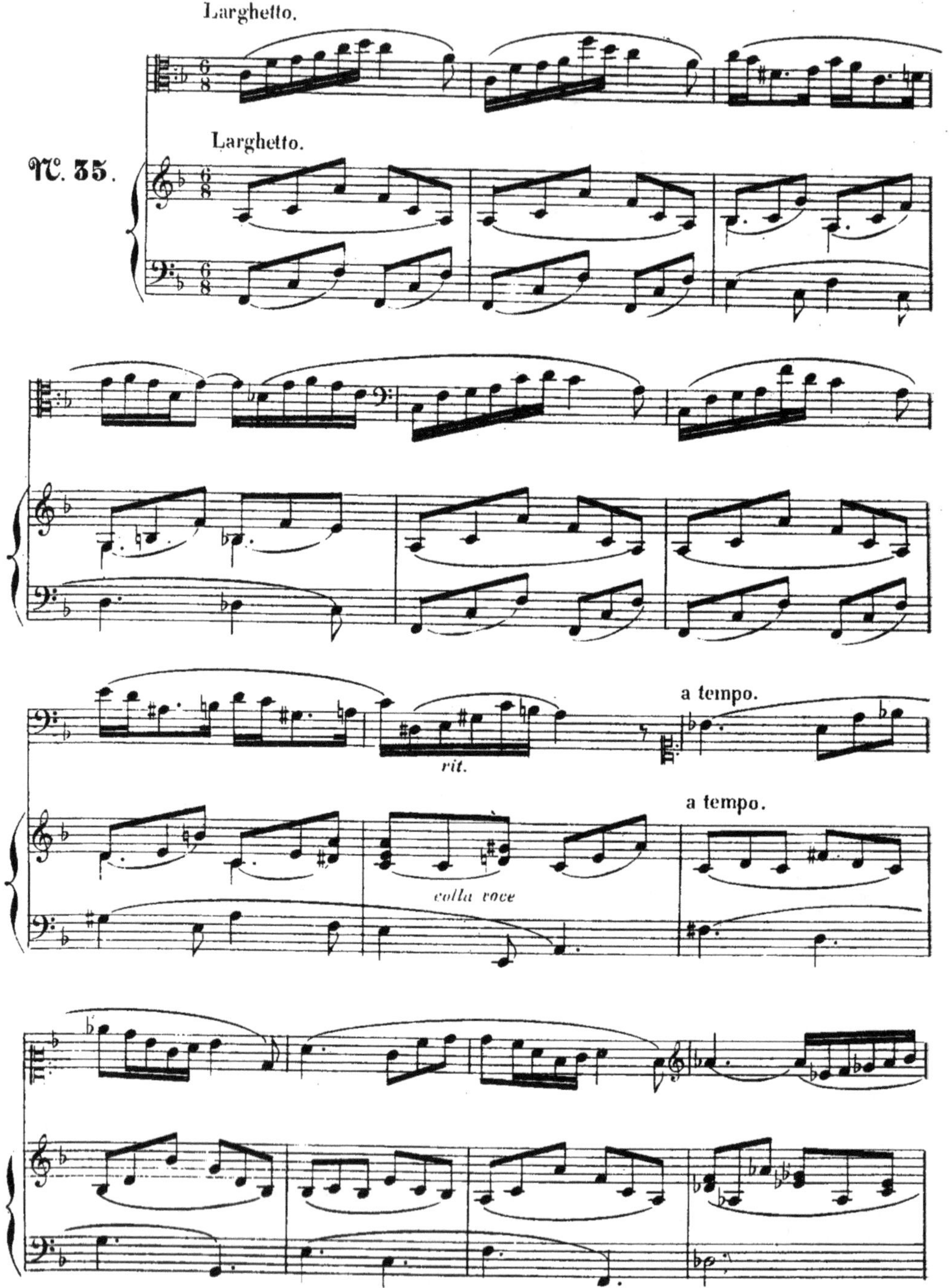

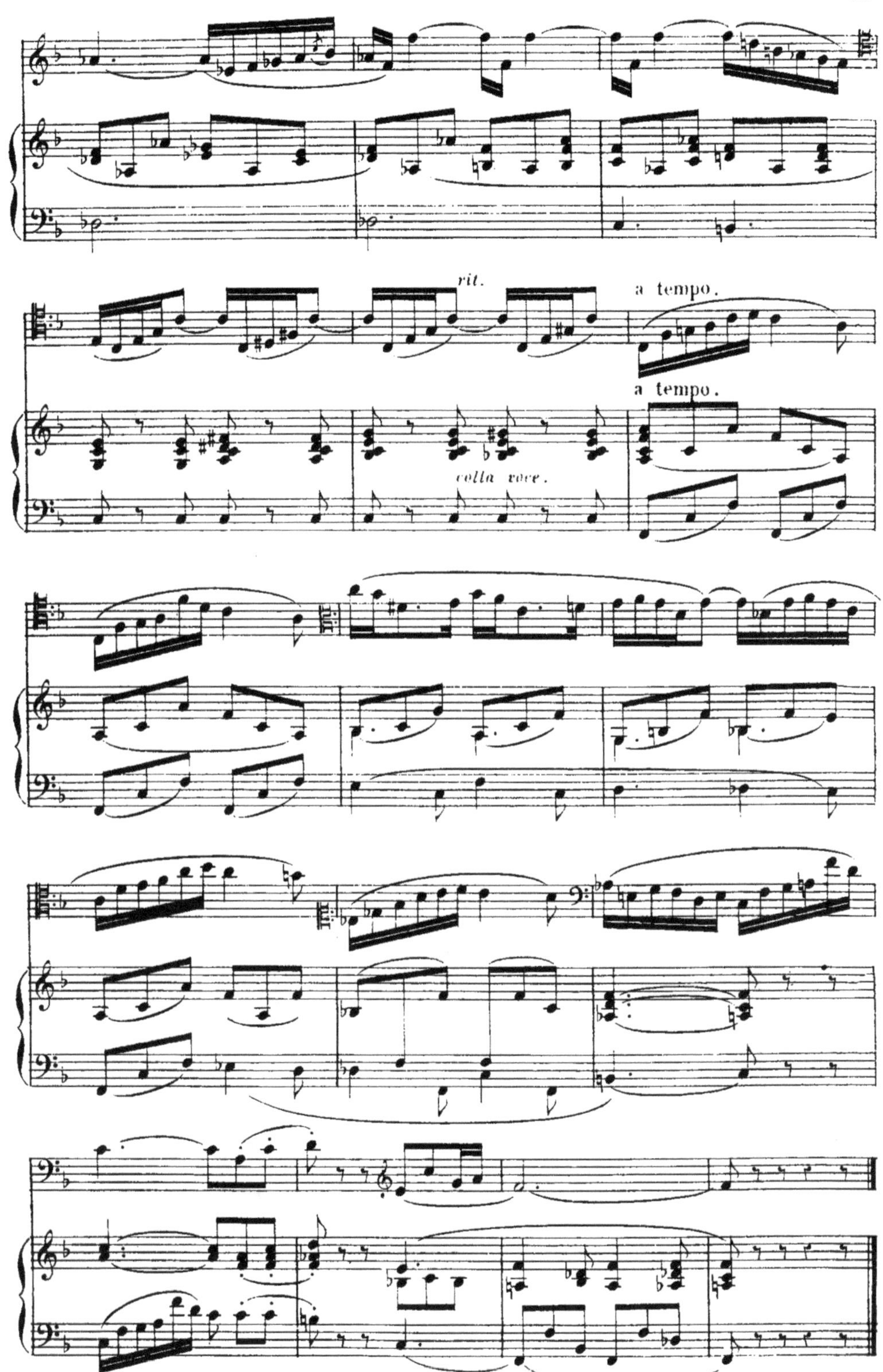
rit.
a tempo.
a tempo.
colla voce.

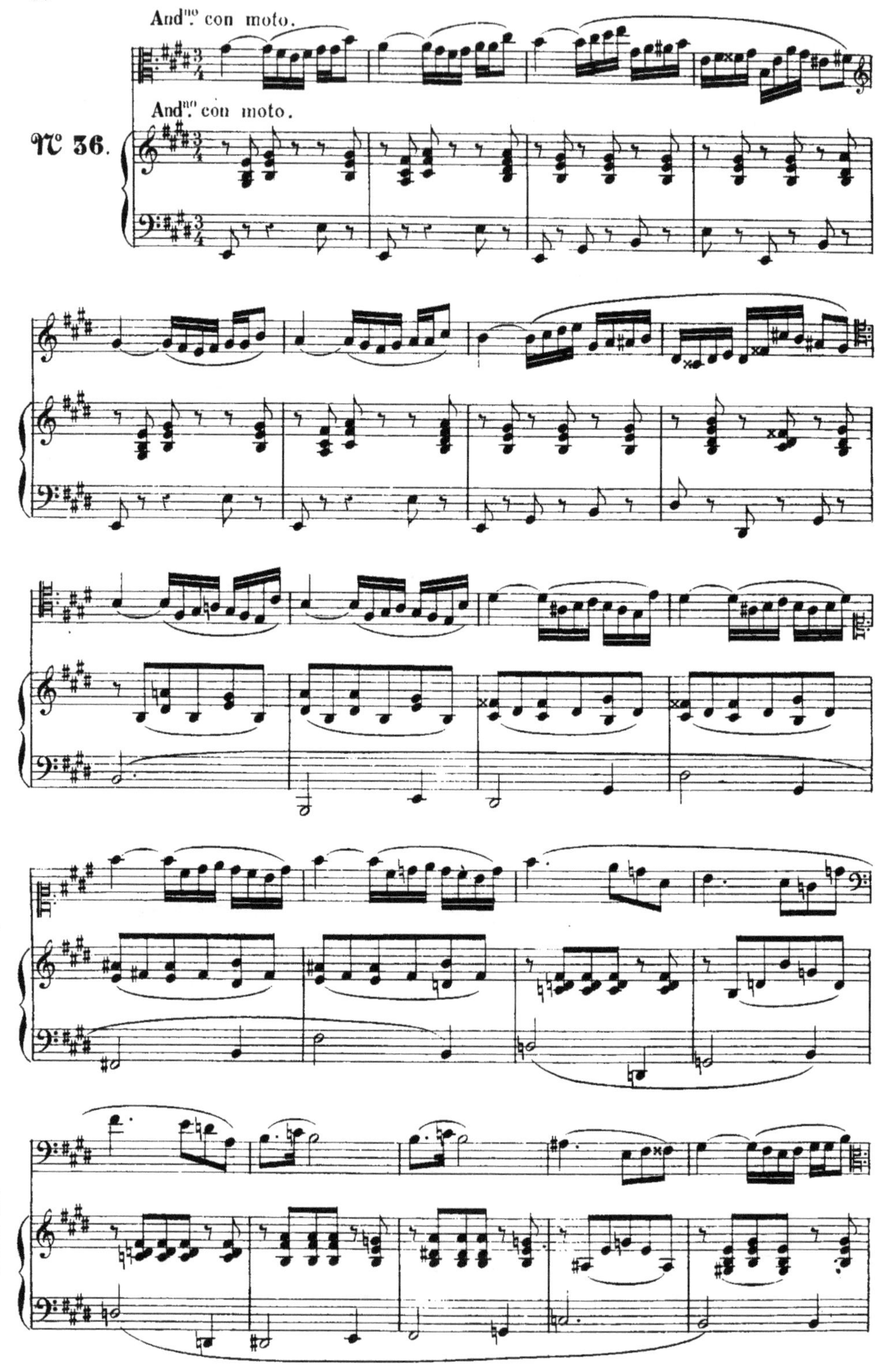

And^no. con moto.
And^no. con moto.
No 36.

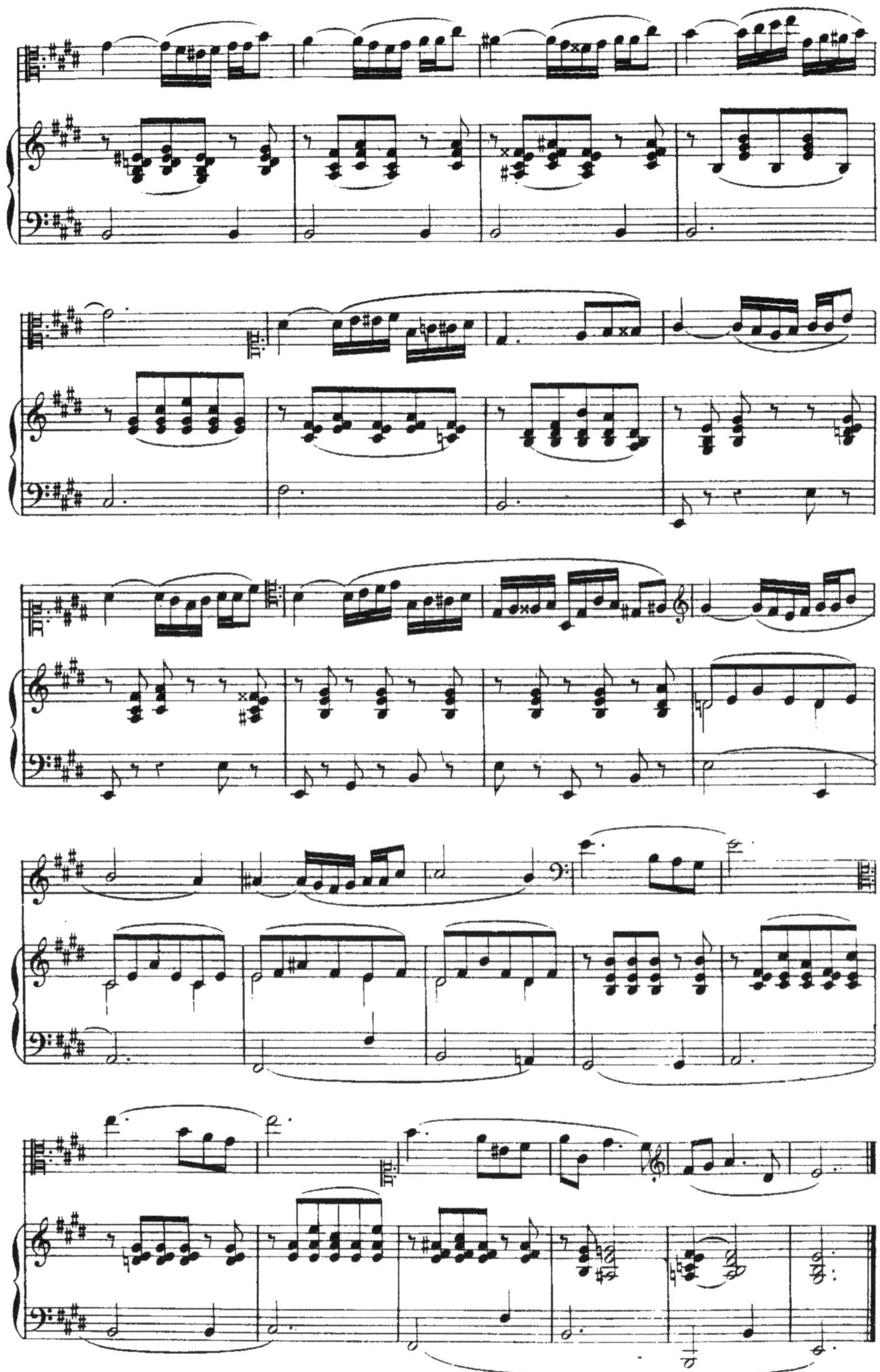

Nº 37.

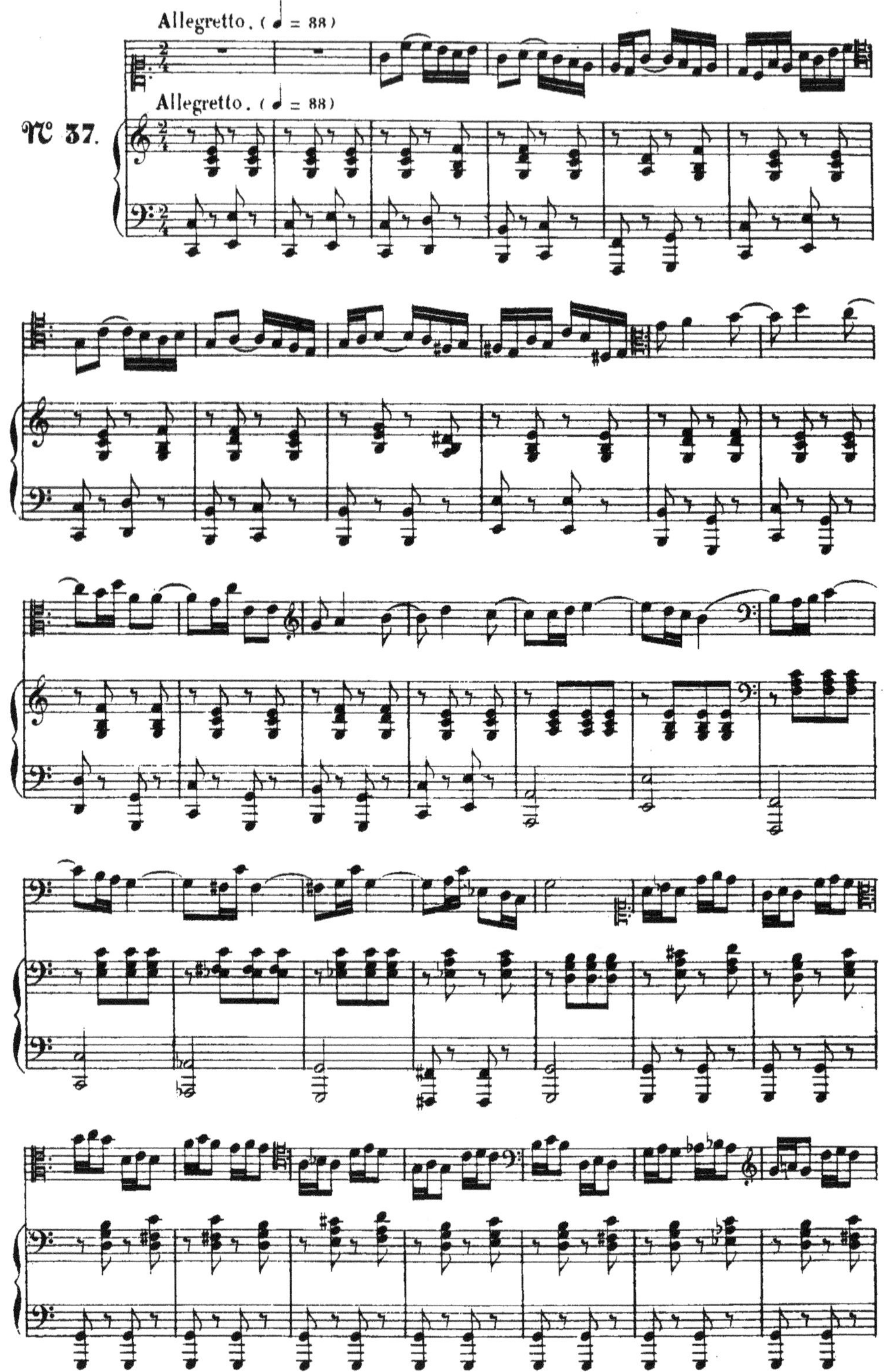

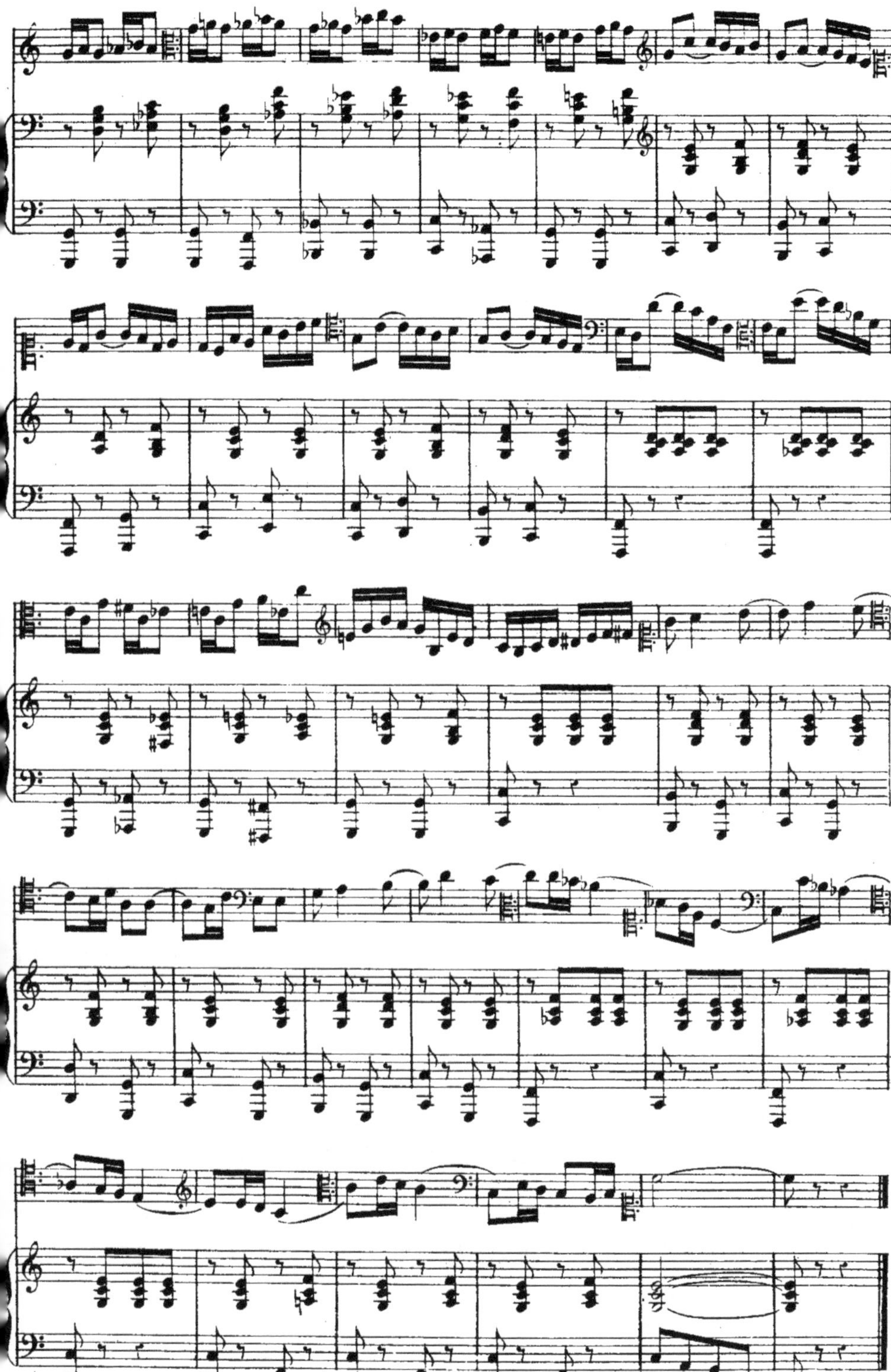

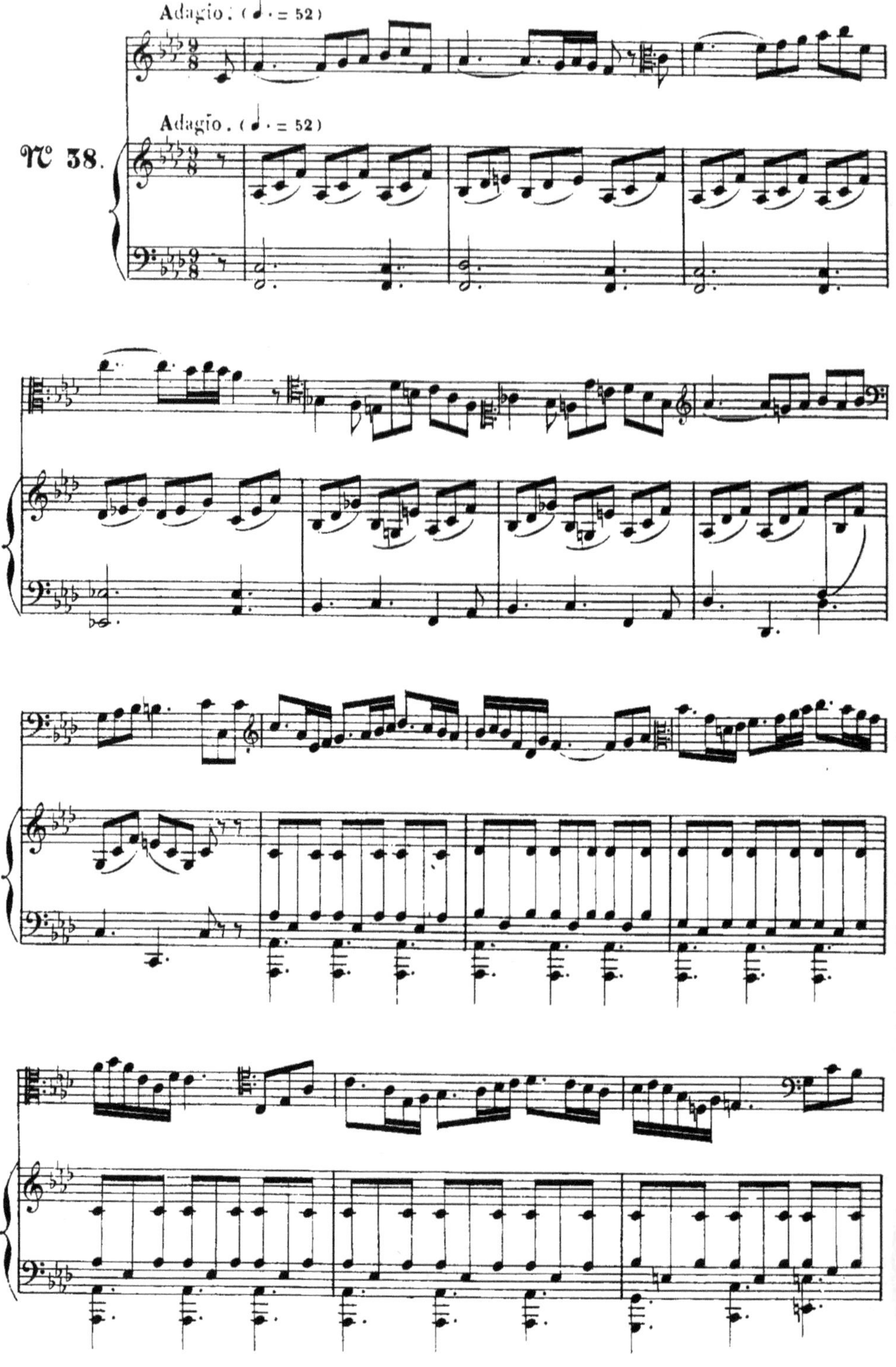
Adagio. (♩. = 52)
Nº 38.
Adagio. (♩. = 52)

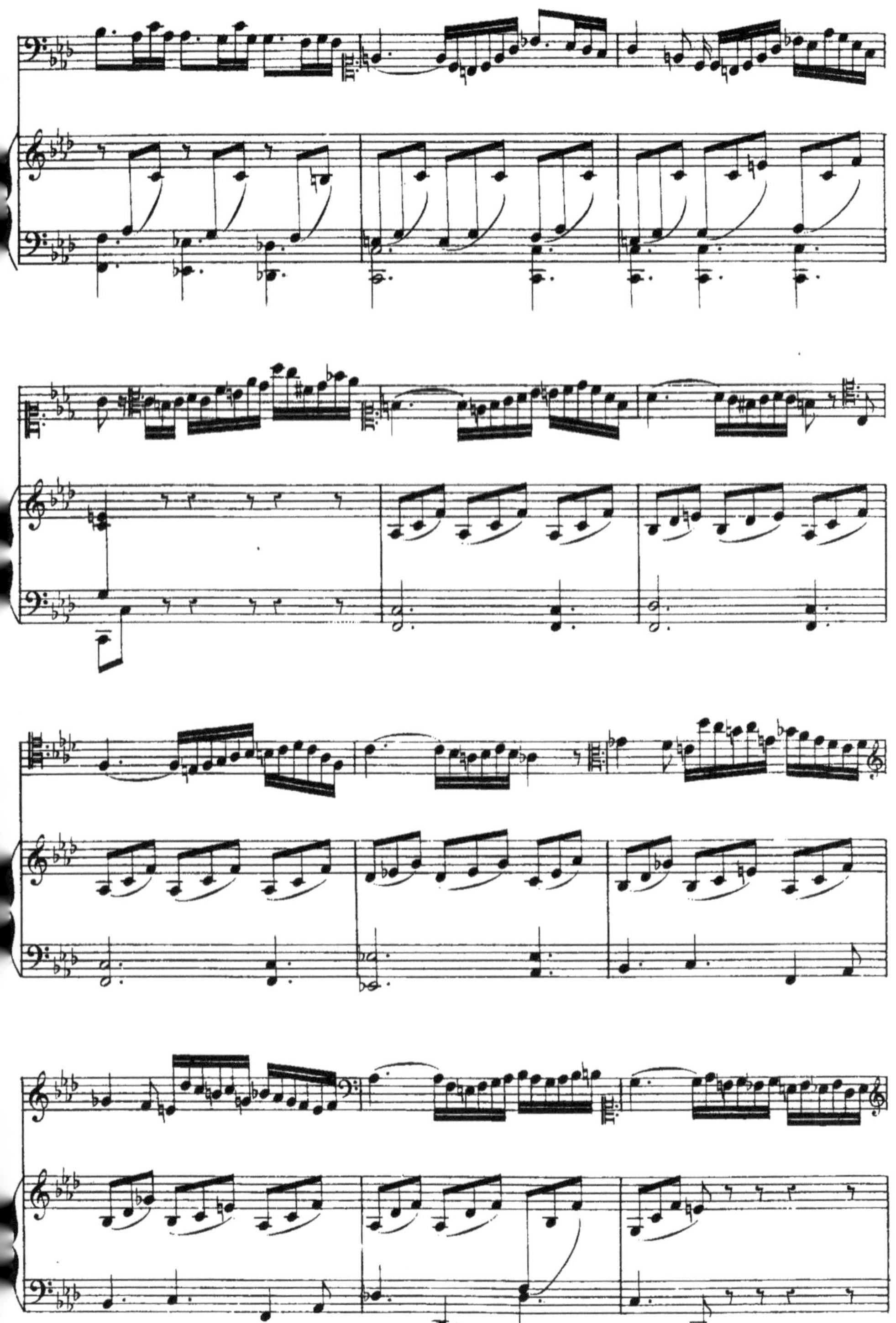

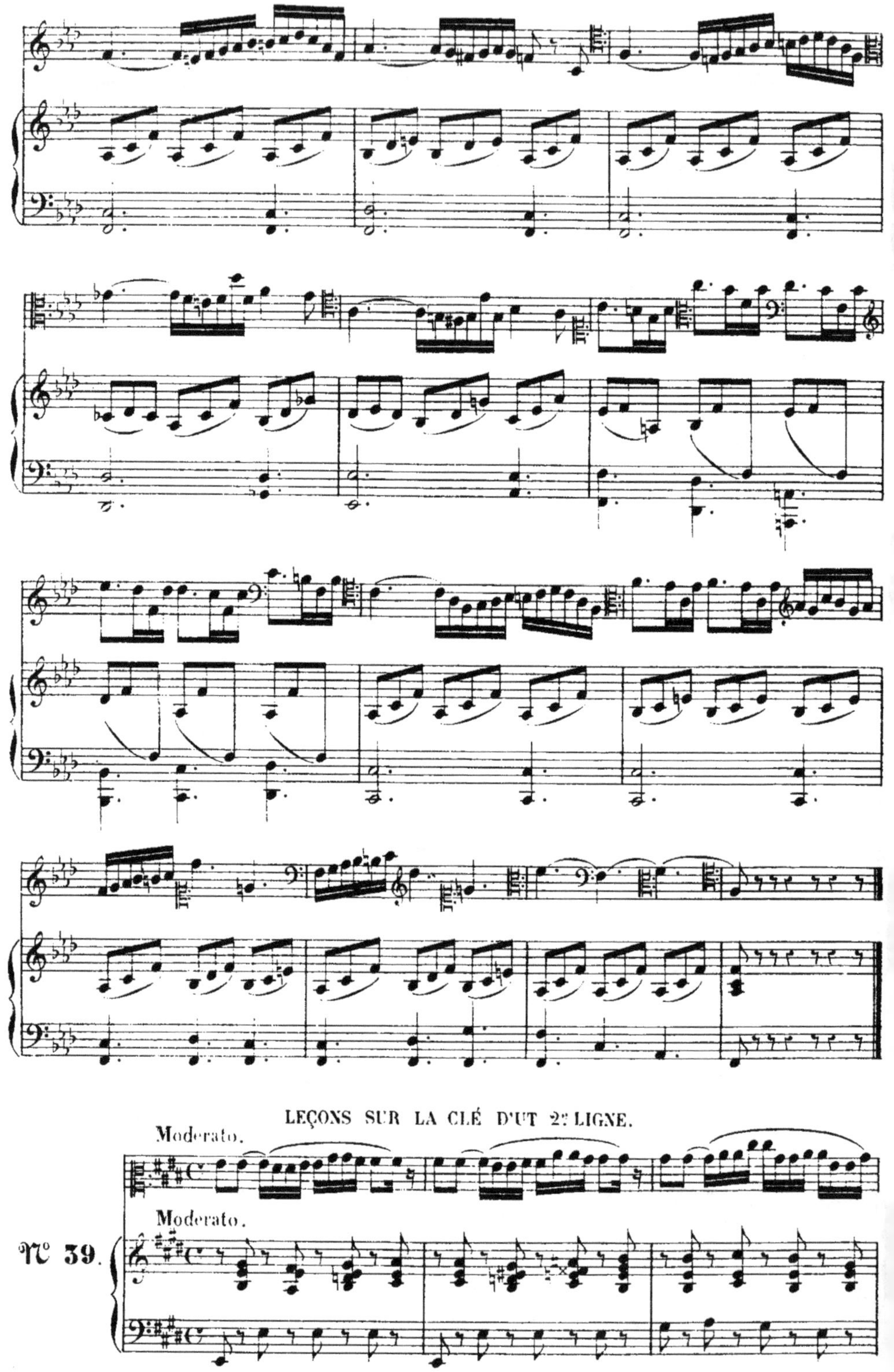
LEÇONS SUR LA CLÉ D'UT 2e LIGNE.
Moderato.
Moderato.
No 39.

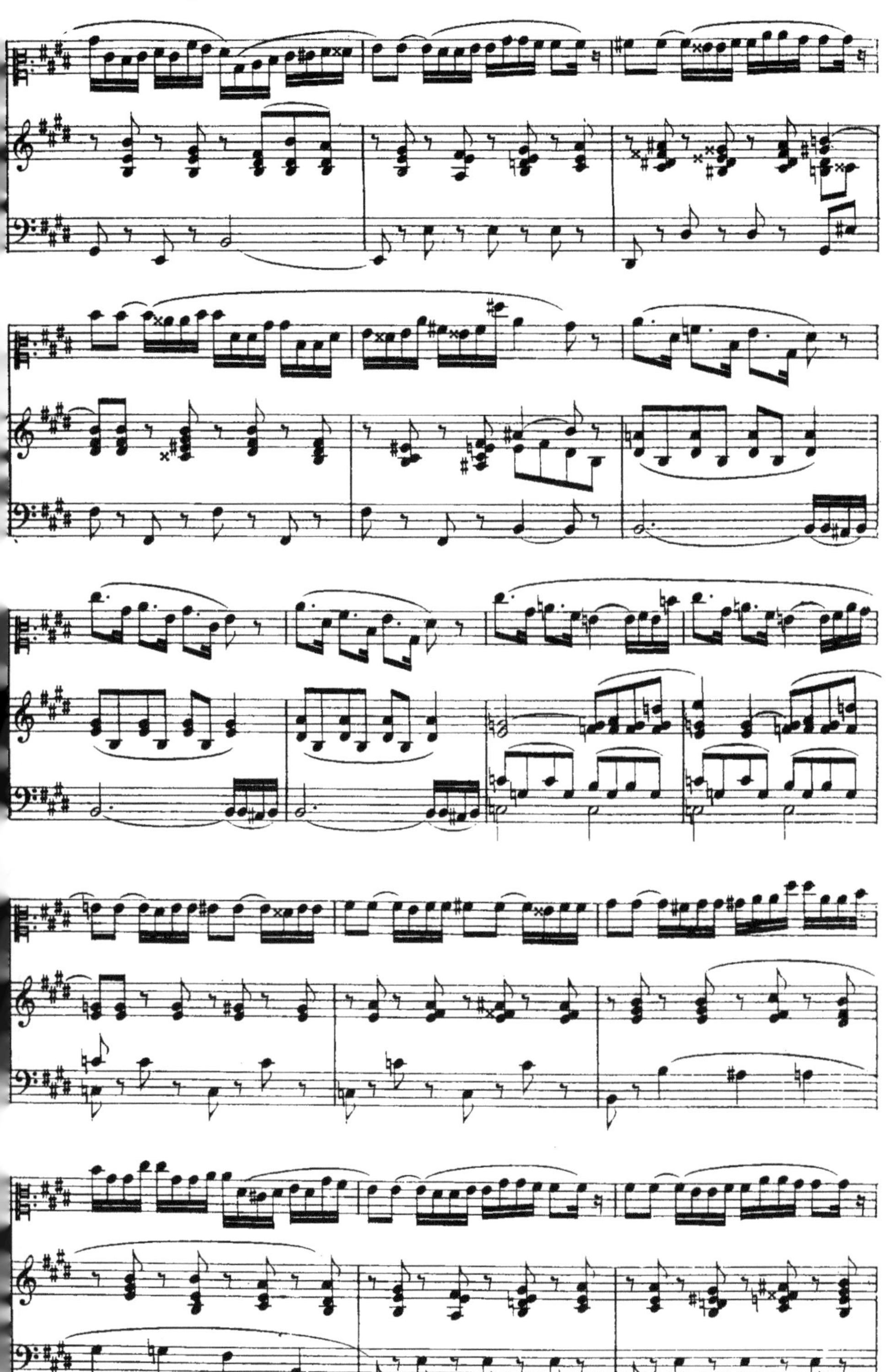

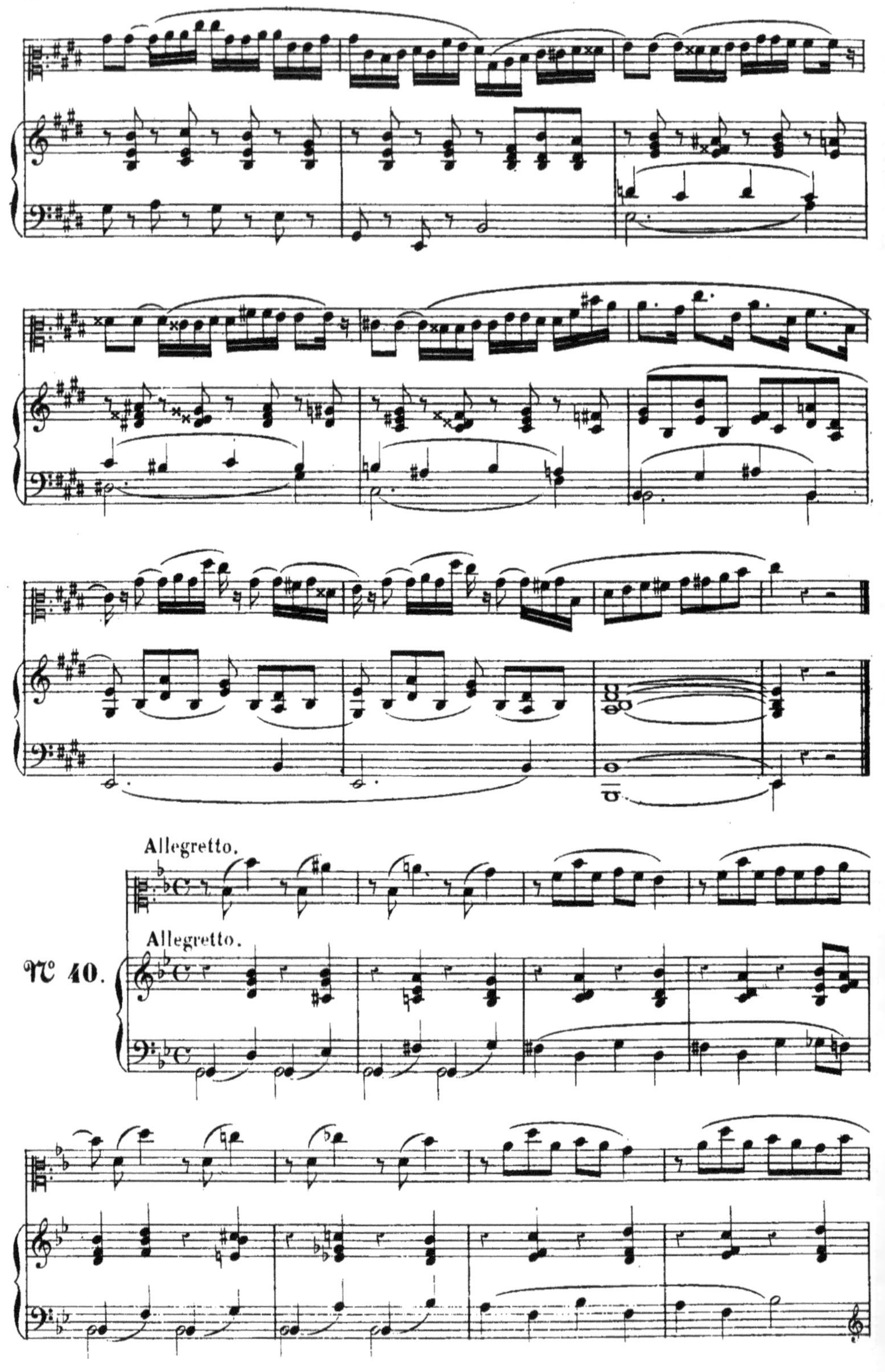
Allegretto.
Allegretto.
Nº 40.

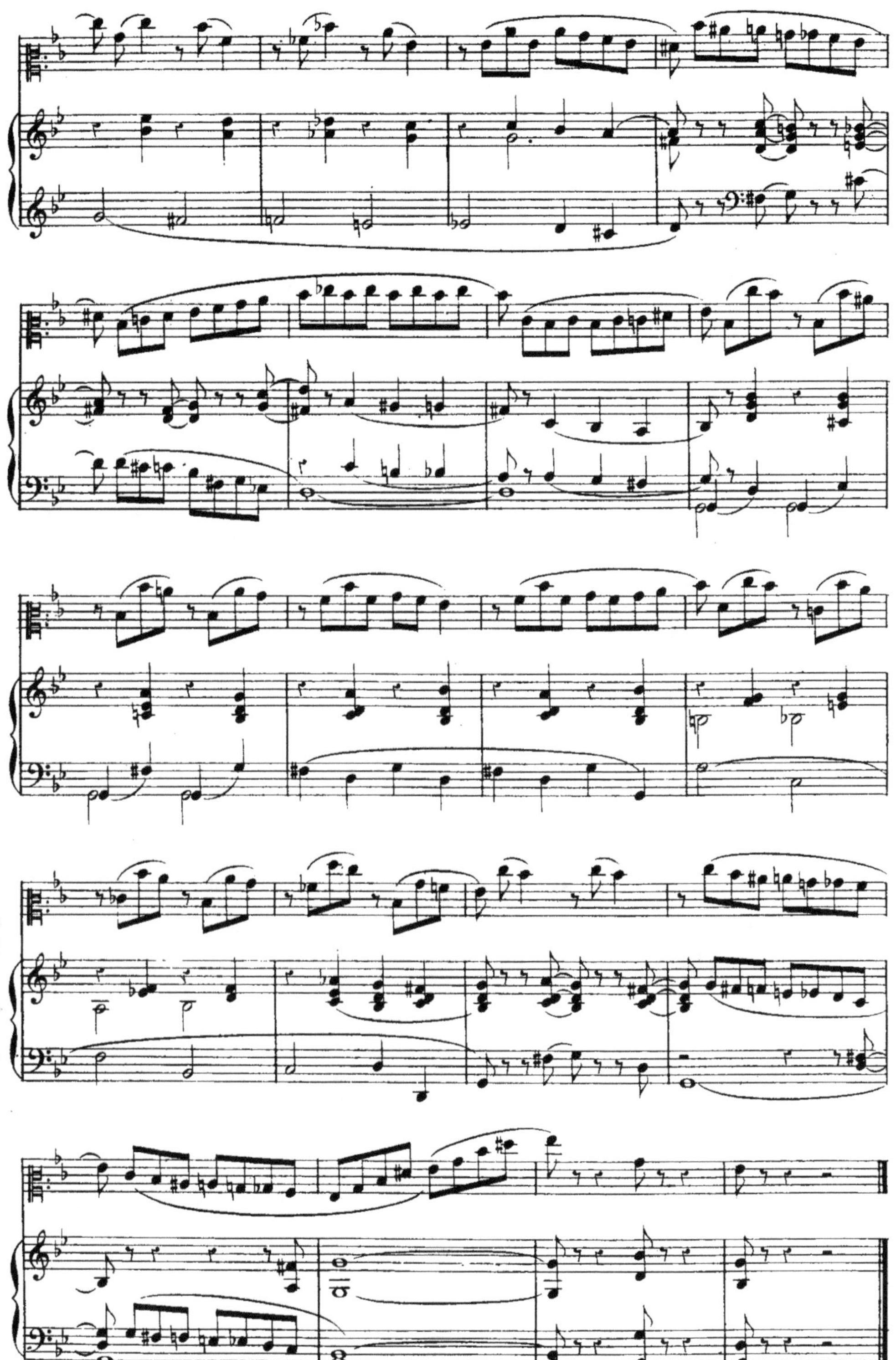

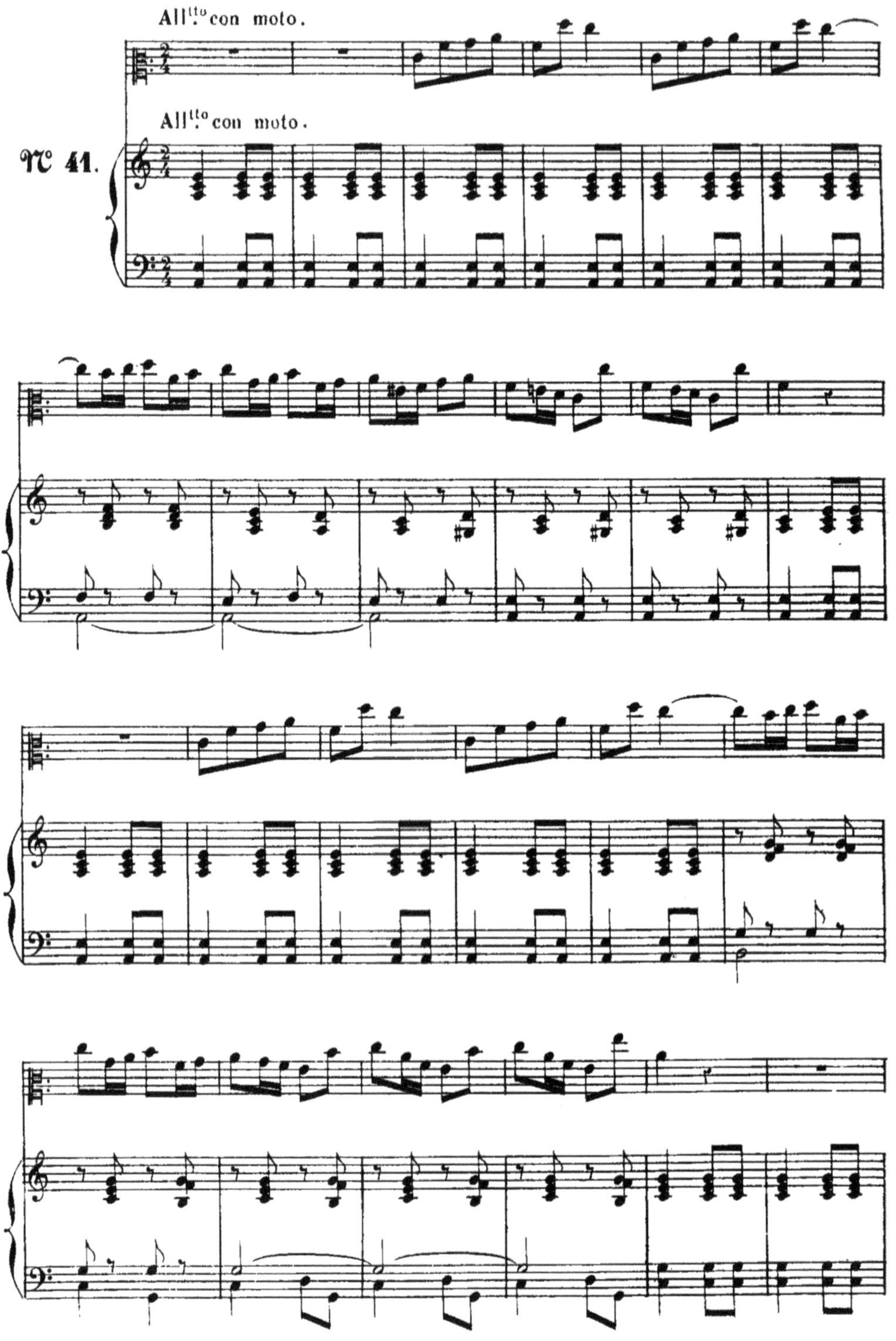
All.tto con moto.
All.tto con moto.
Nº 41.

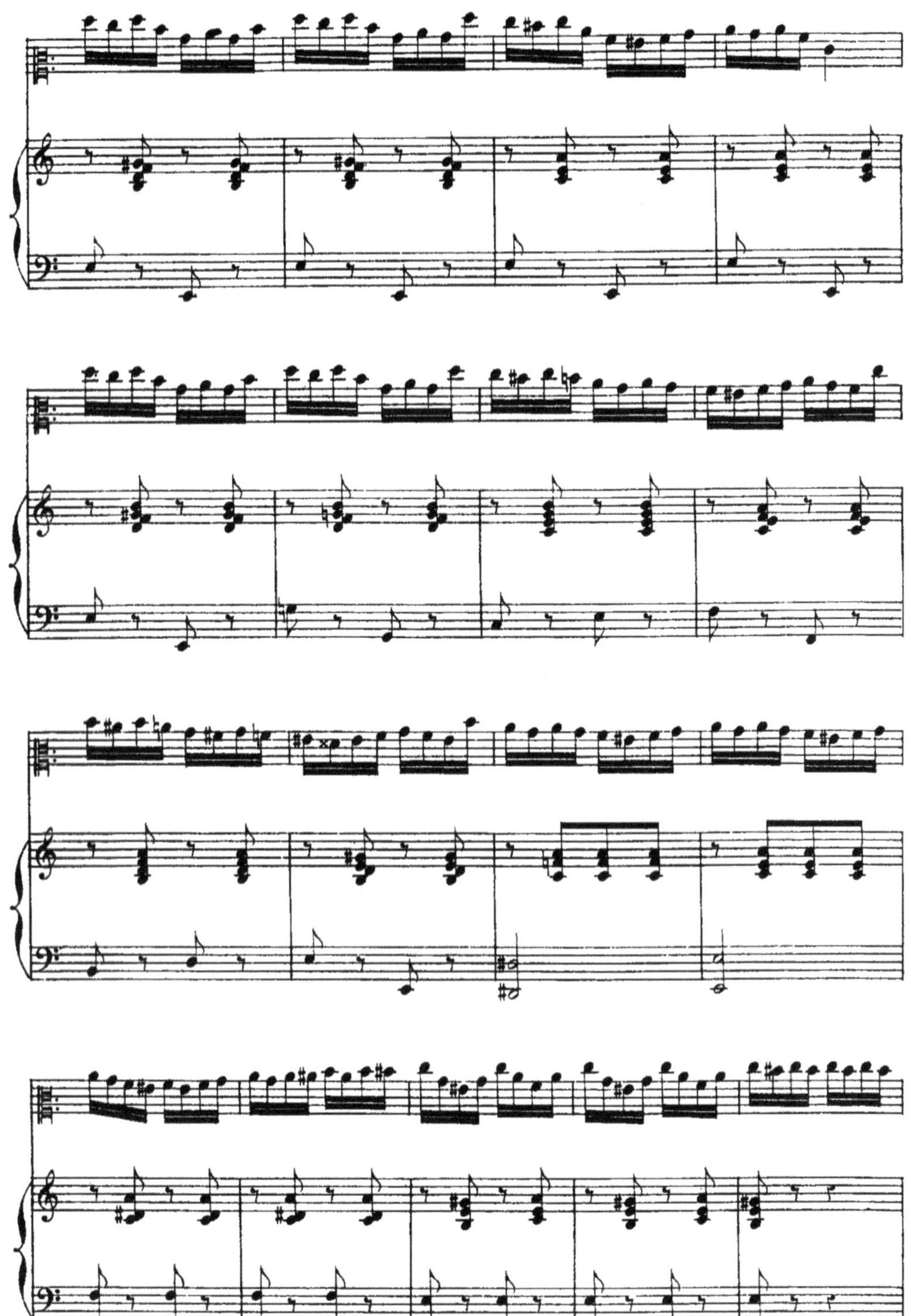

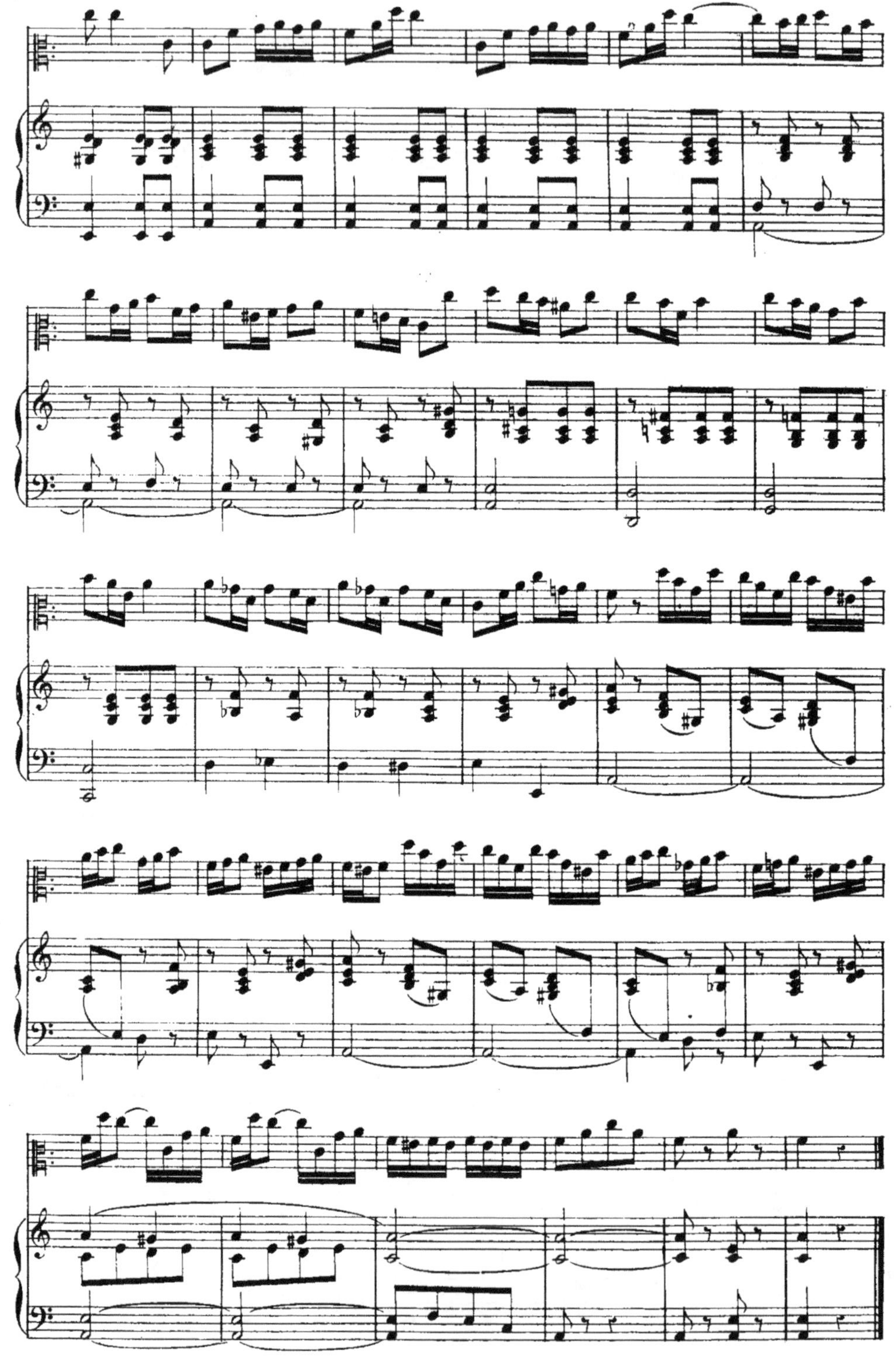

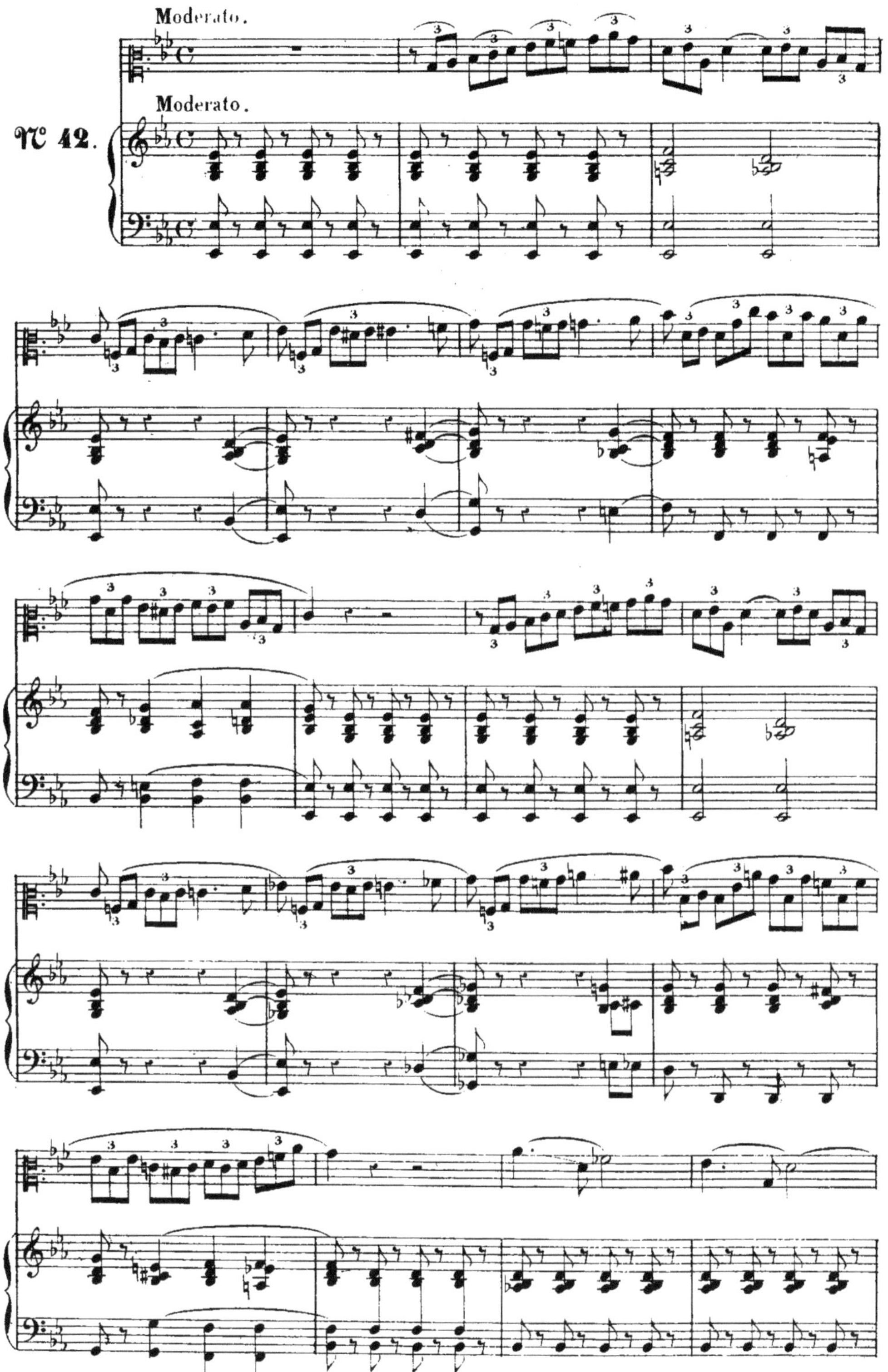
Moderato.
Moderato.
Nº 42.

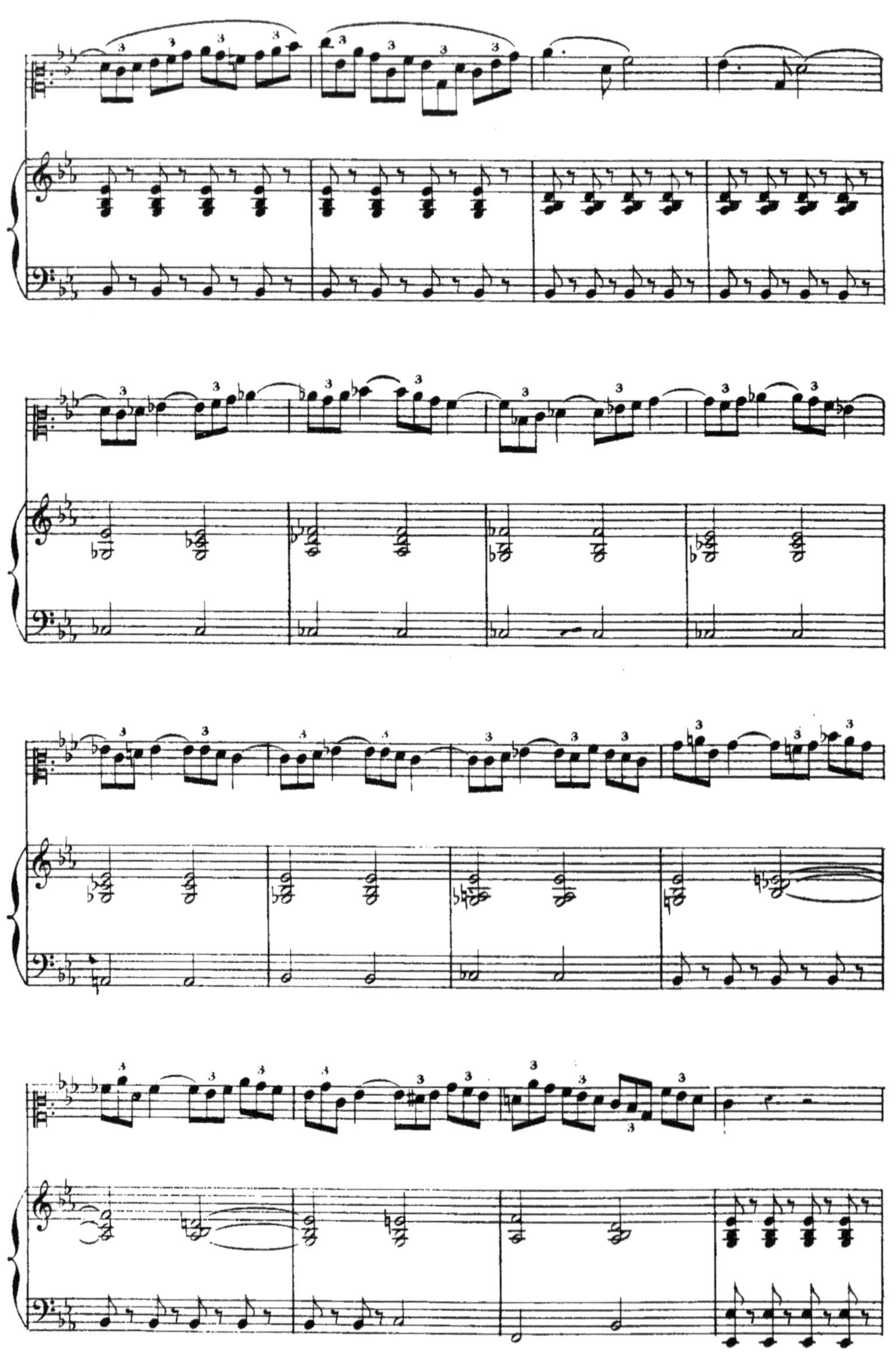

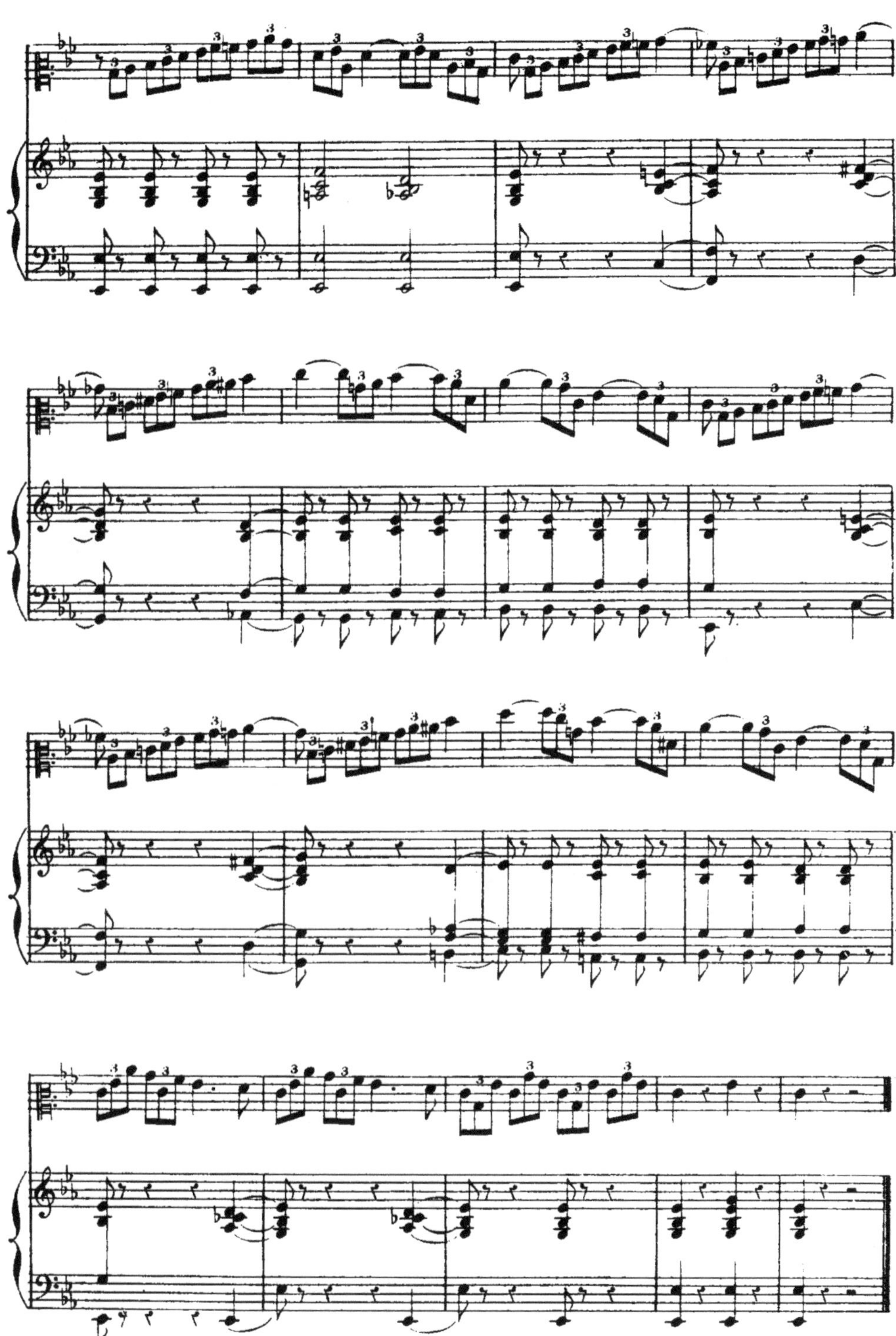

LEÇONS A CHANGEMENTS DE CLÉS

sur la clé de Sol, la clé de Fa 4e ligne, la clé d'Ut 1re ligne, la clé d'Ut 4e ligne, la clé d'Ut 3e ligne et la clé d'Ut 2e ligne.

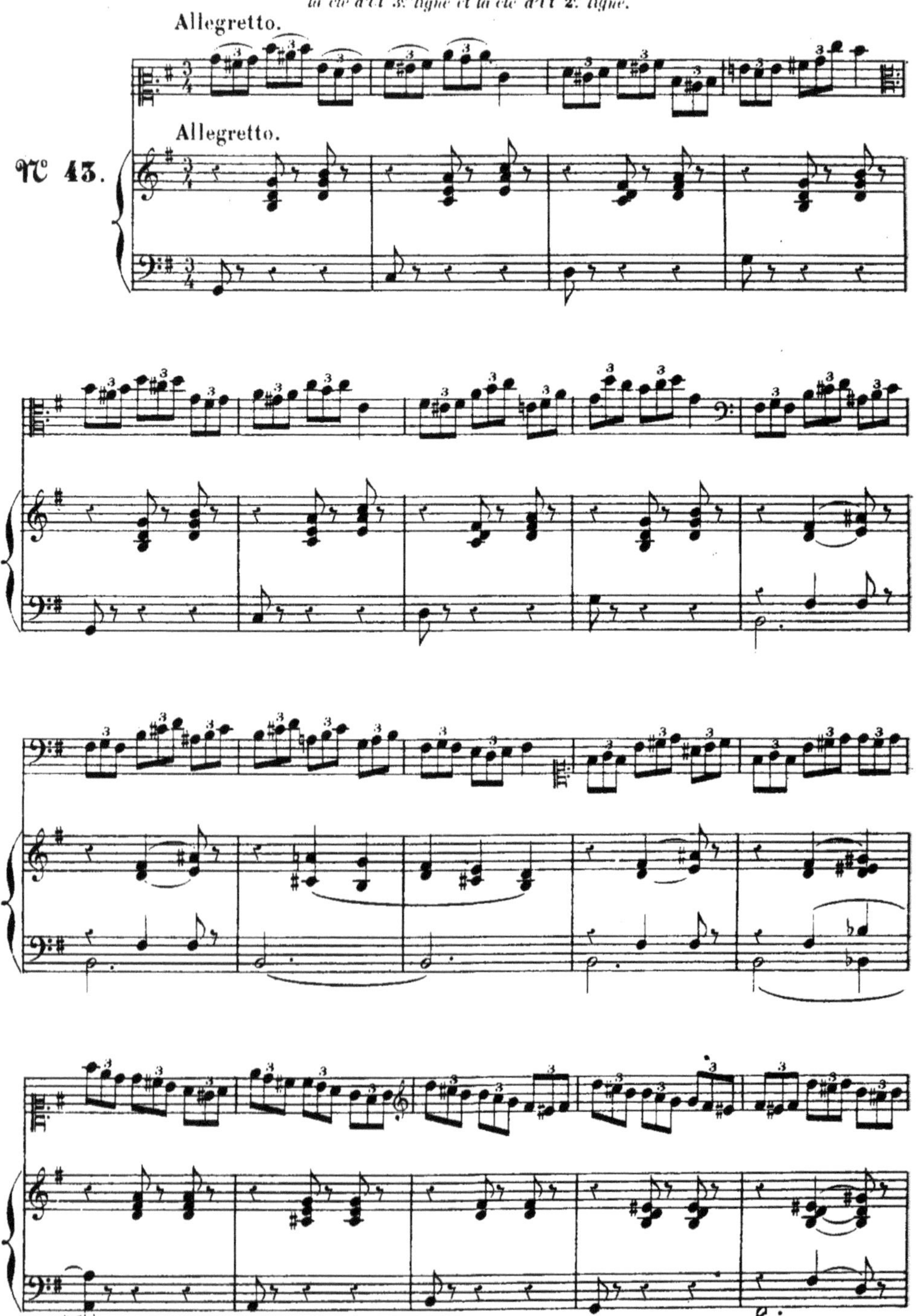

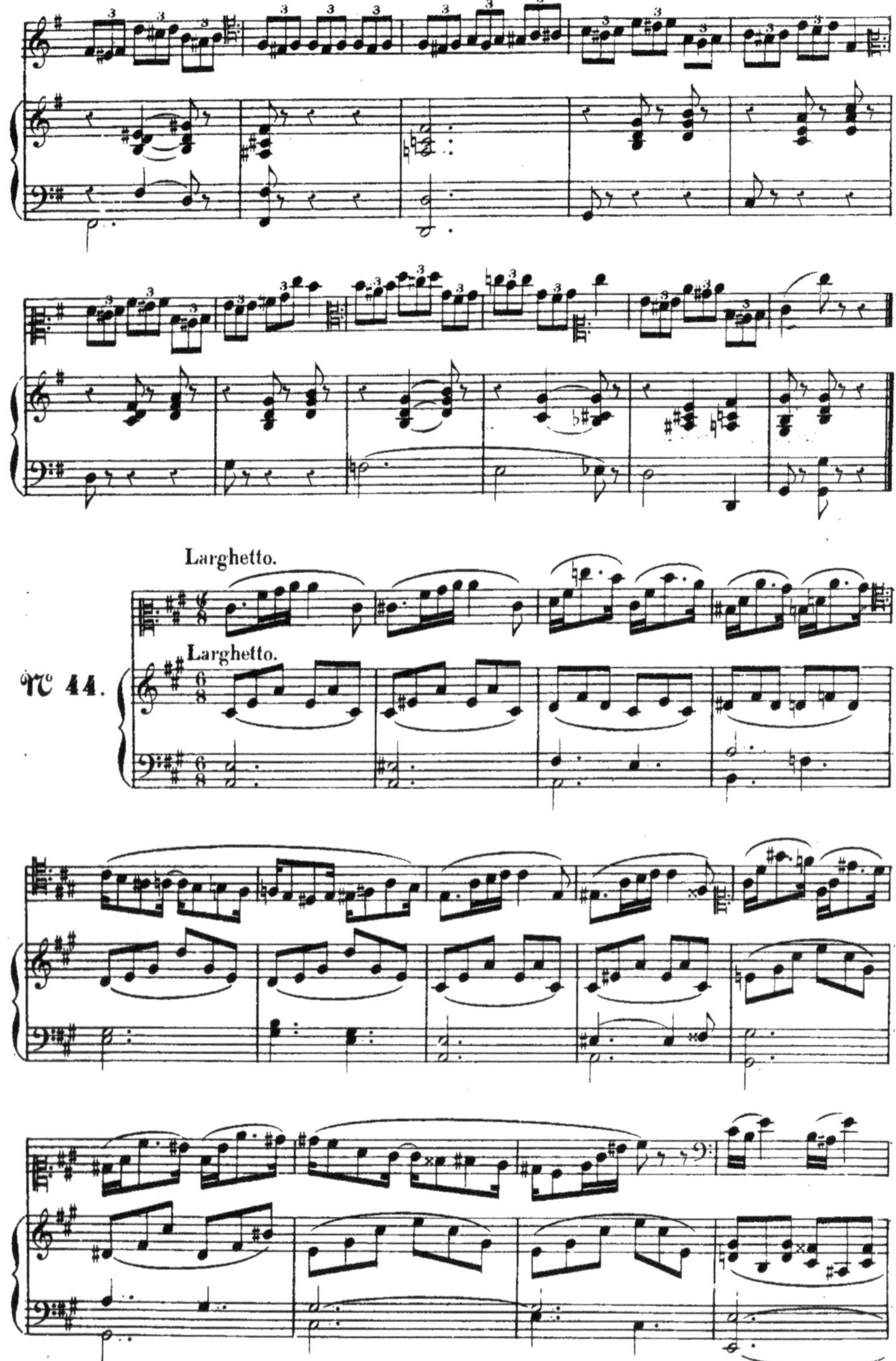

Larghetto.
Larghetto.
Nº 44.

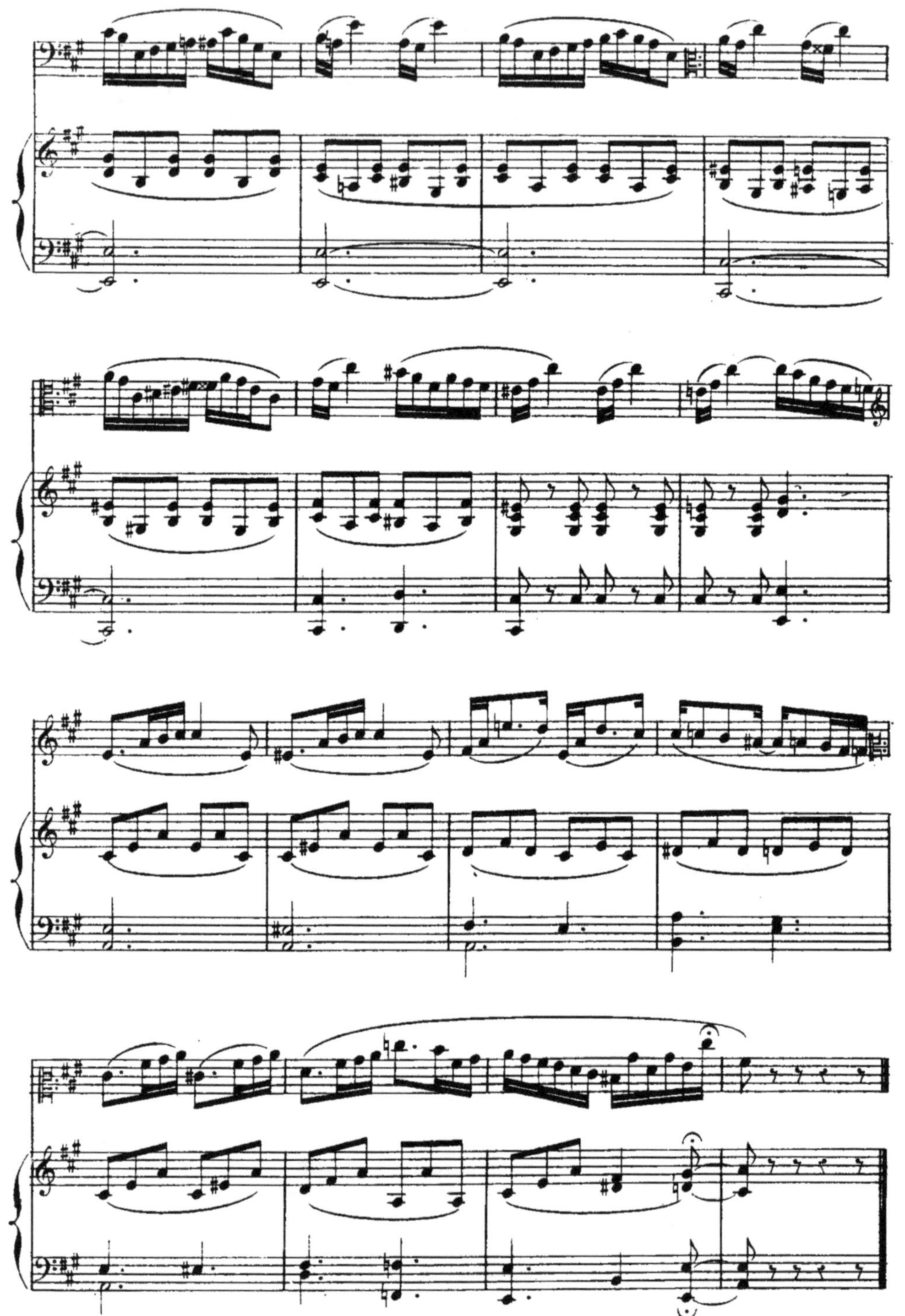

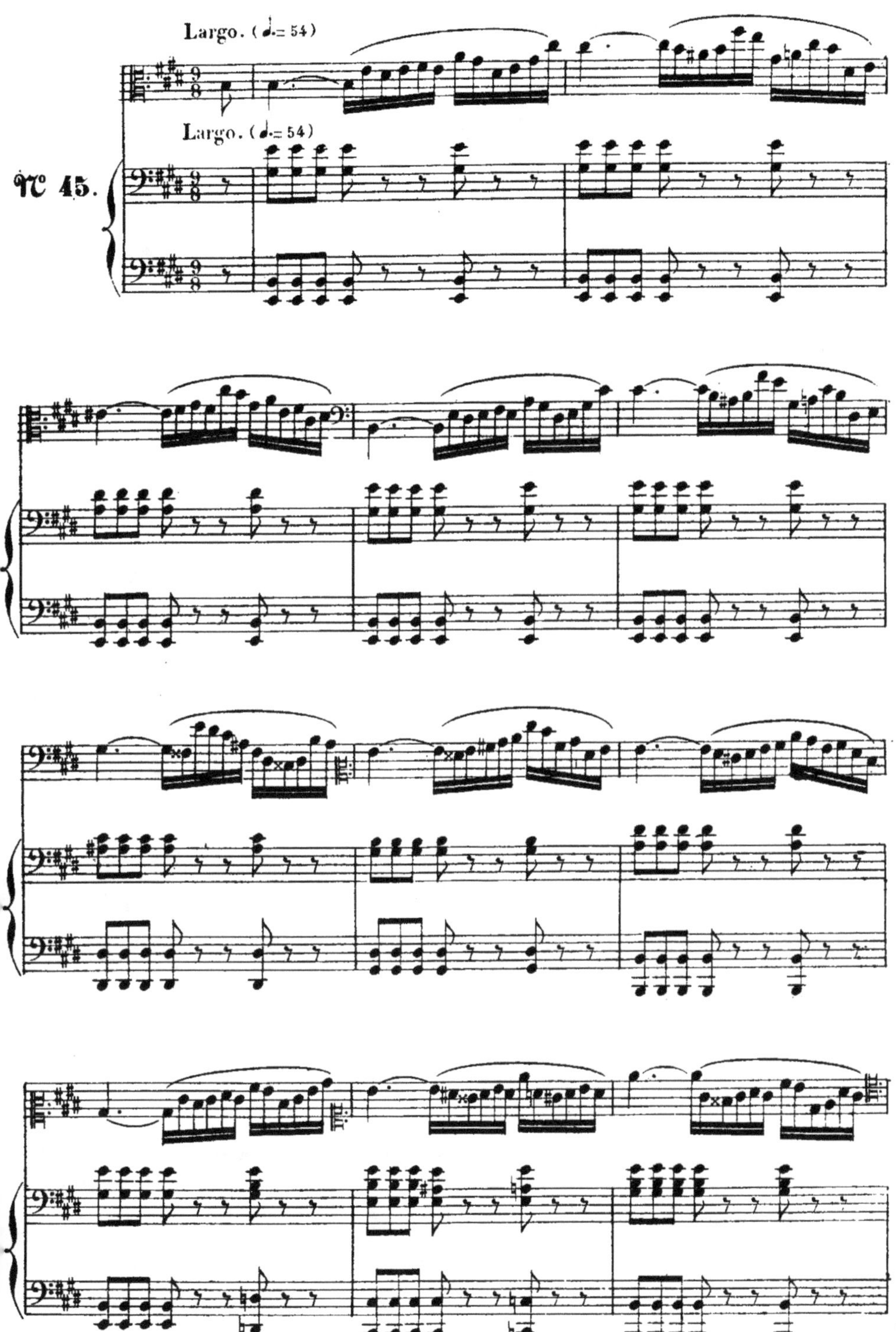
Largo. (♩. = 54)
Largo. (♩. = 54)
№ 45.

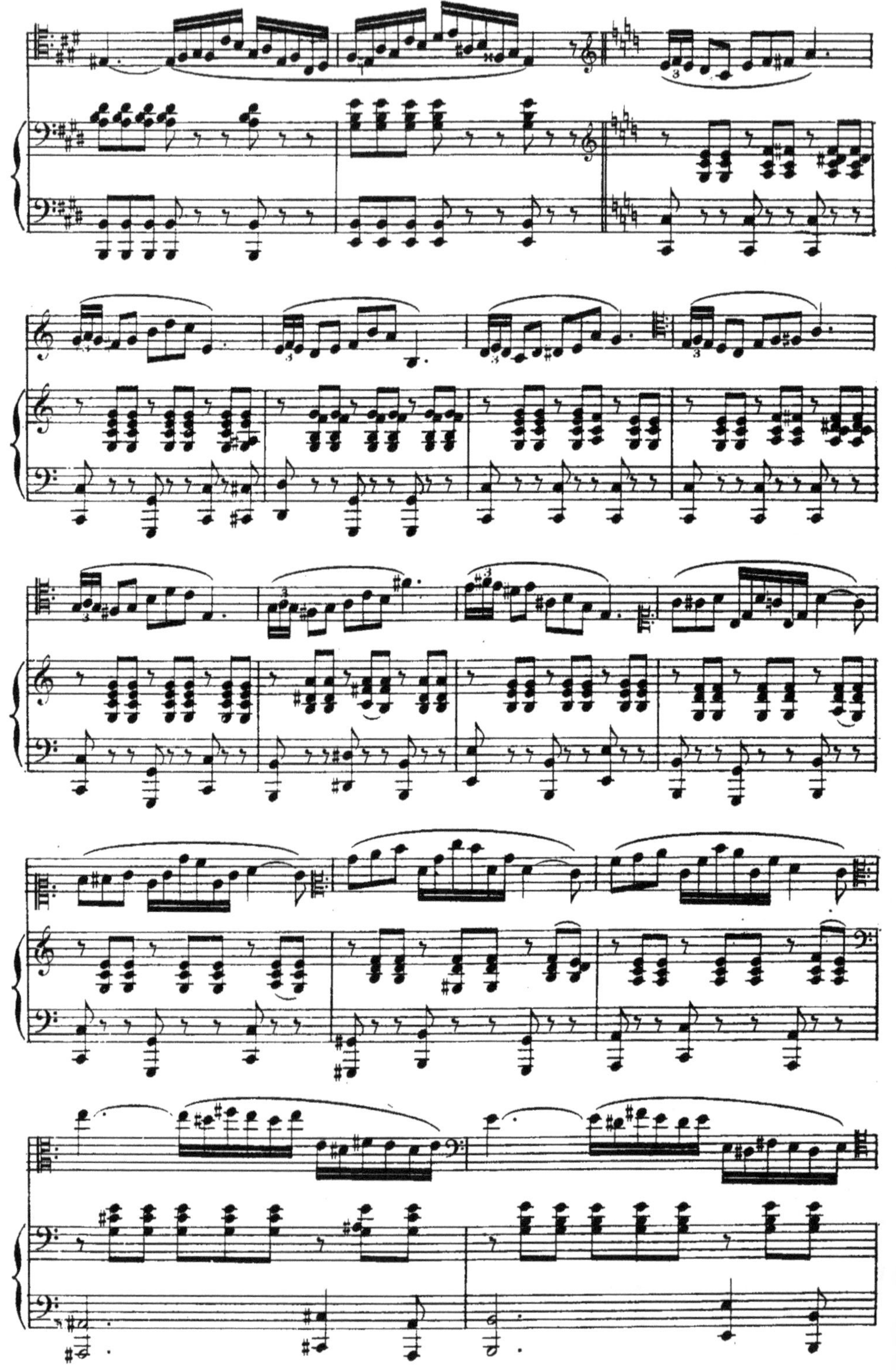

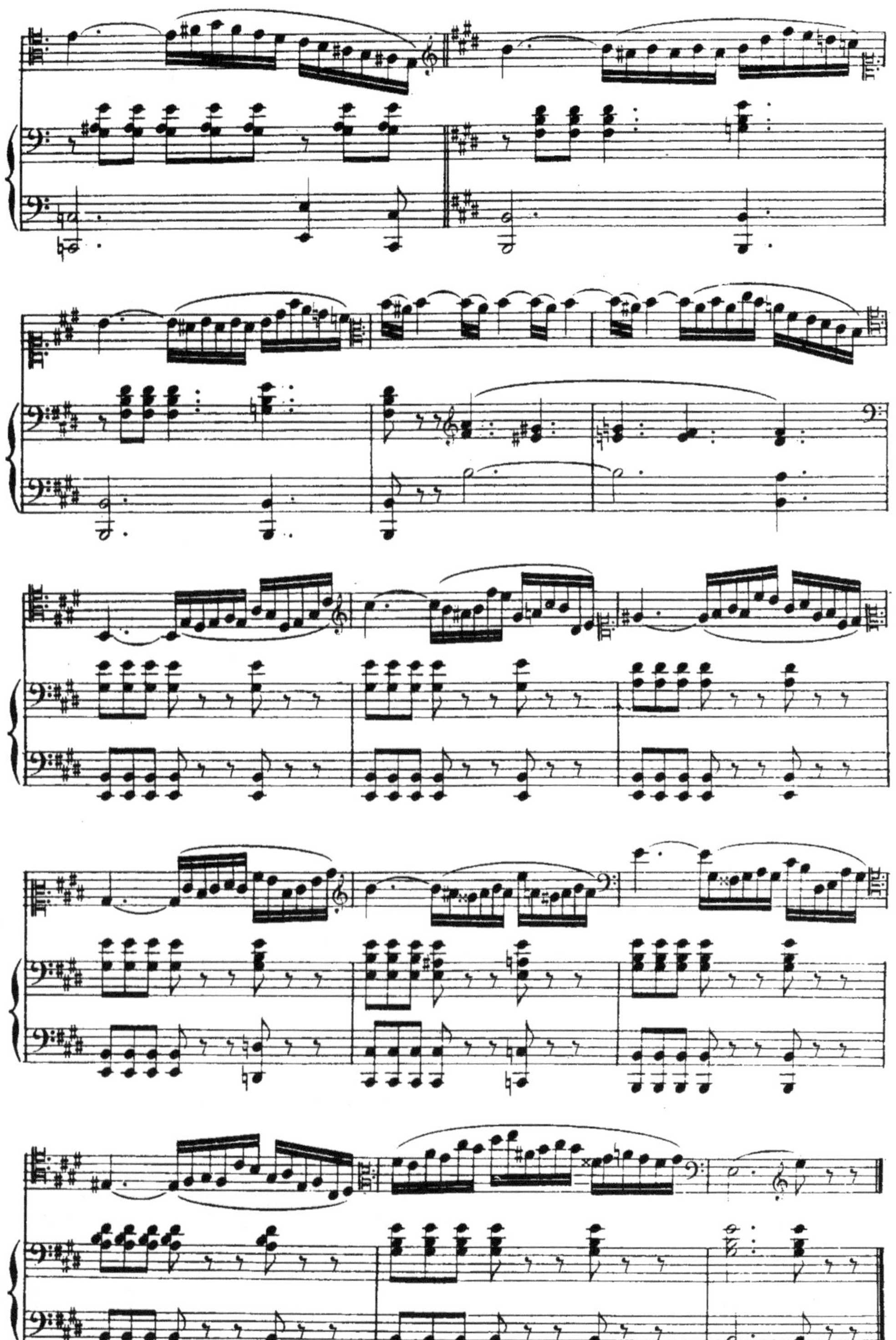

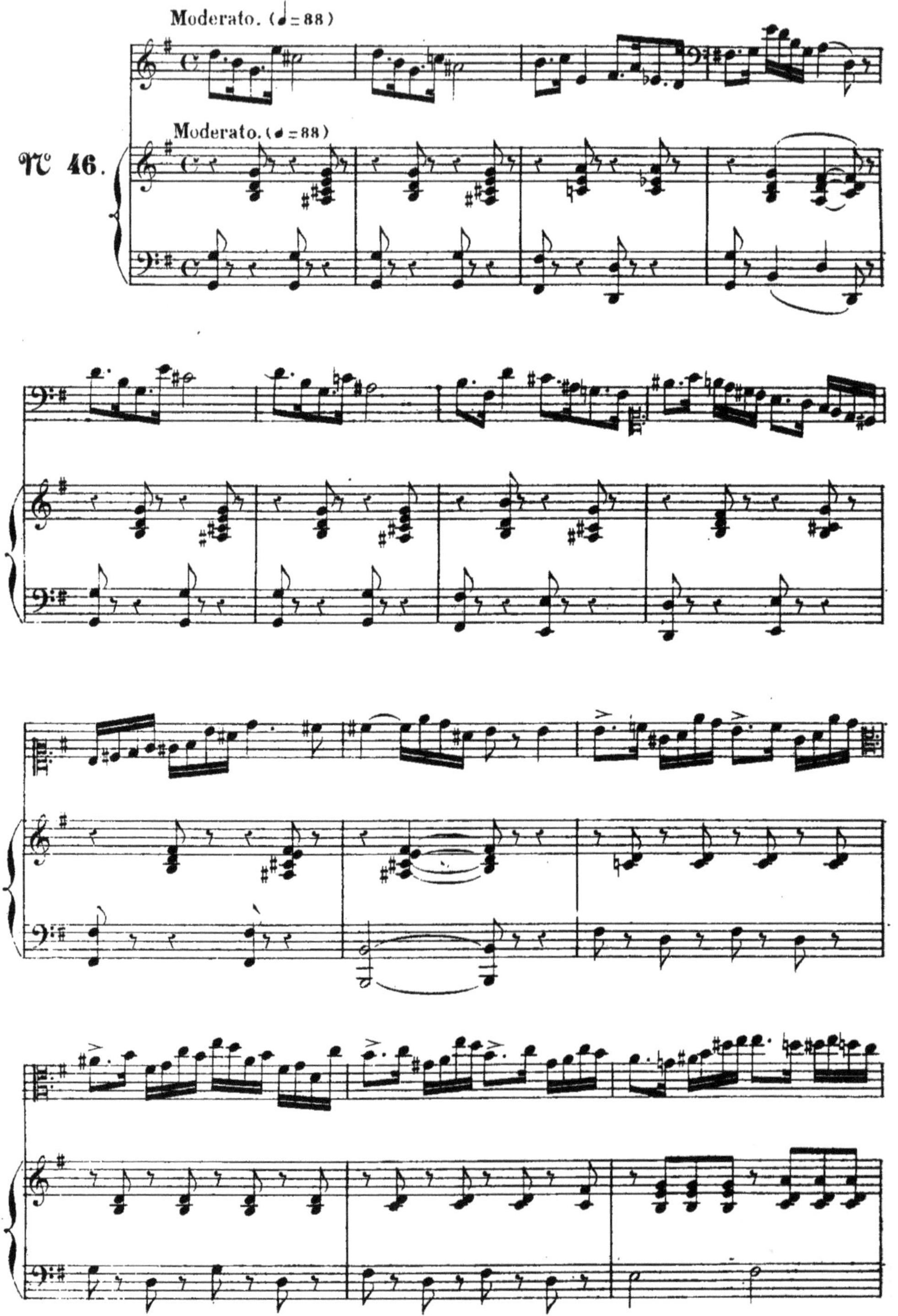

Moderato. (♩= 88)
Moderato. (♩= 88)
Nº 46.

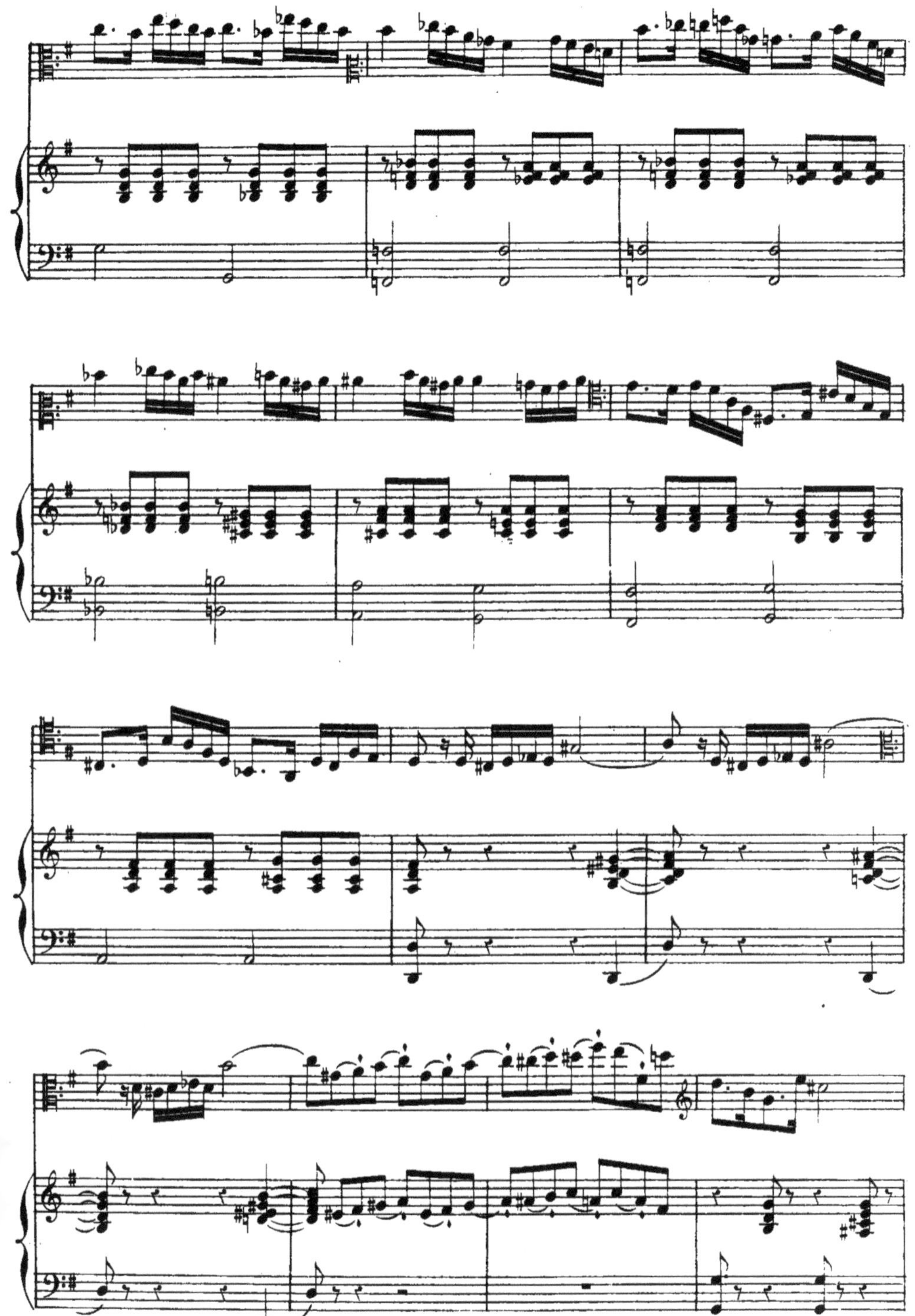

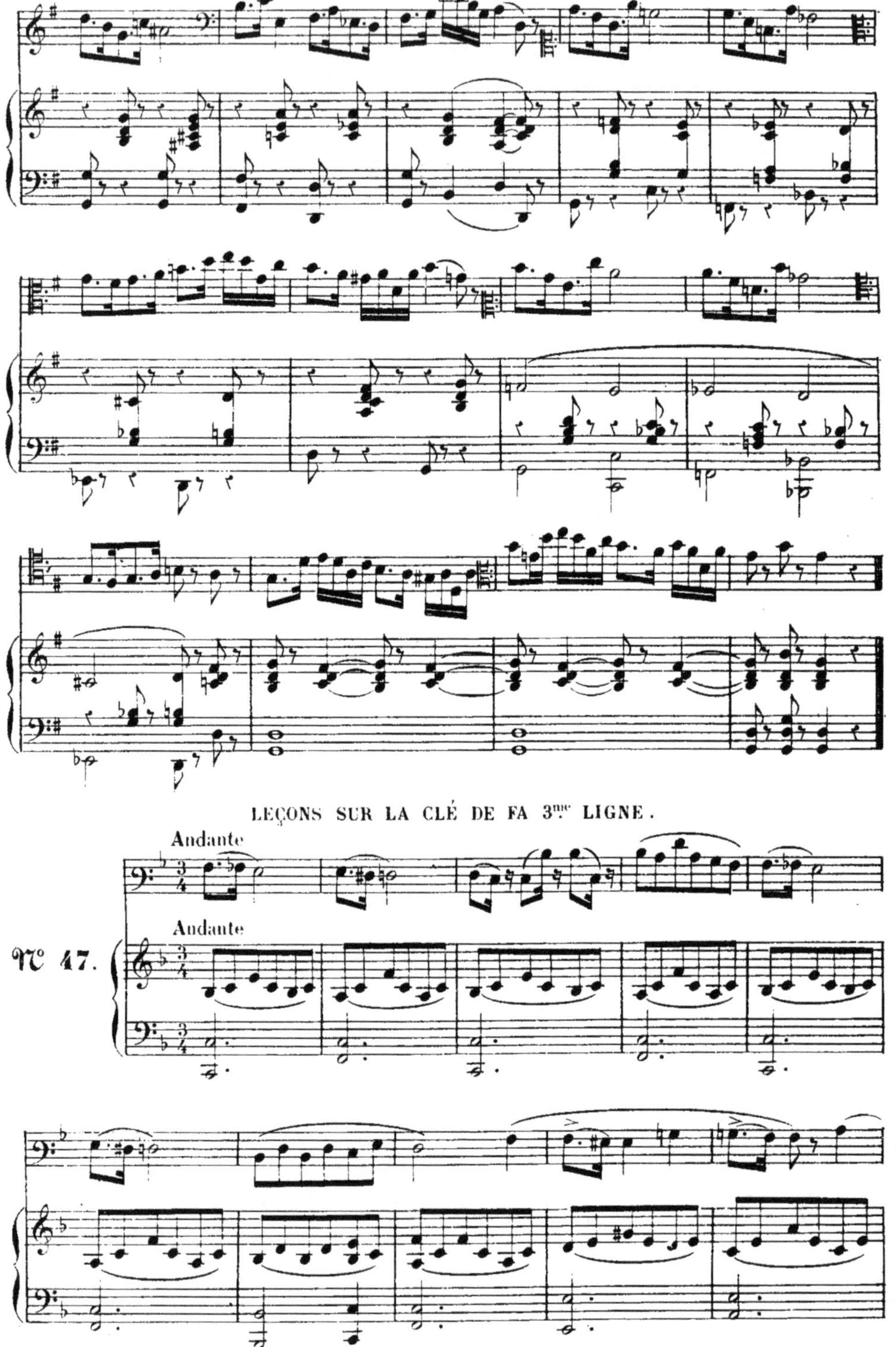
LEÇONS SUR LA CLÉ DE FA 3me LIGNE.
Andante
Andante
Nº 47.

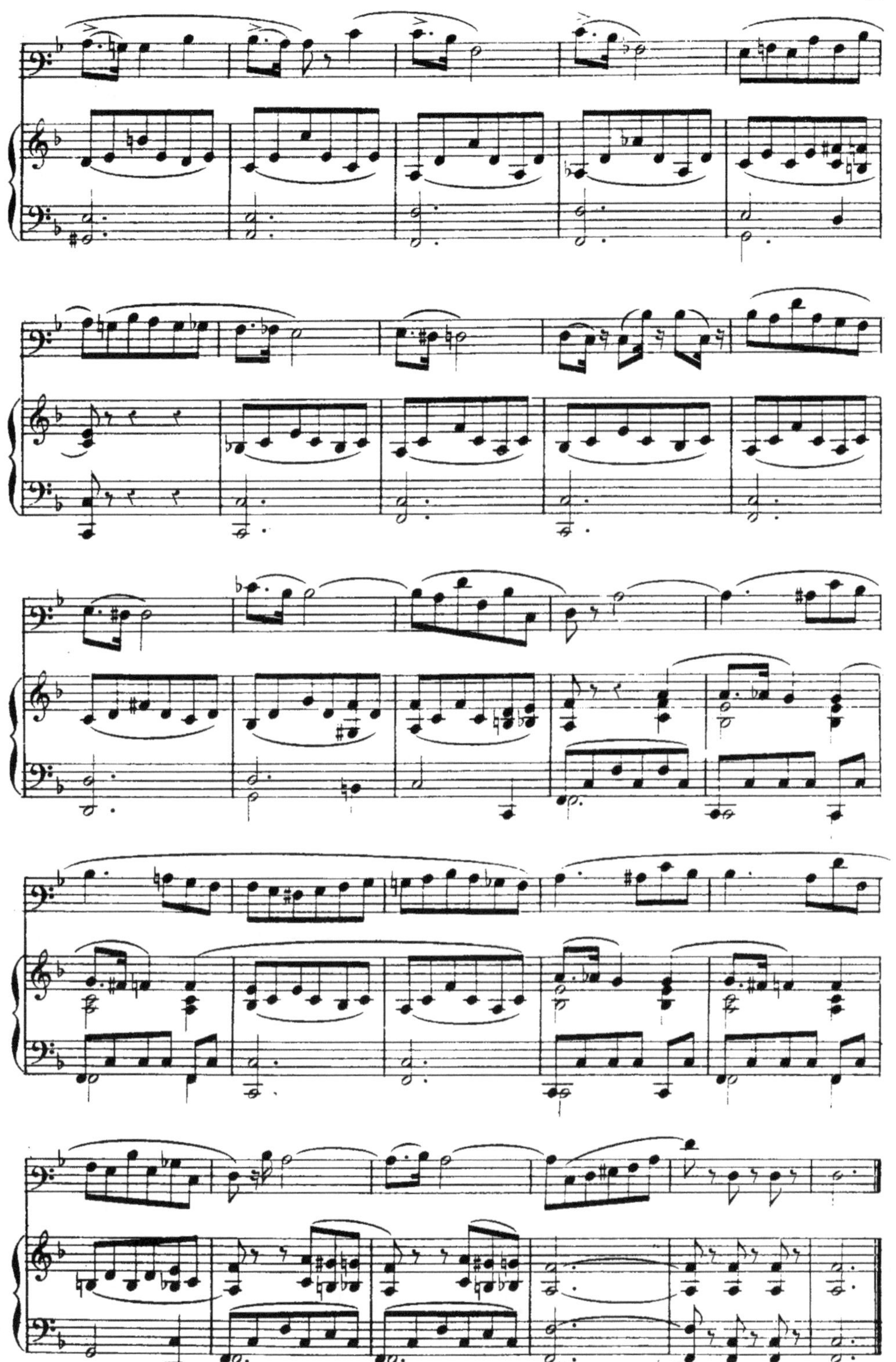

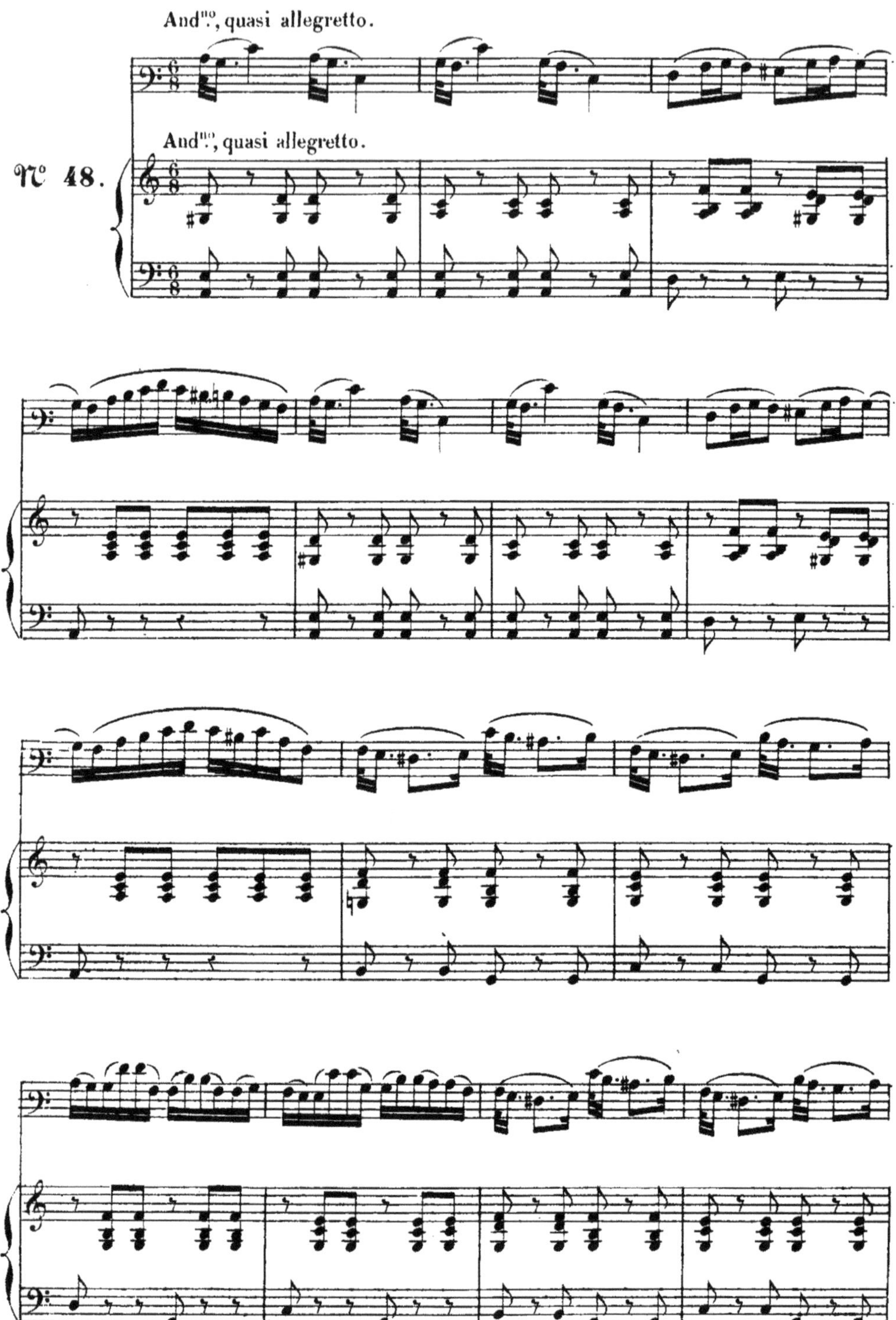
And^no., quasi allegretto.
And^no., quasi allegretto.
Nº 48.

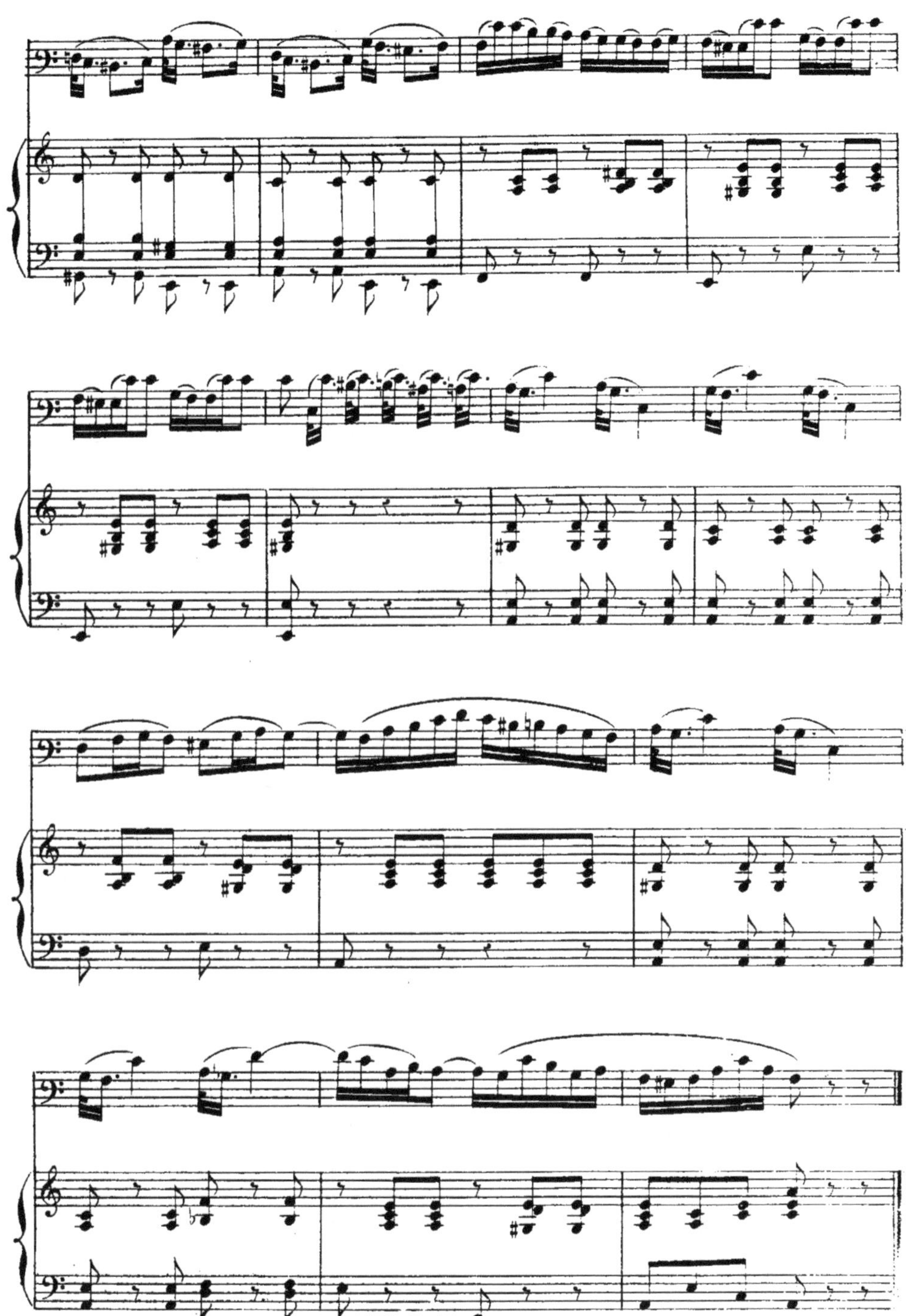

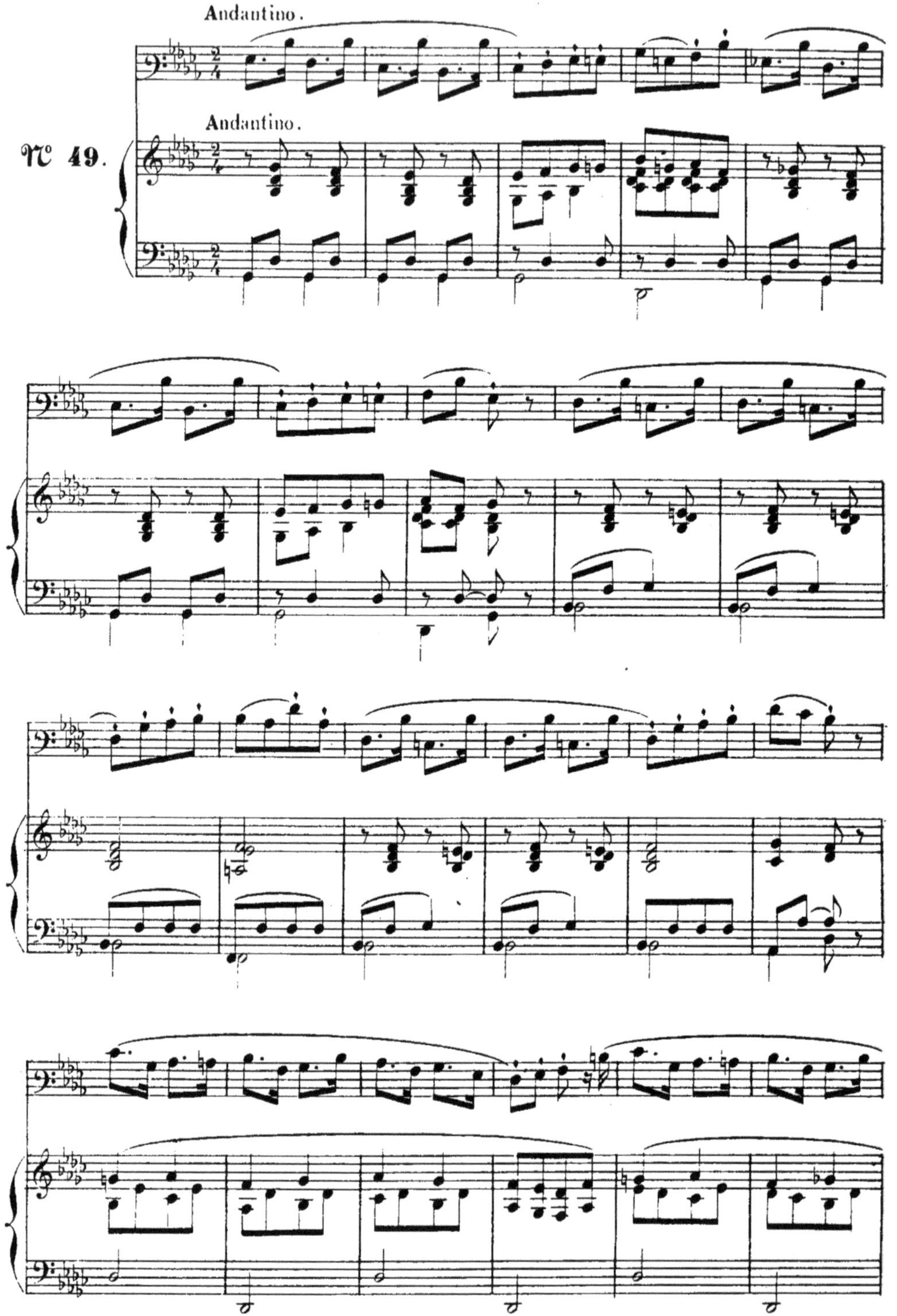
Andantino.
Nº 49.
Andantino.

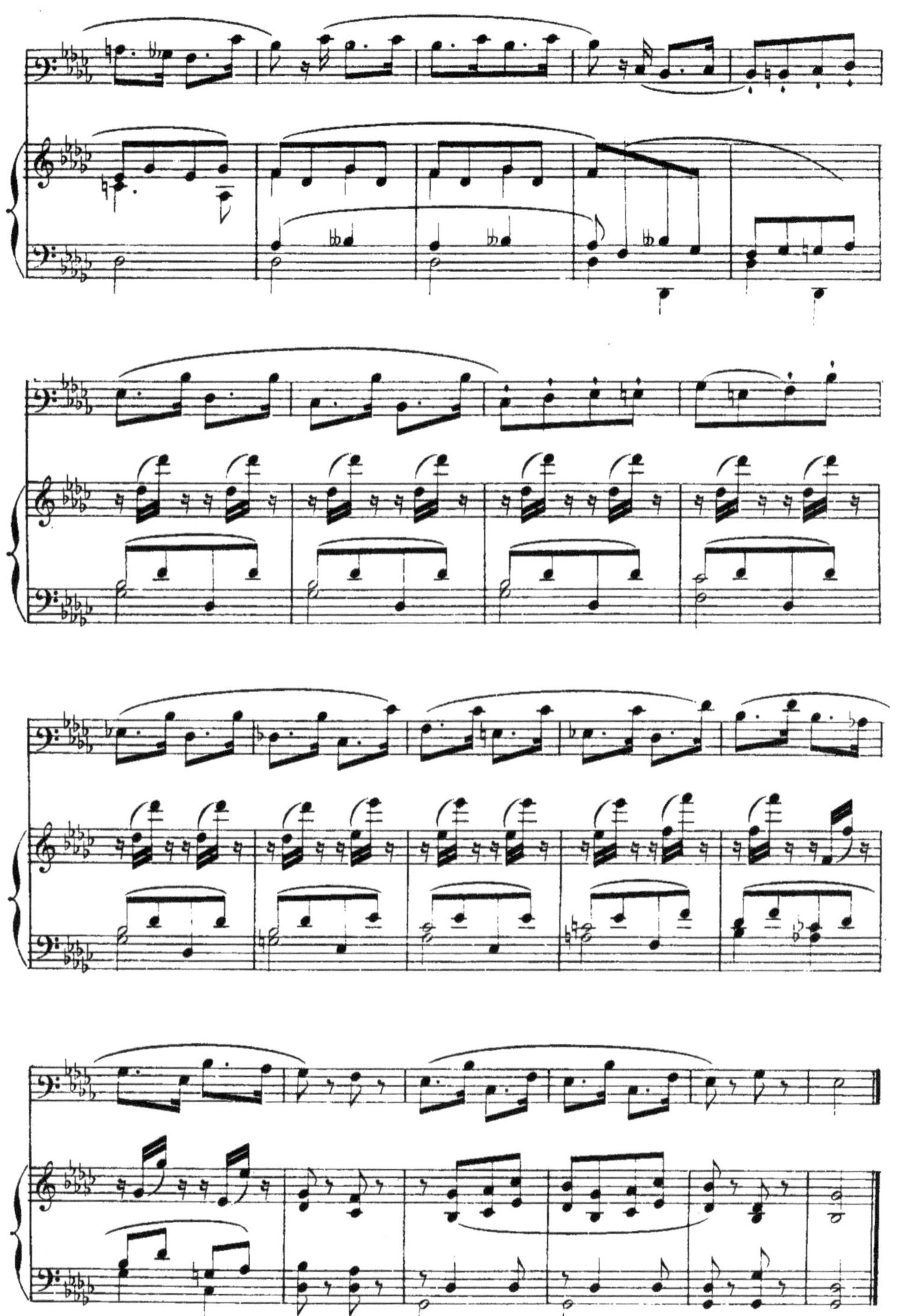

1)

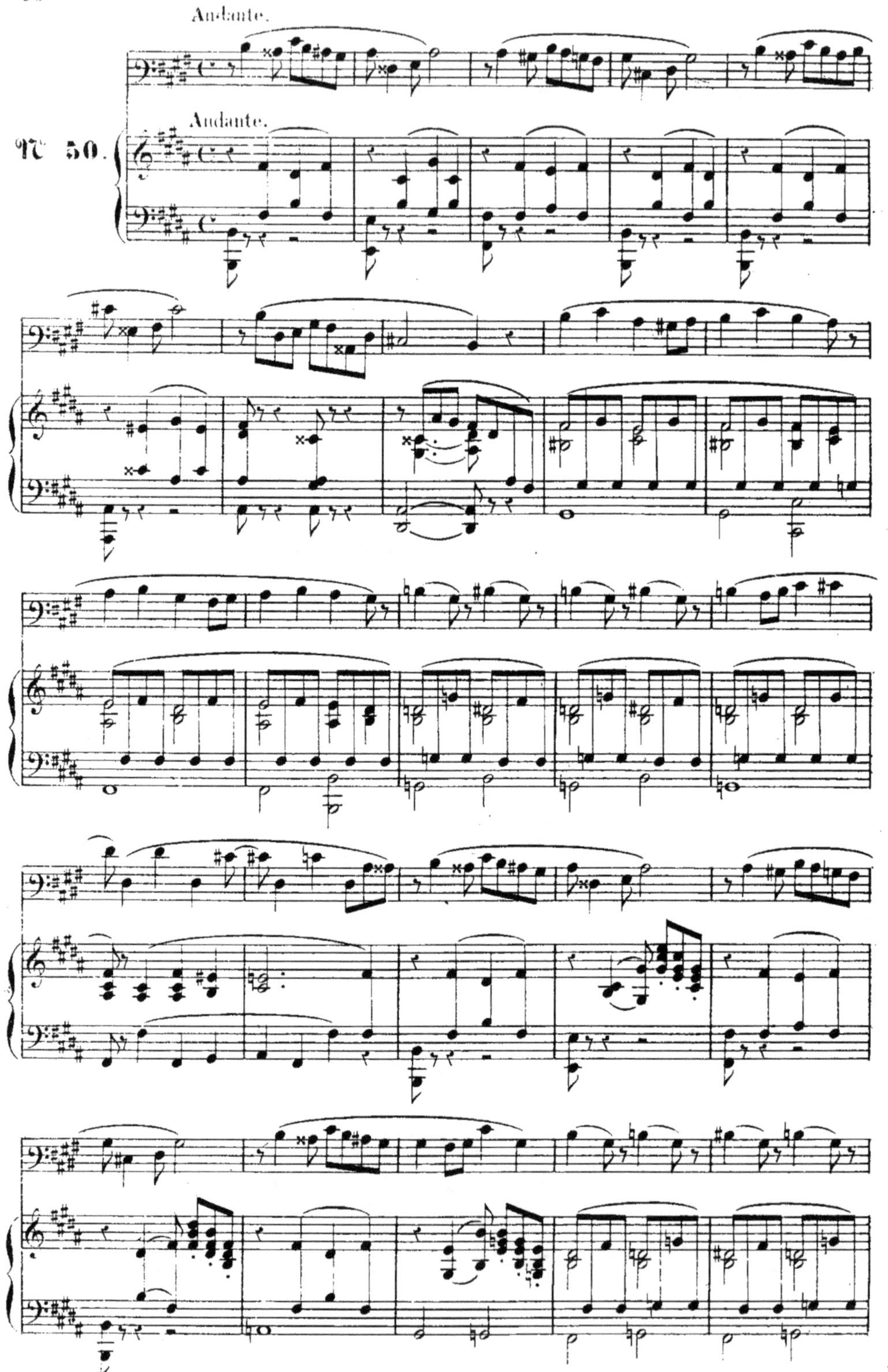
Andante.
Andante.
N° 50.

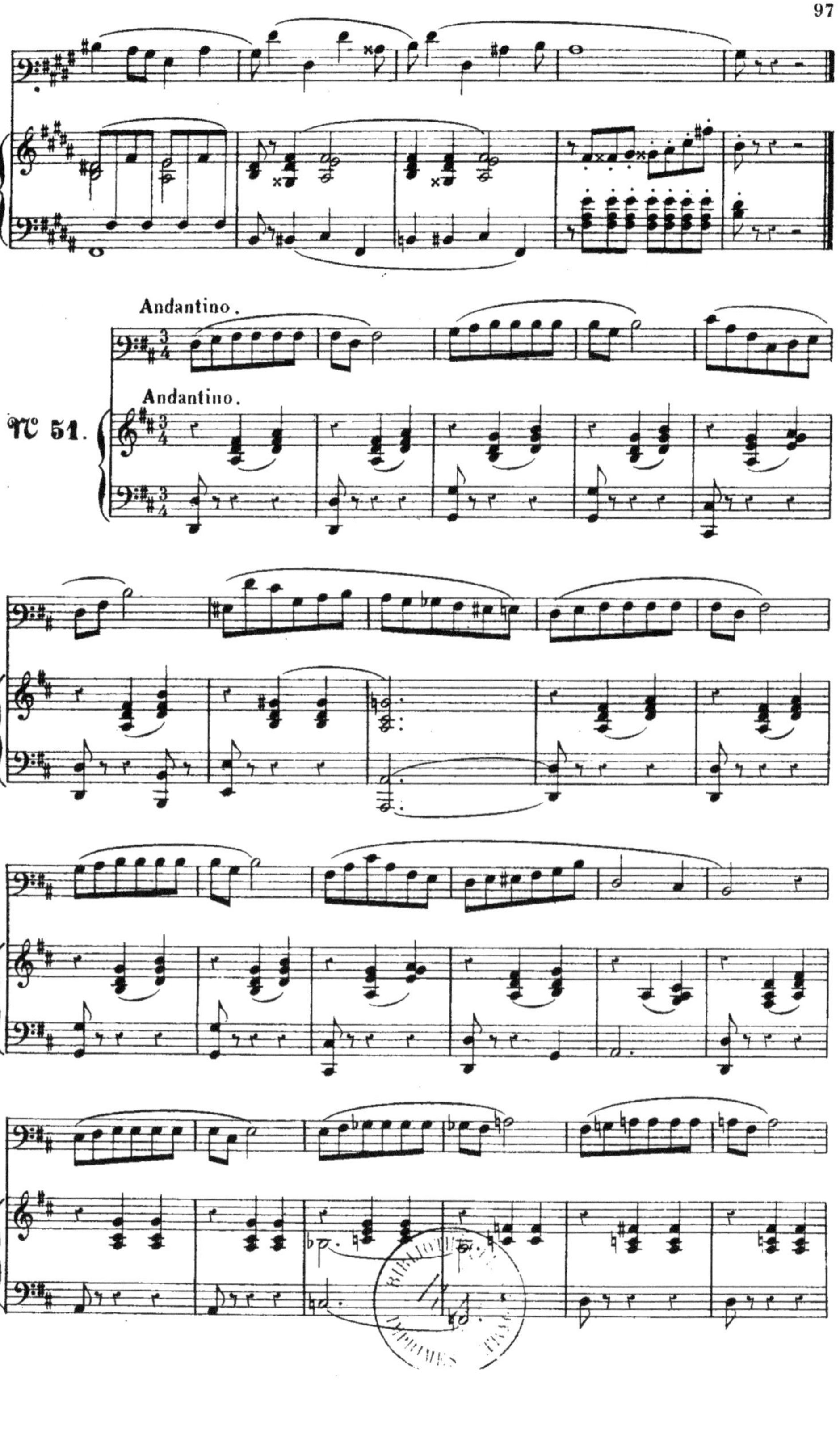

Andantino.

Andantino.

Nº 51.

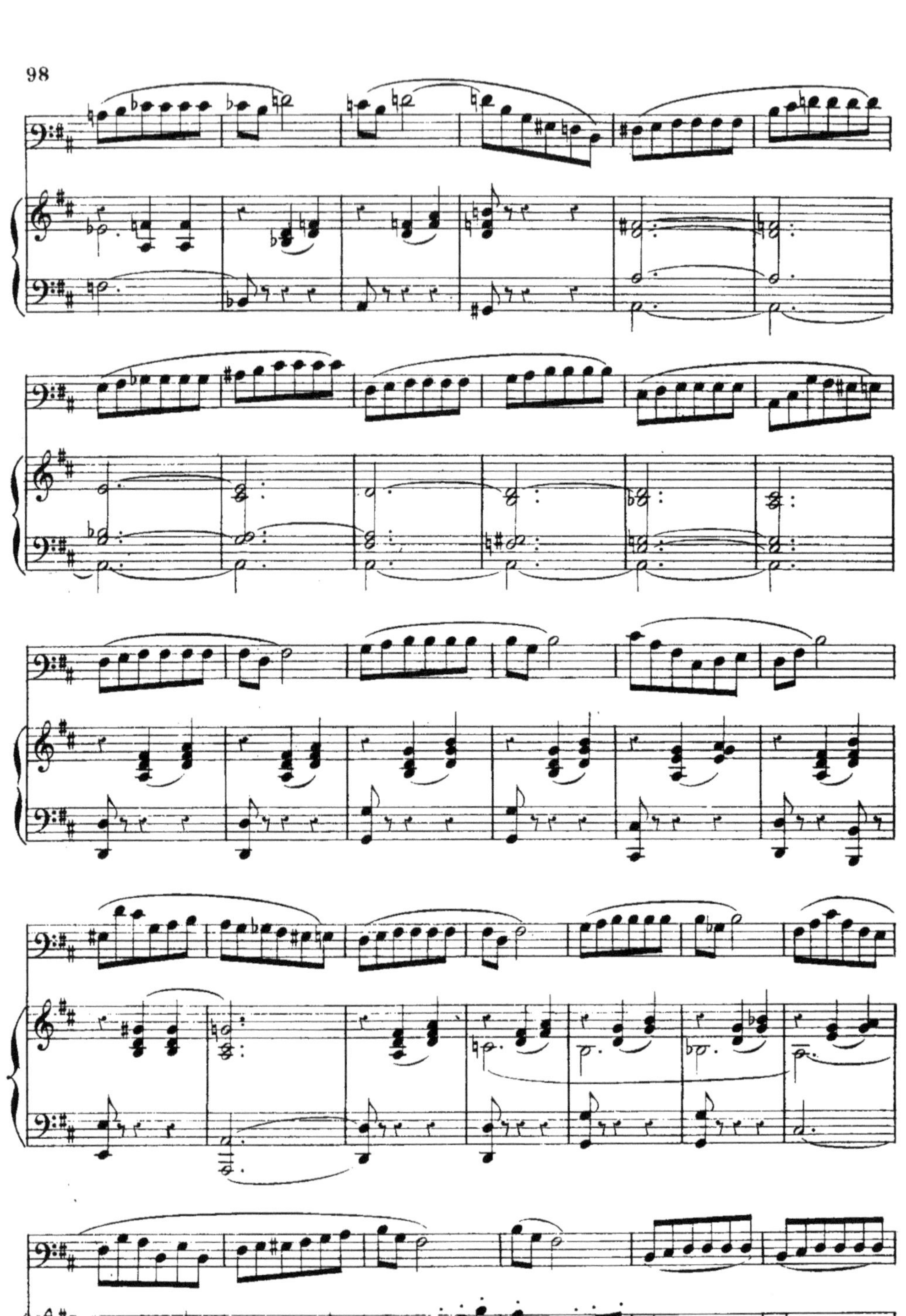

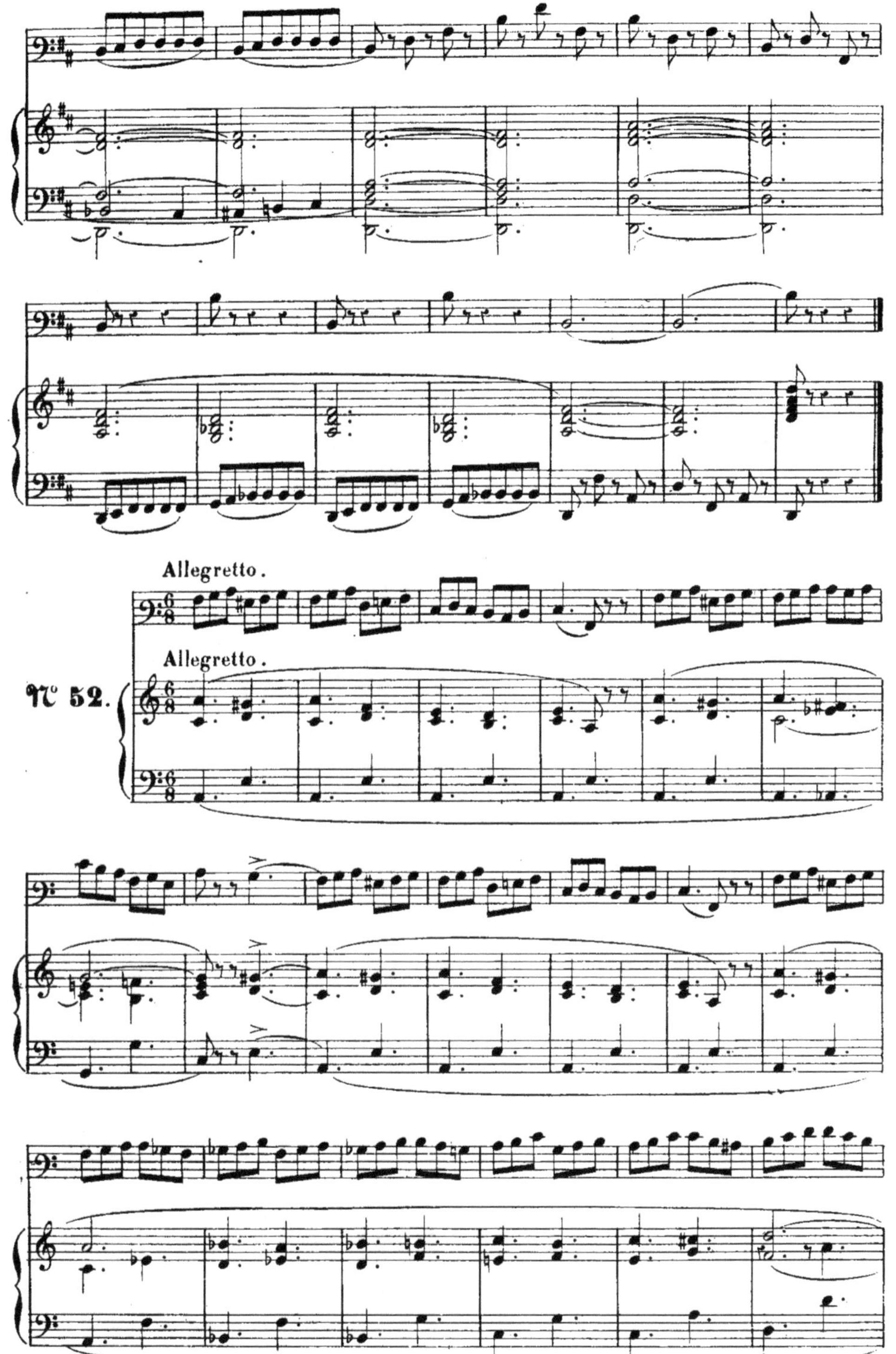
Allegretto.
Allegretto.
Nº 52.

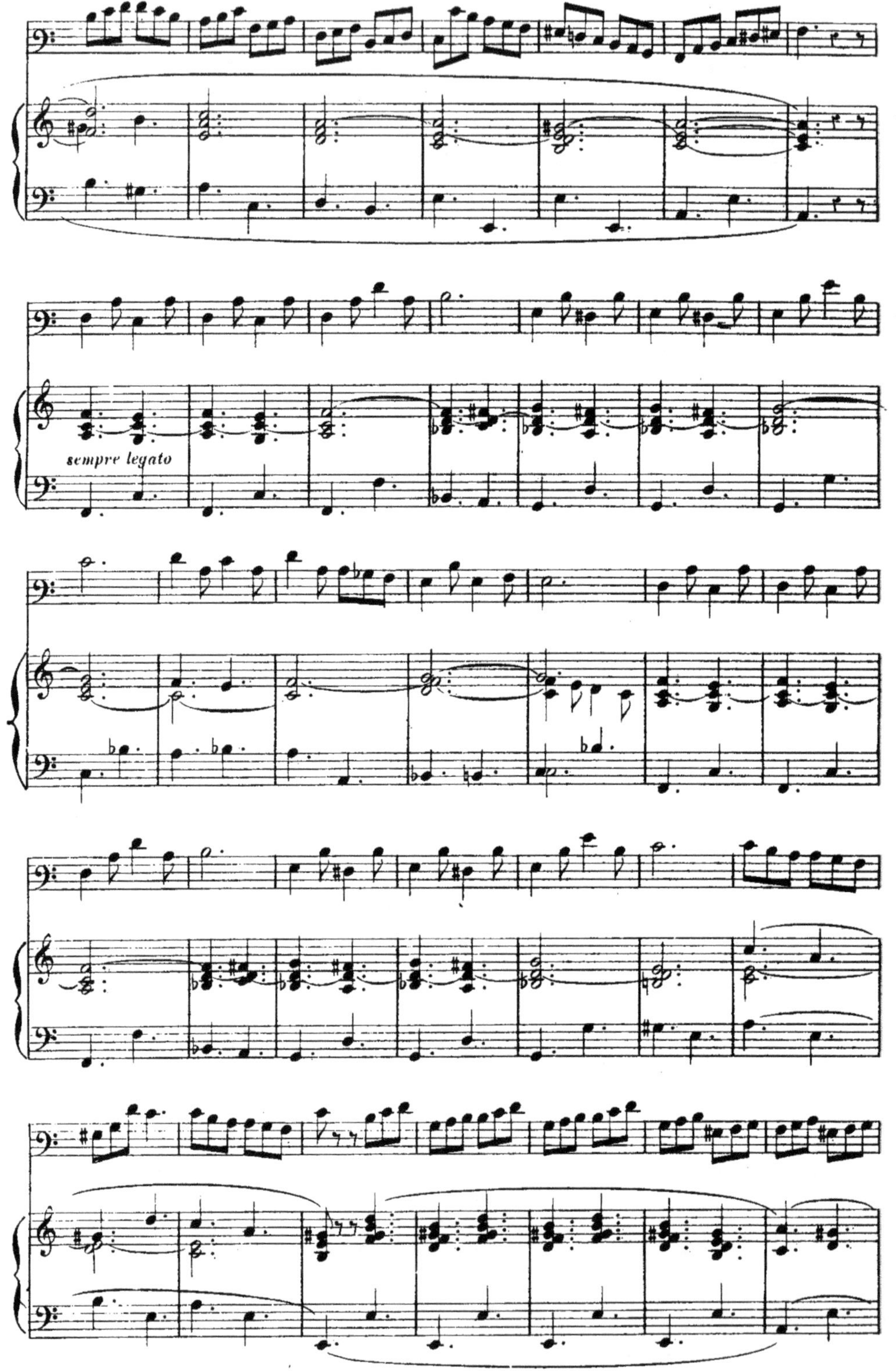
sempre legato

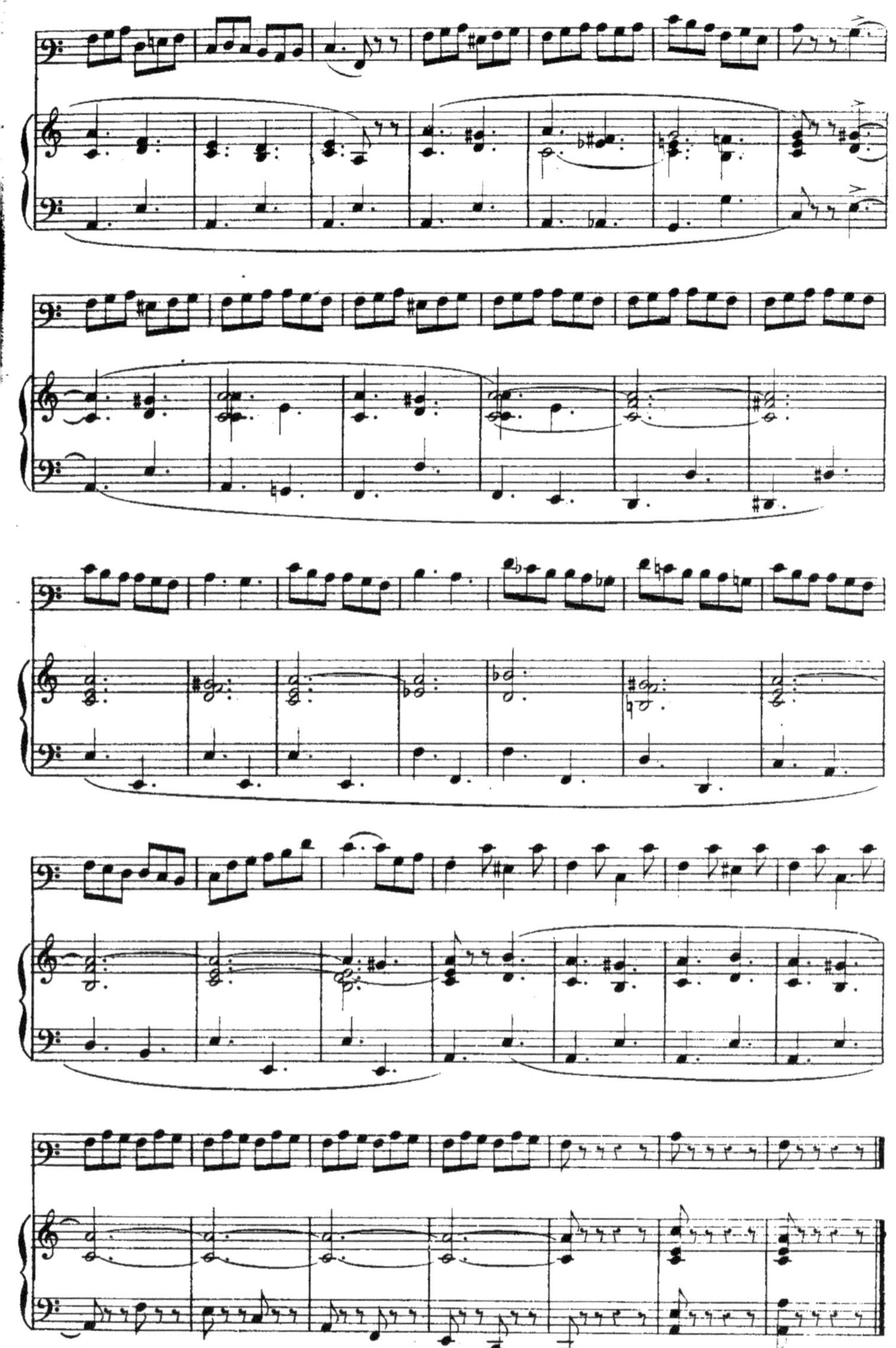

LEÇONS A CHANGEMENTS DE CLÉS

(MOYENNE DIFFICULTÉ)

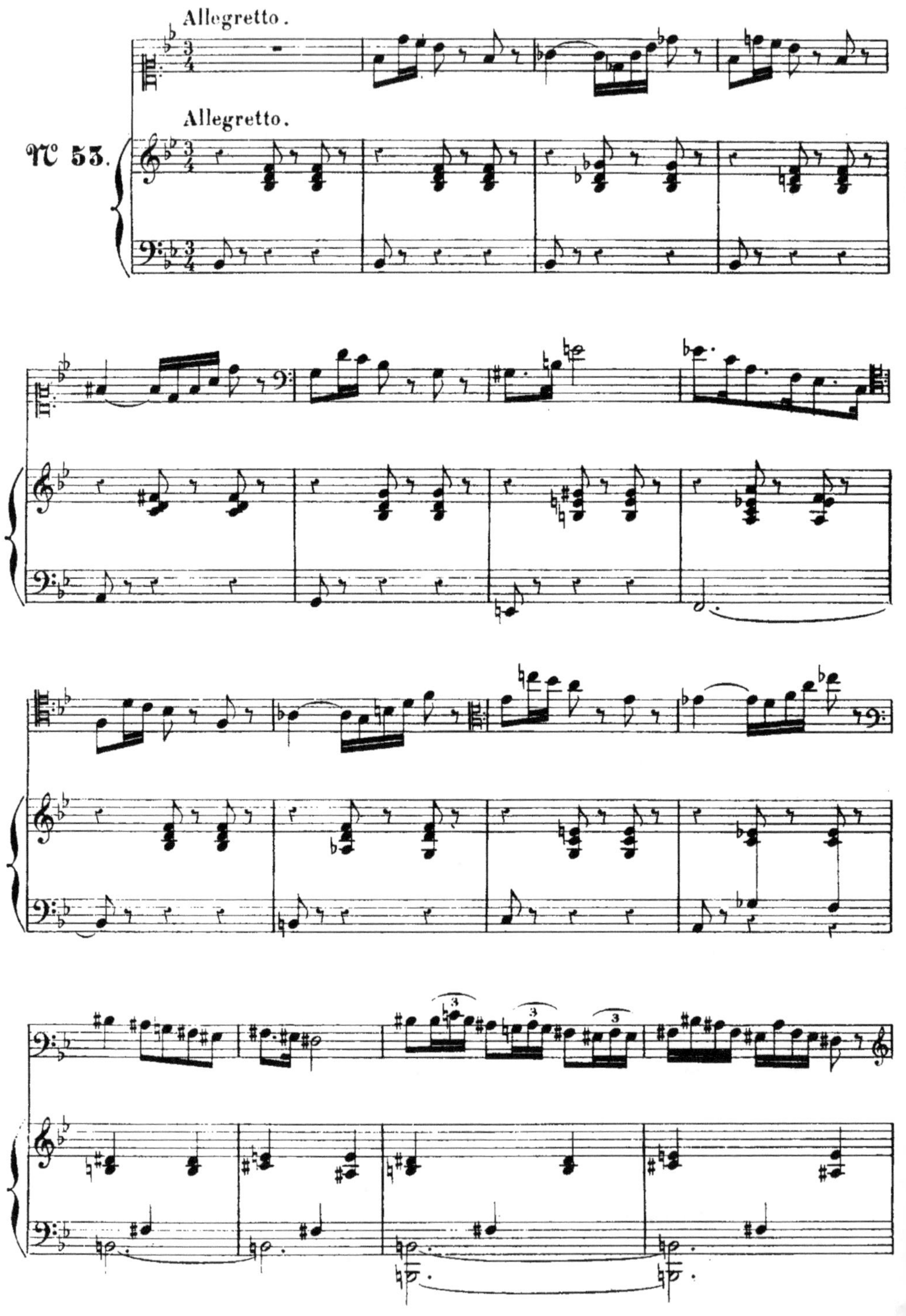

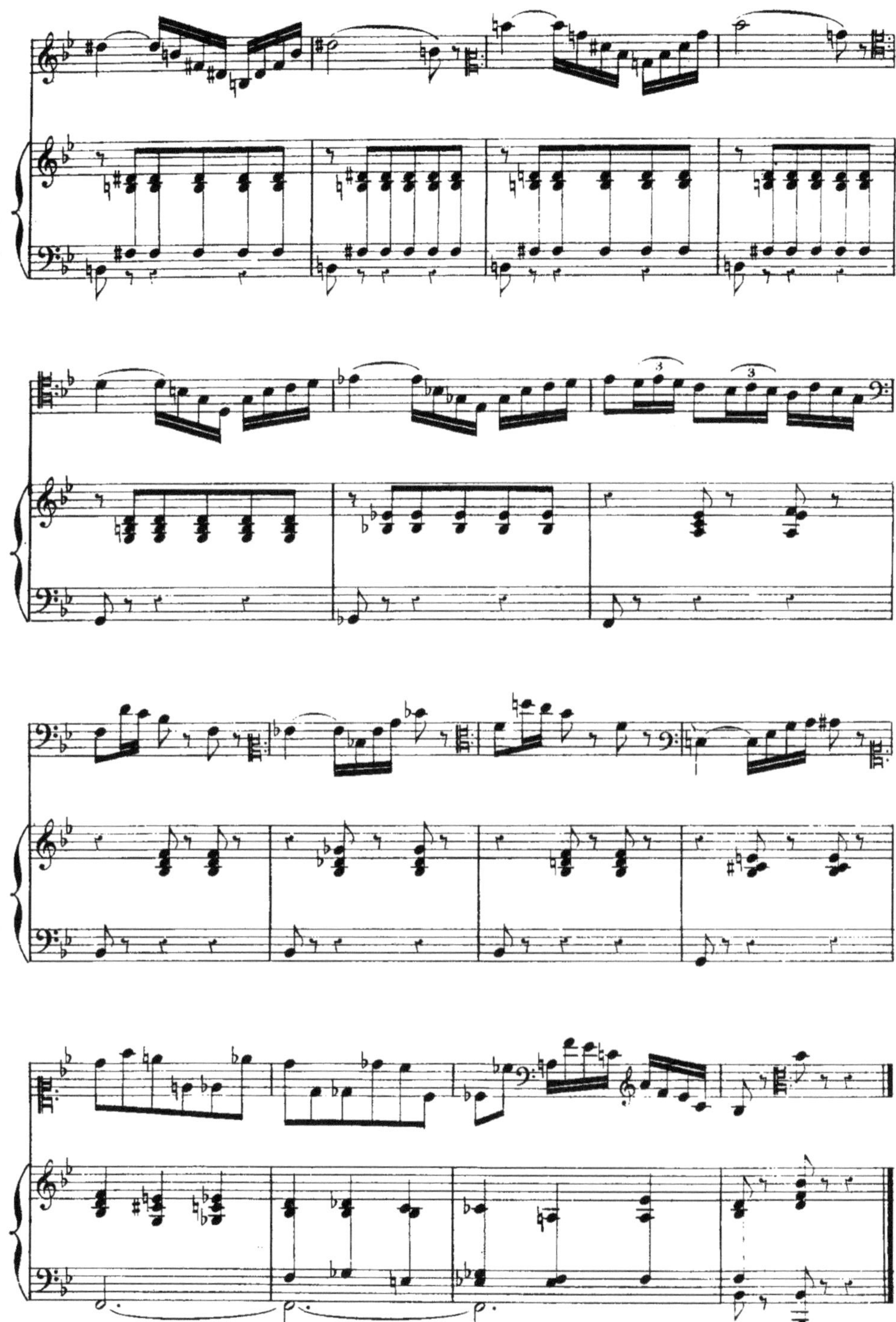
3
3

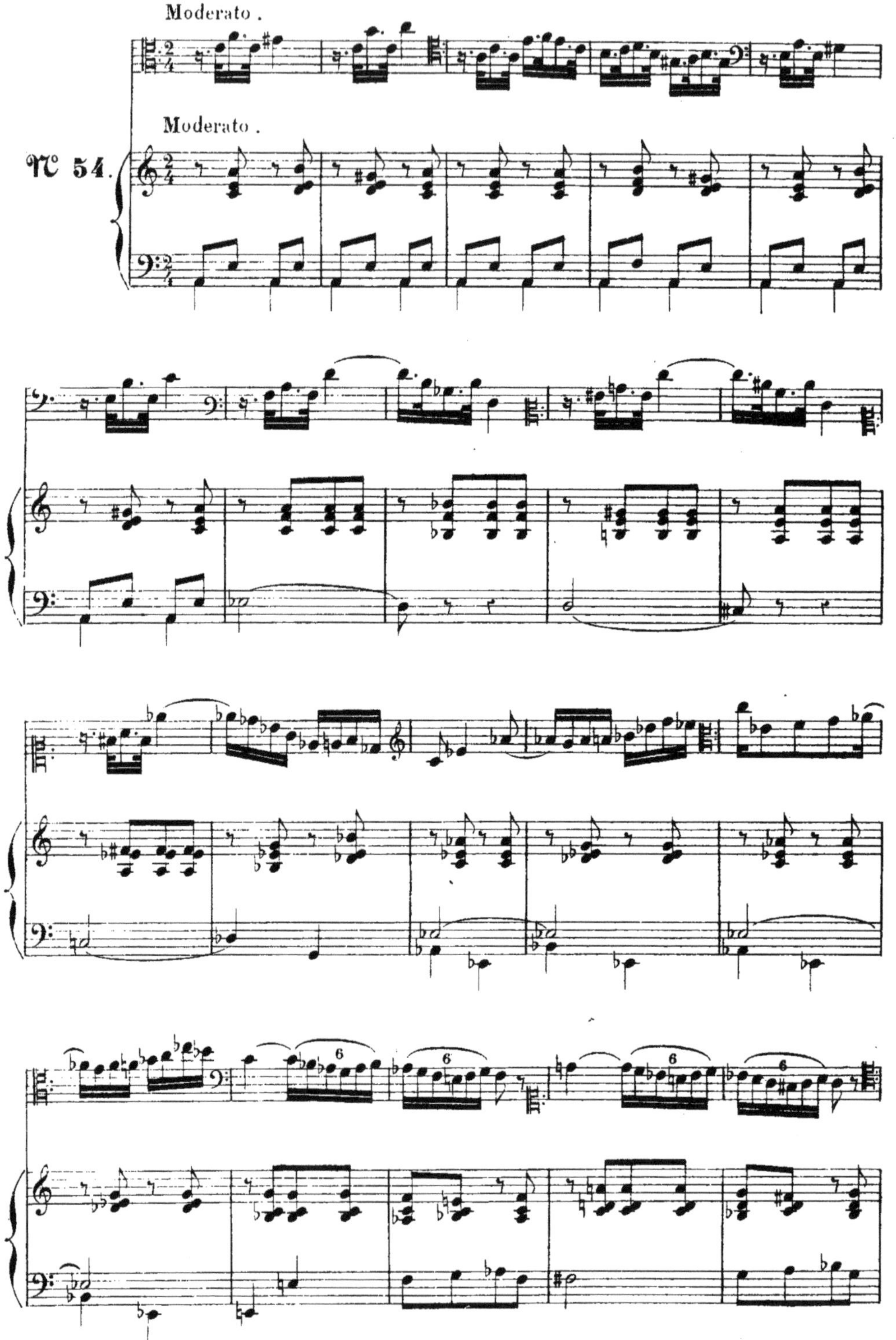
Moderato.
Moderato.
Nº 54.
6
6
6
6

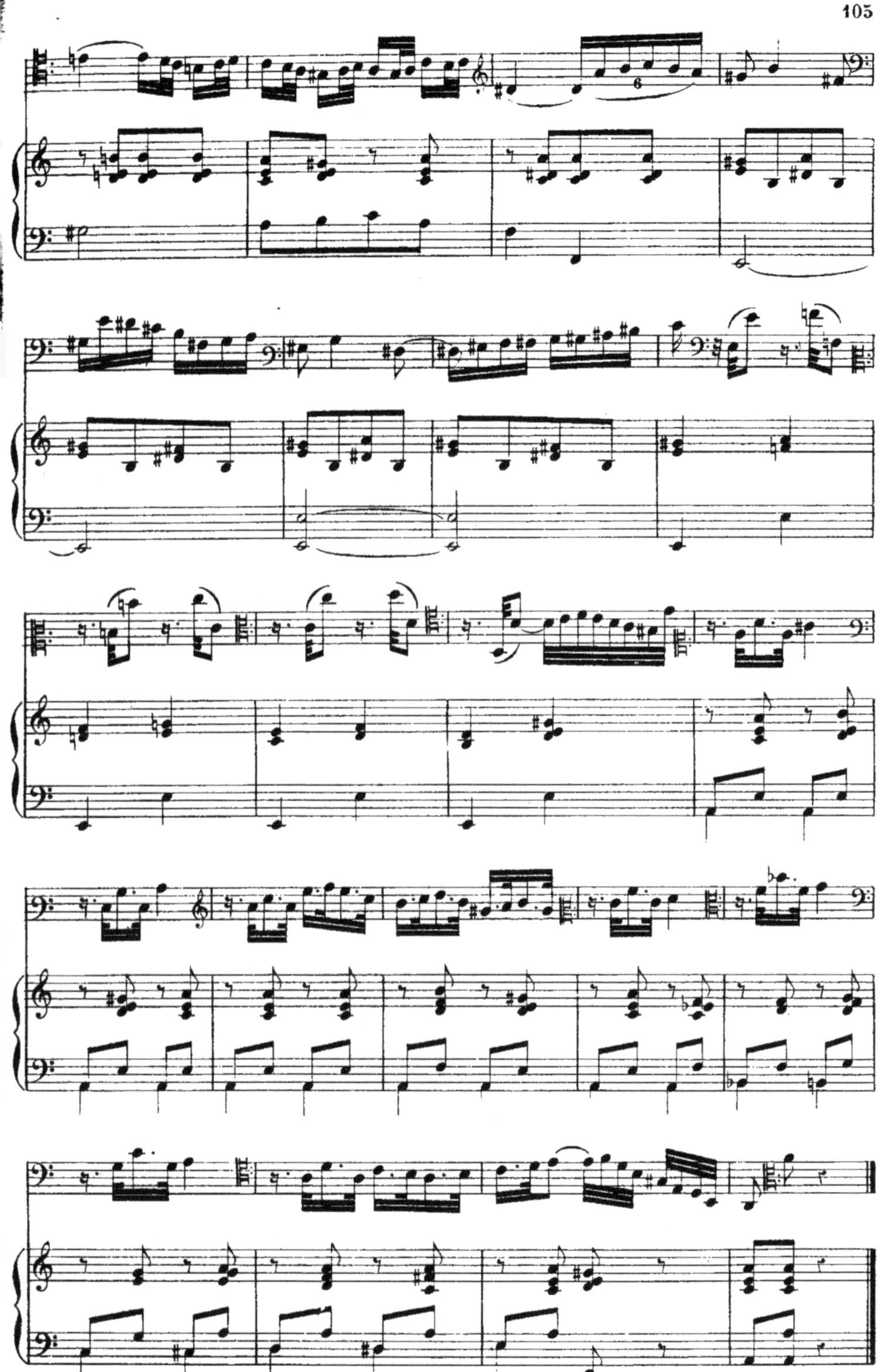

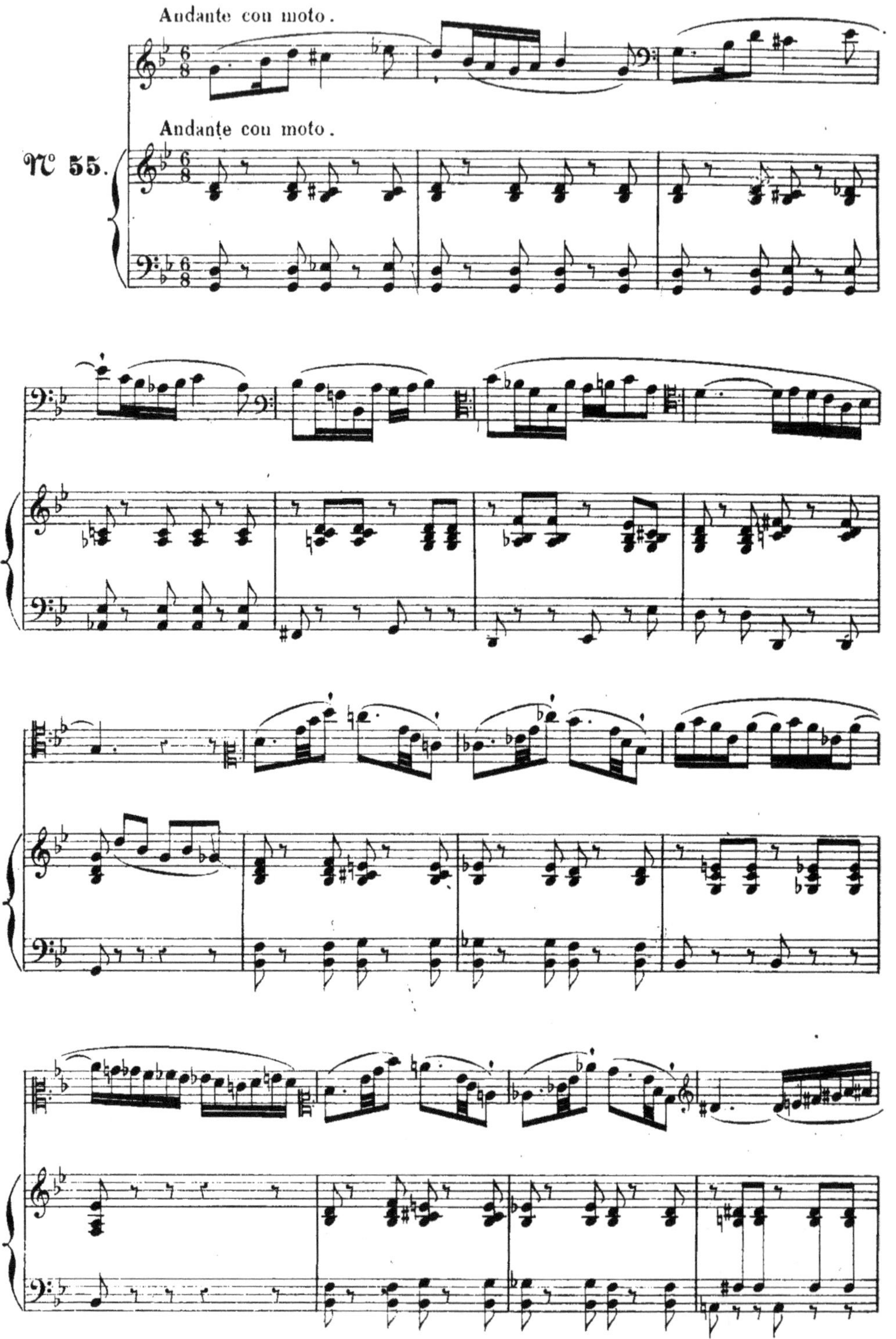
Andante con moto.
Andante con moto.
Nº 55.

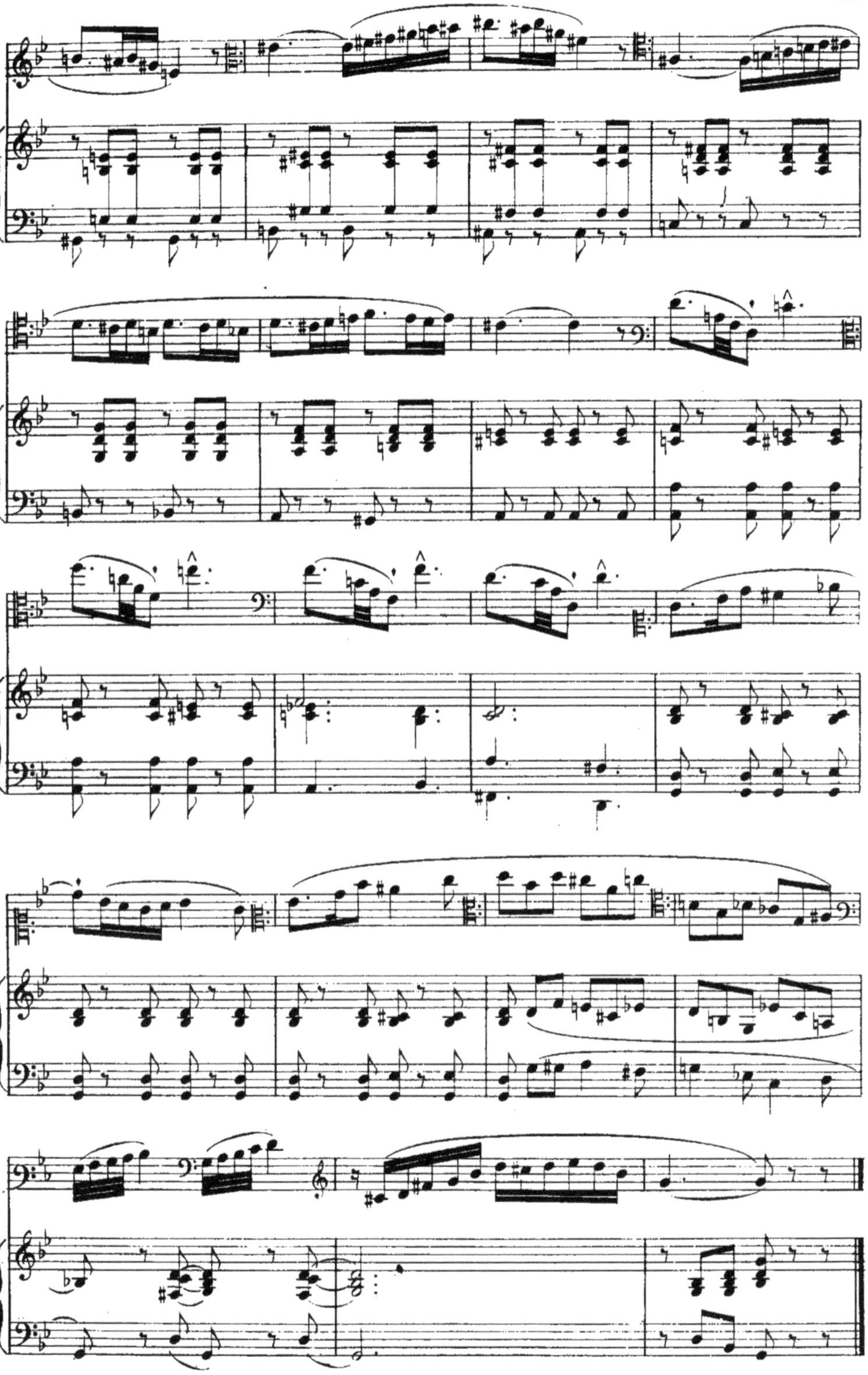

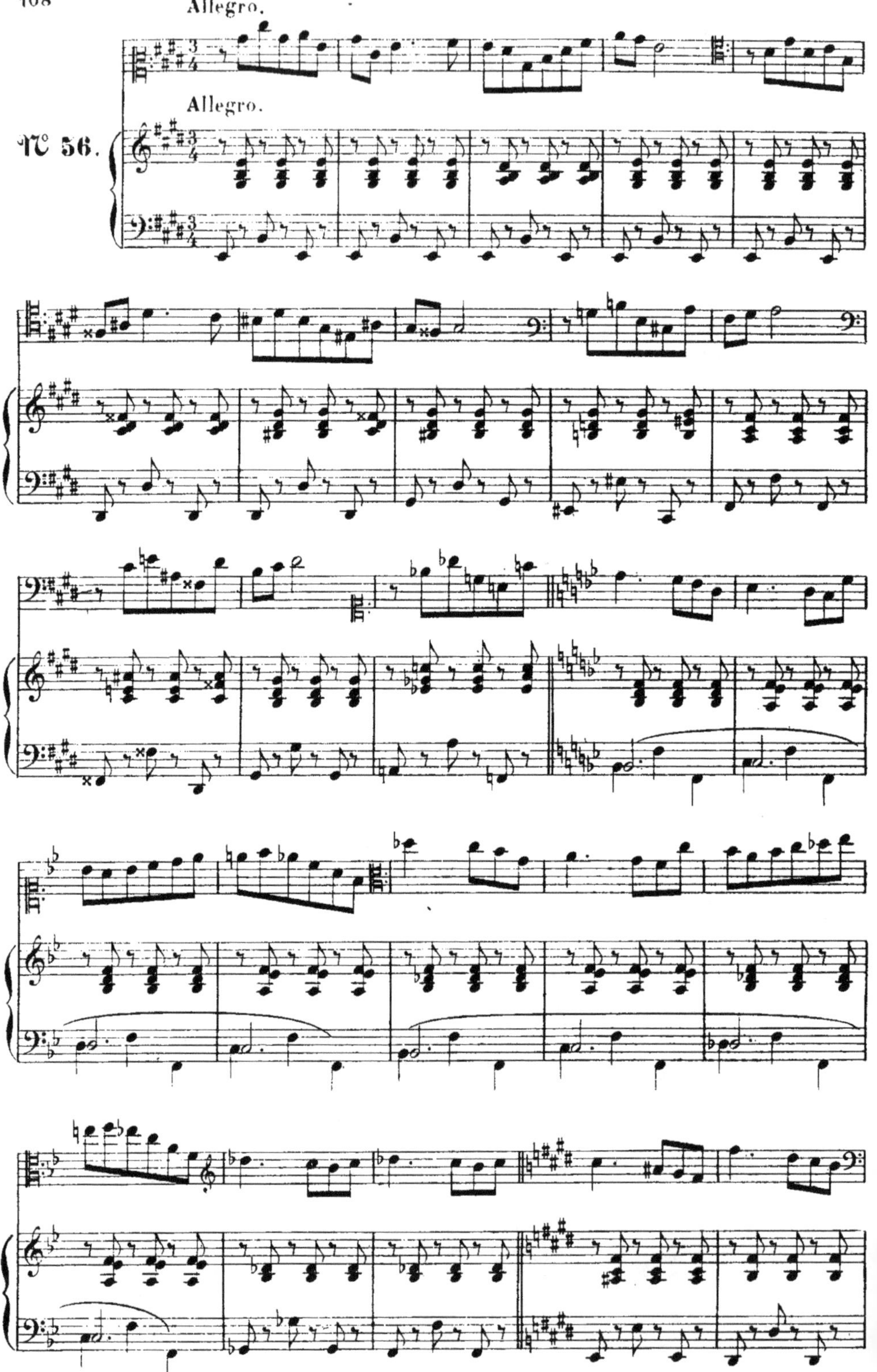
Allegro.
Allegro.
Nº 56.

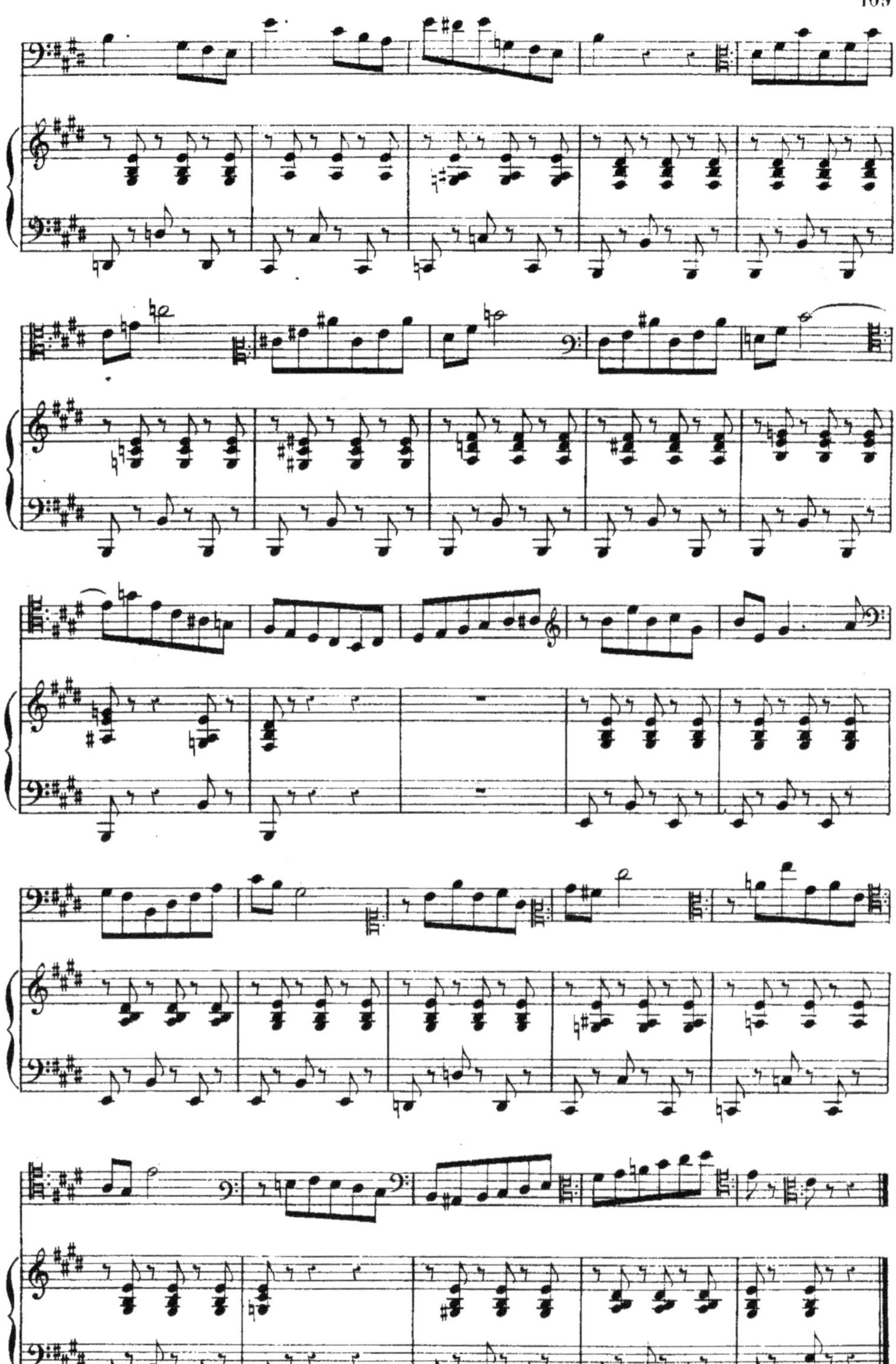

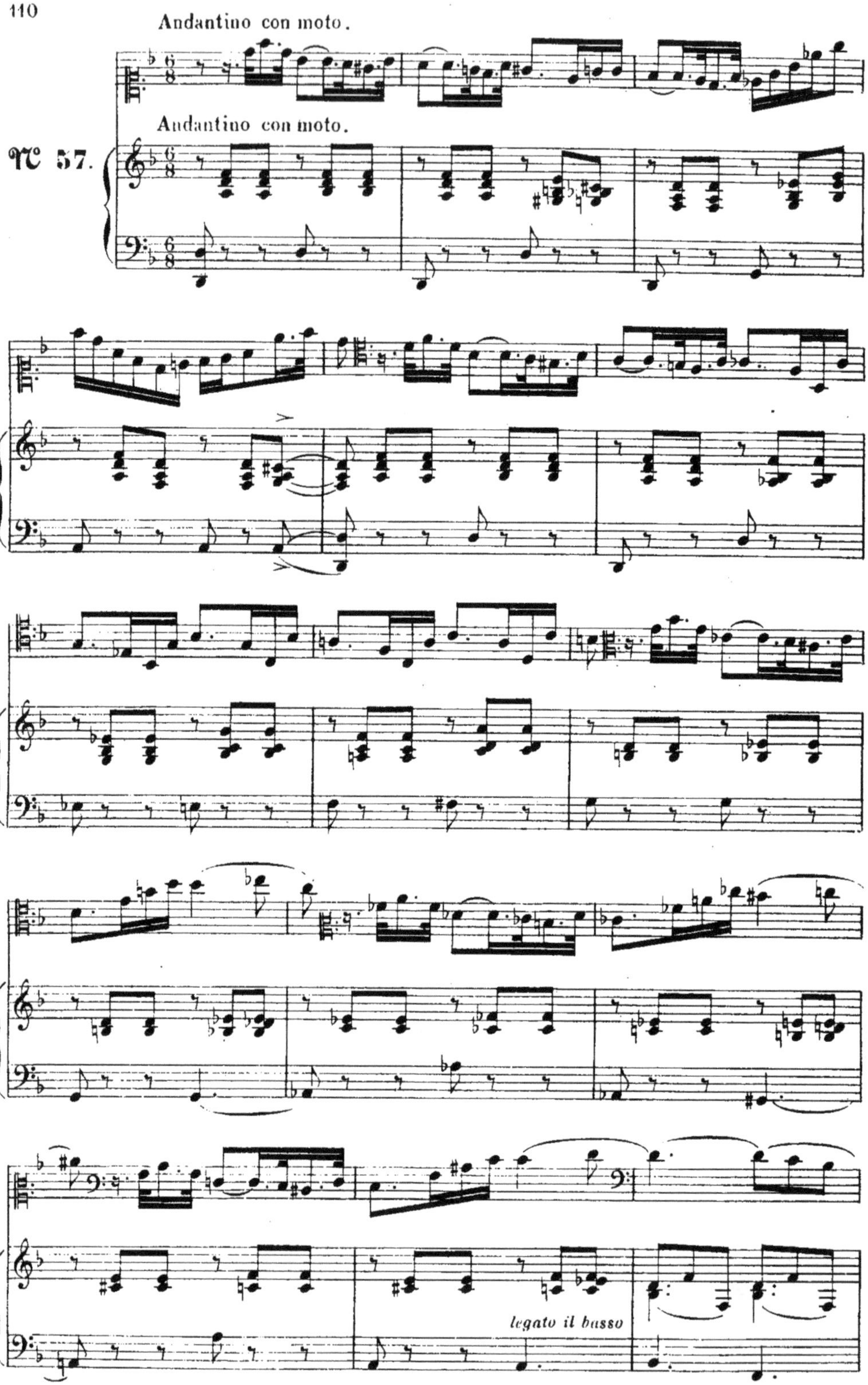

Andantino con moto.

Andantino con moto.

No. 57.

legato il basso

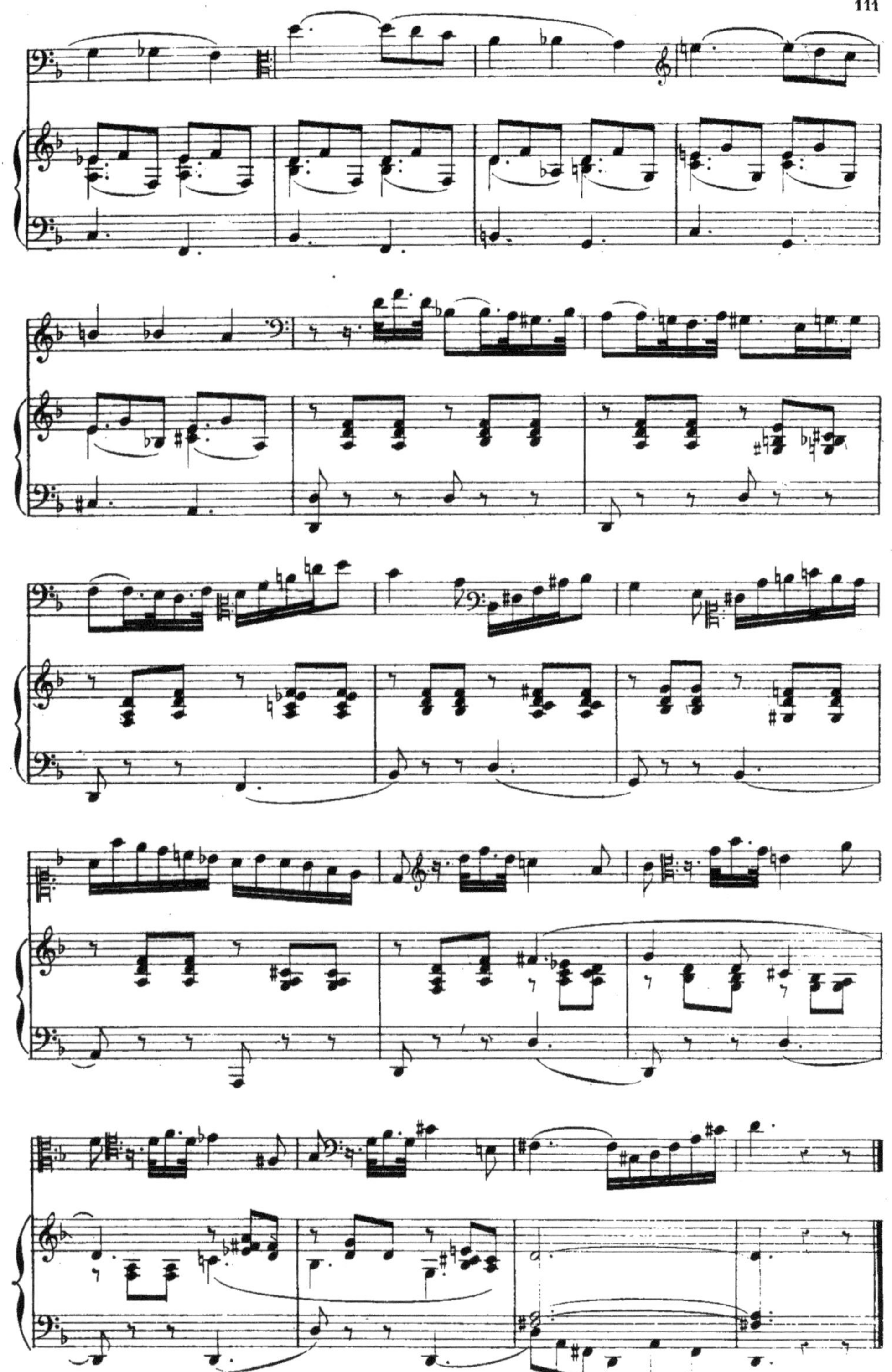

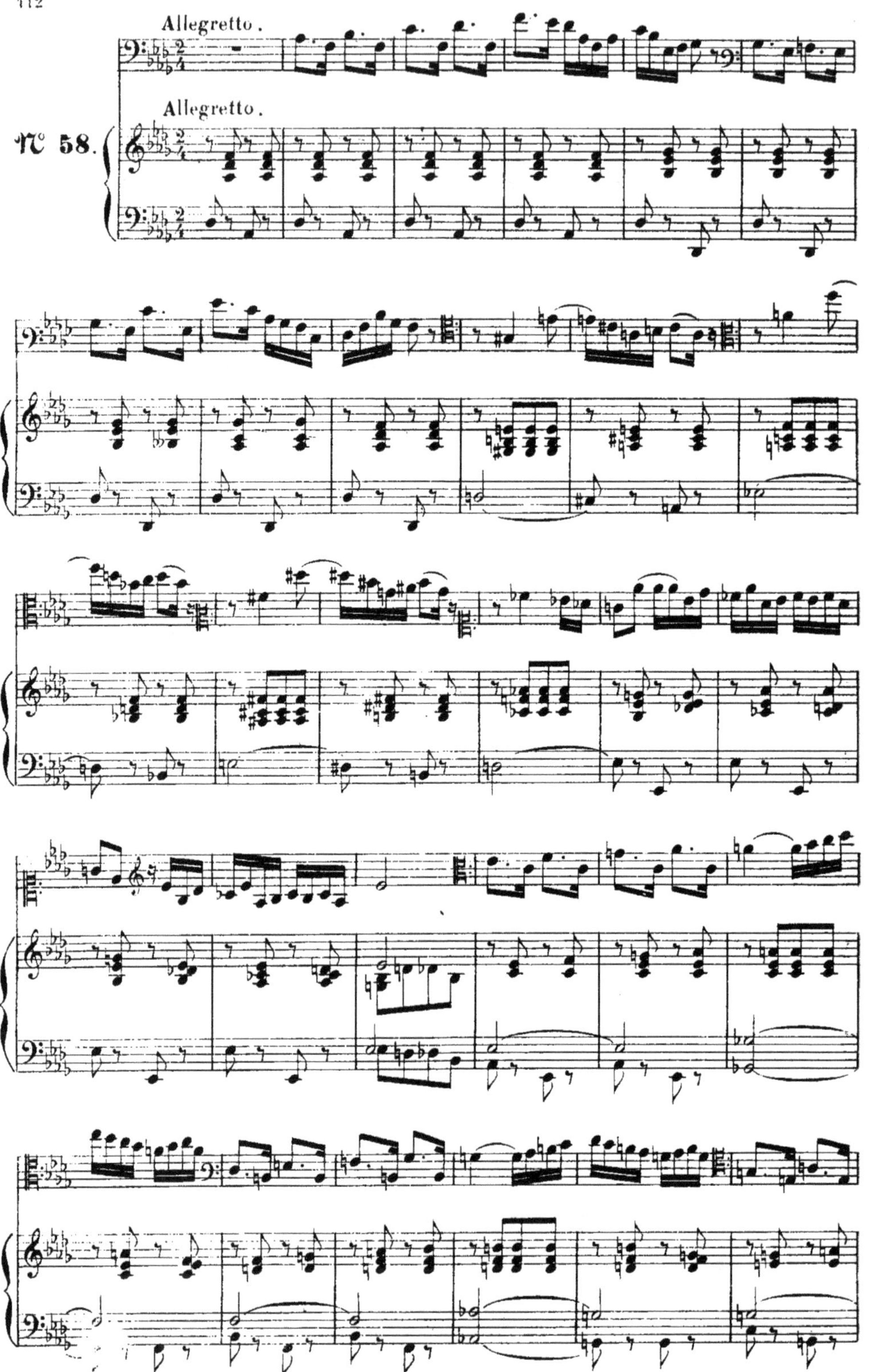
Allegretto.
Allegretto.
Nº 58.

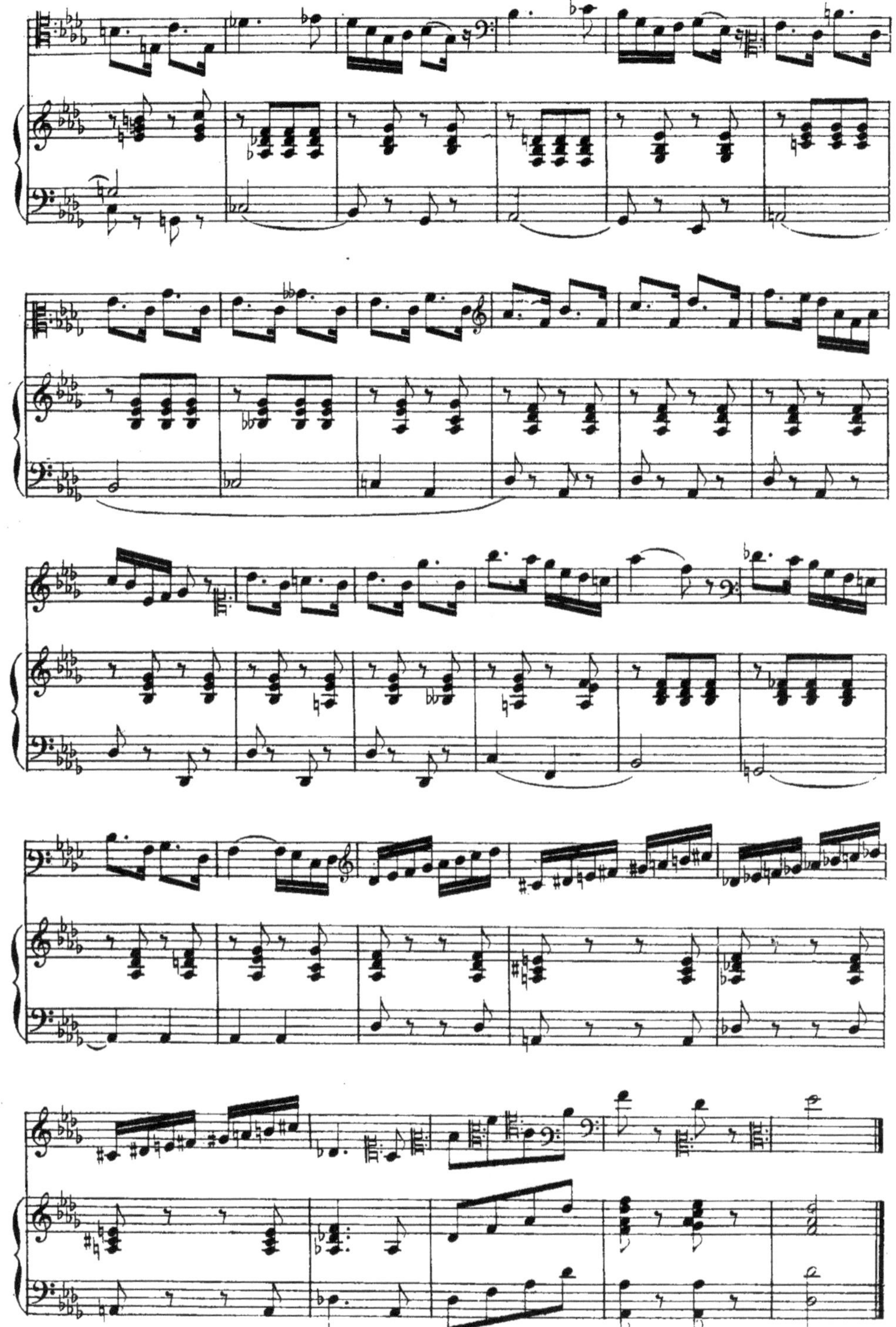

Allegretto.

Nº 59.

Allegretto.

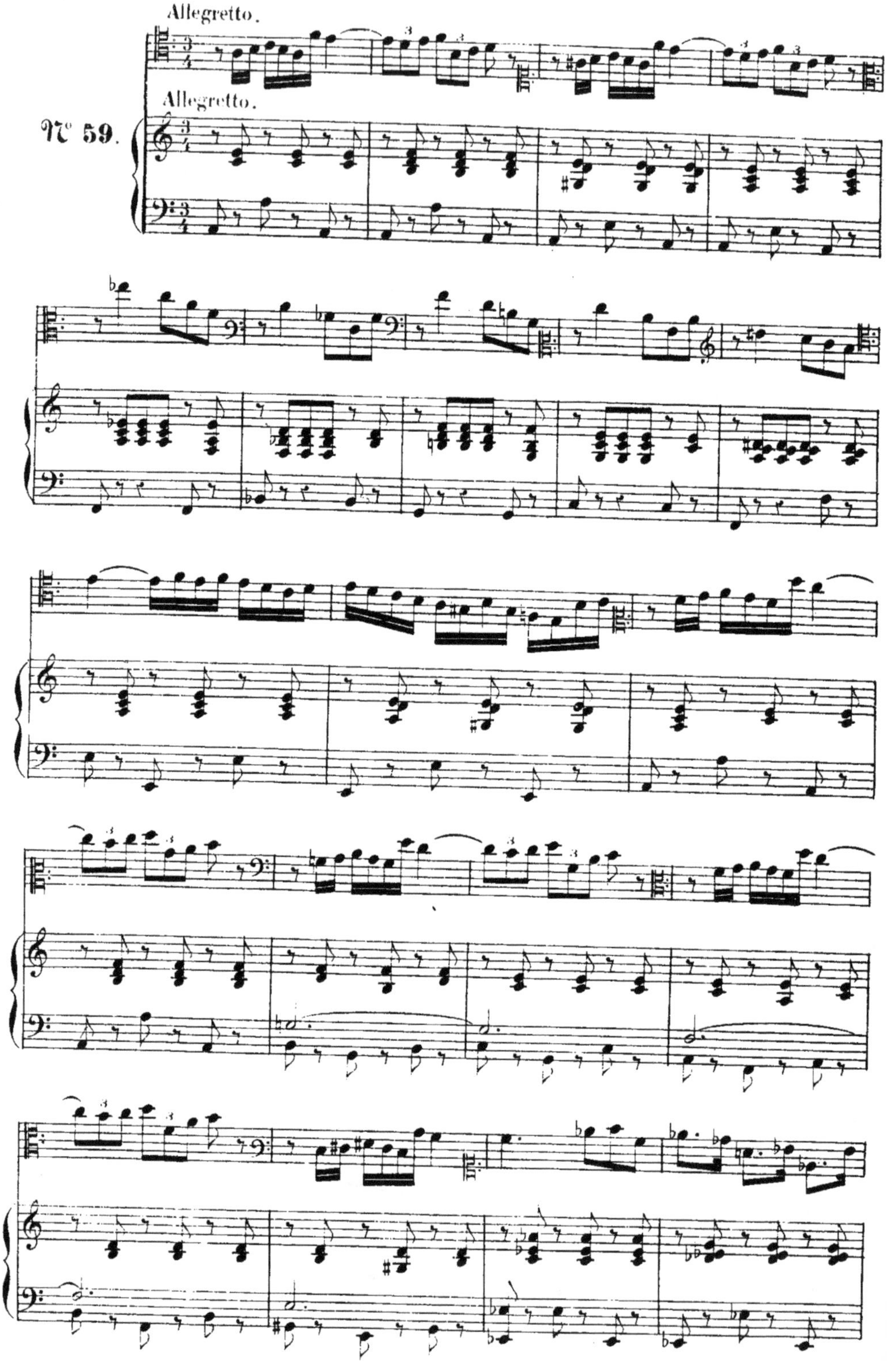

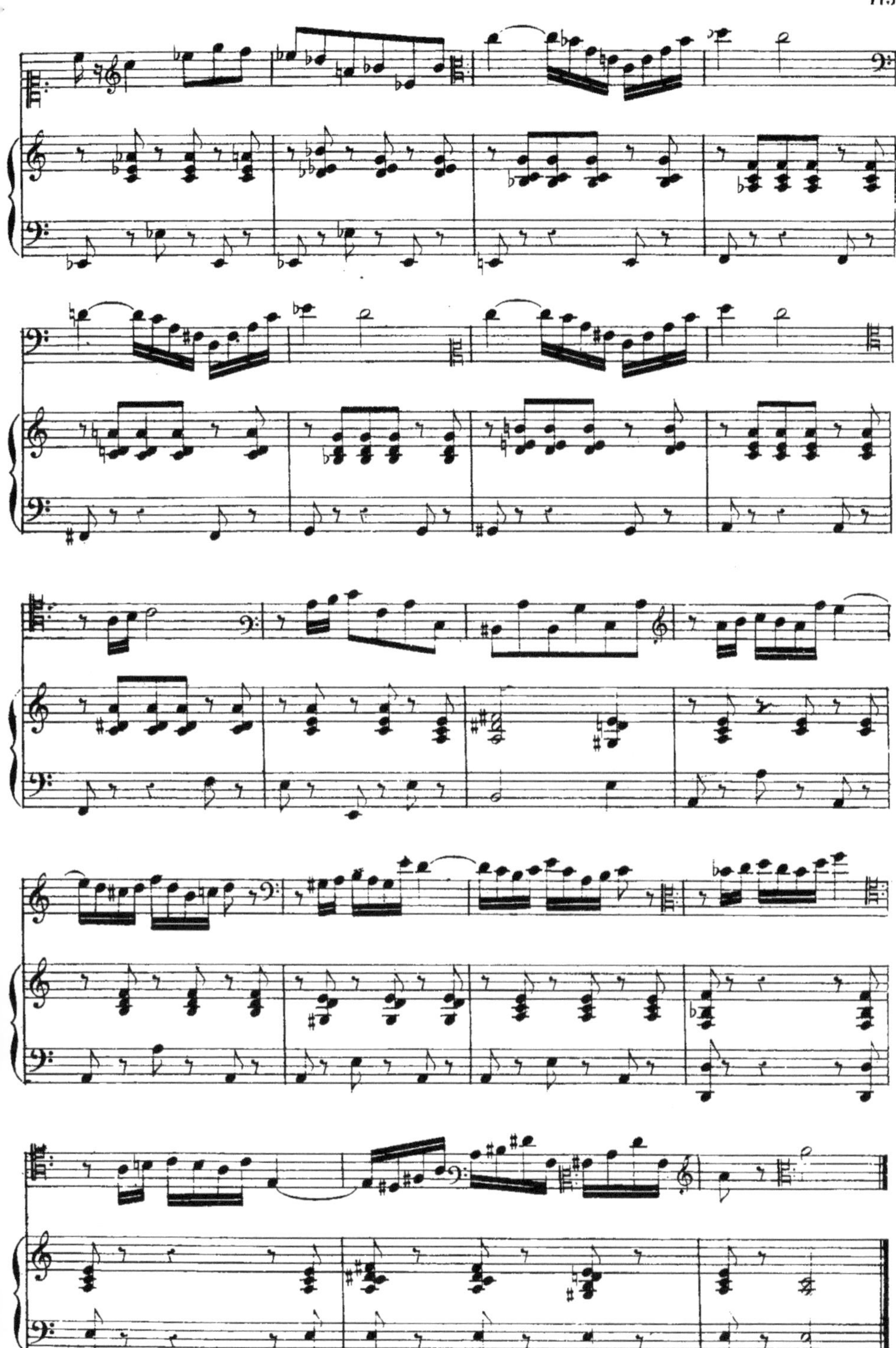

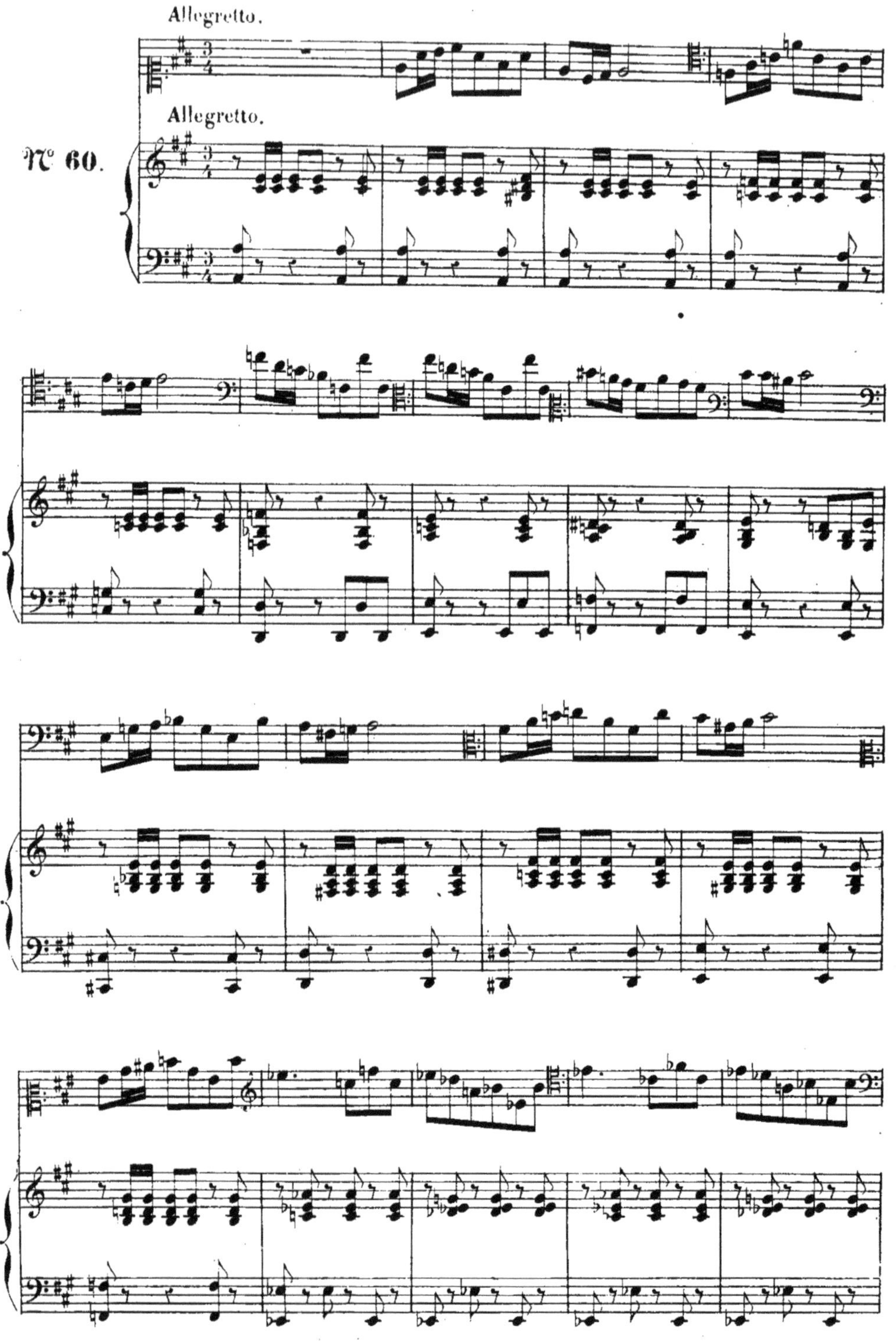
Allegretto.
Allegretto.
Nº 60.

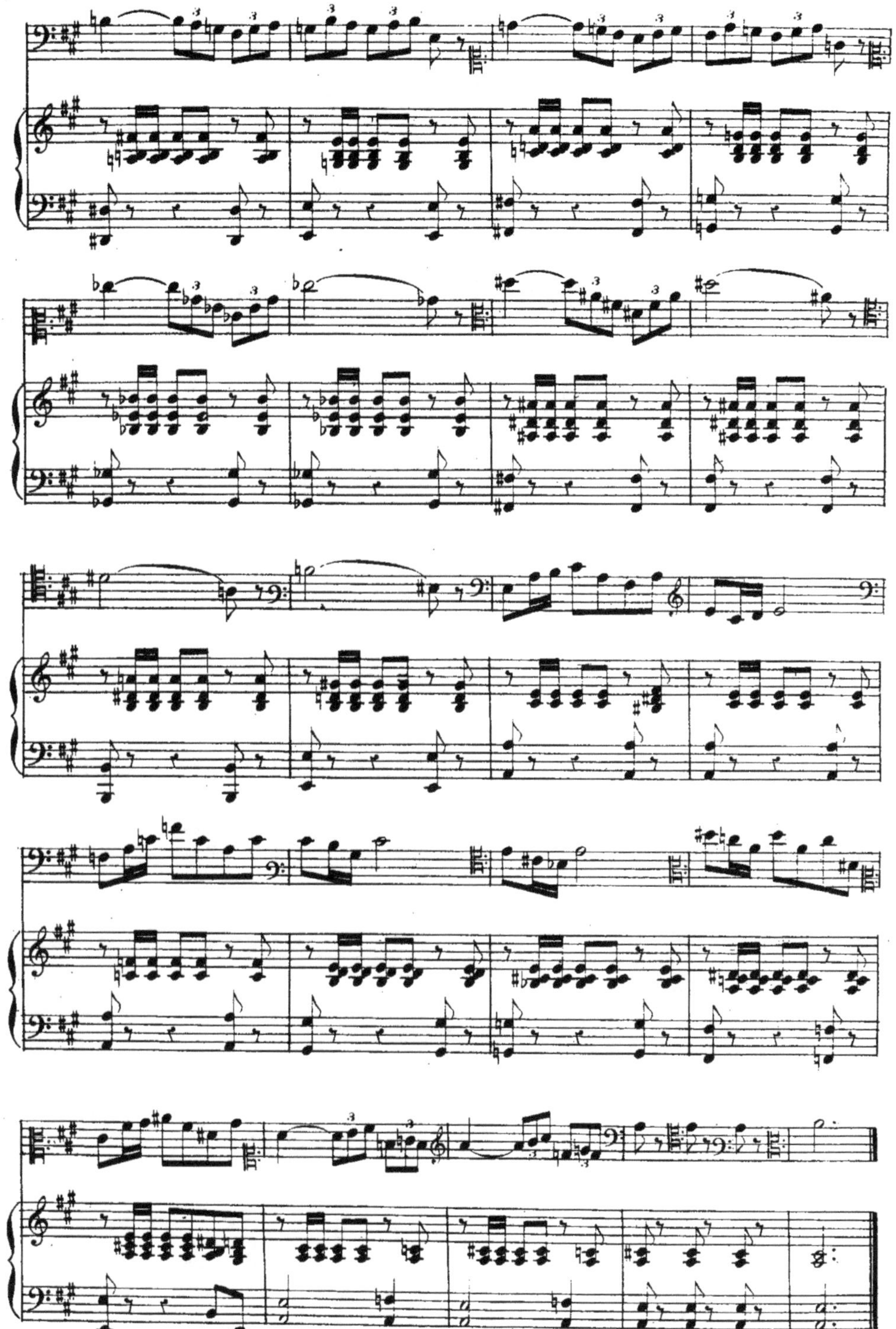

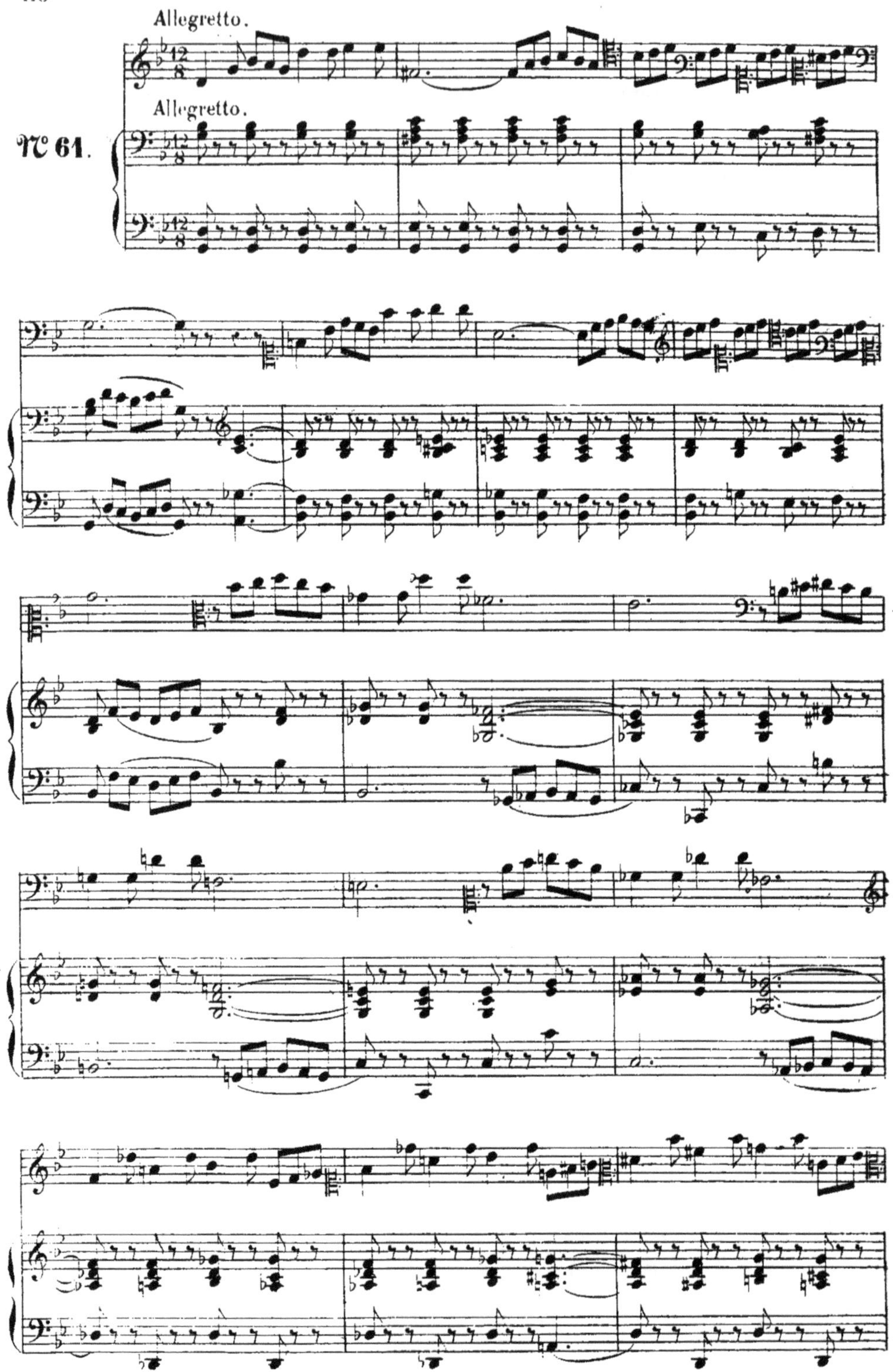
Allegretto.
Allegretto.
Nº 61.

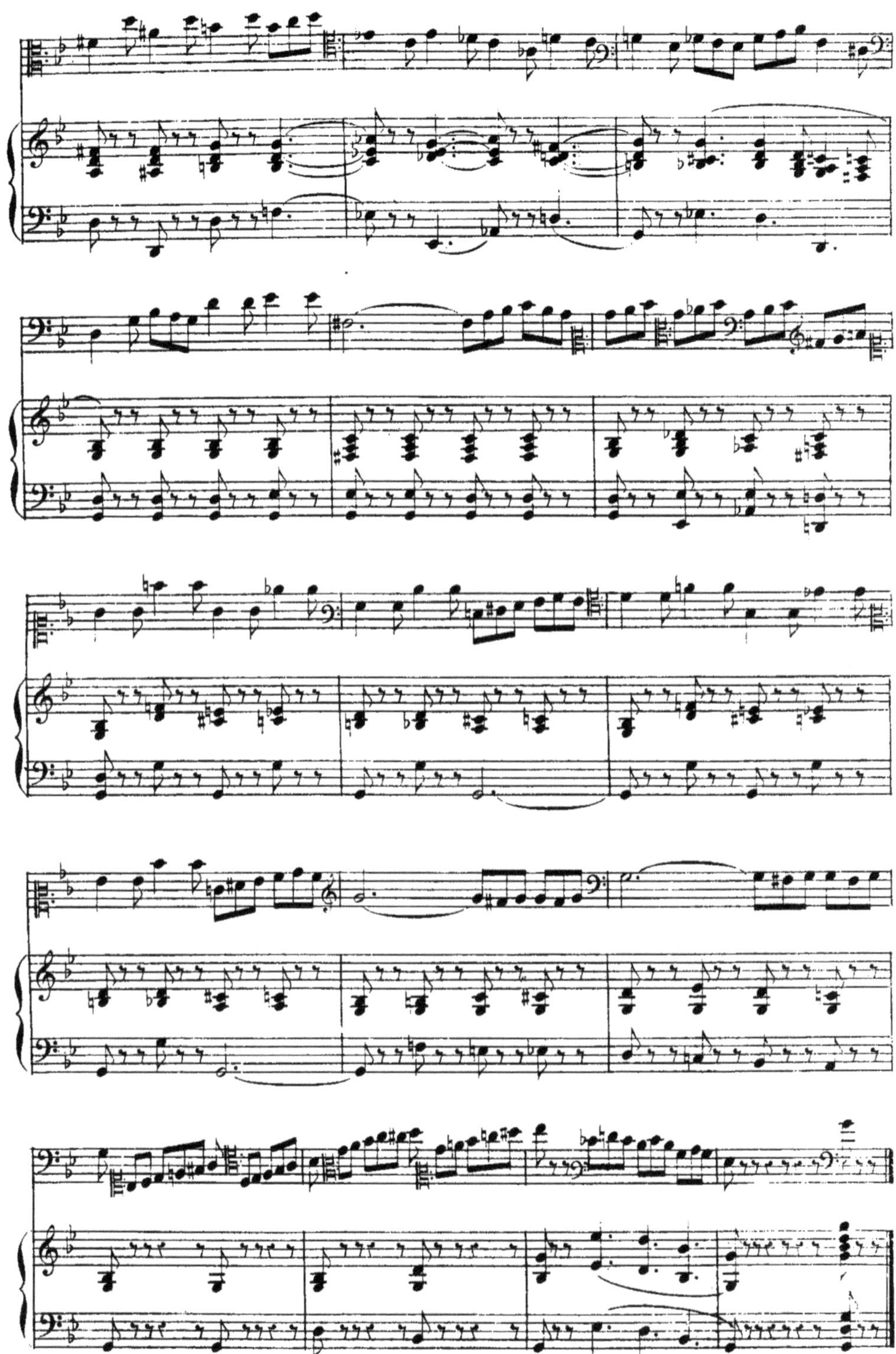

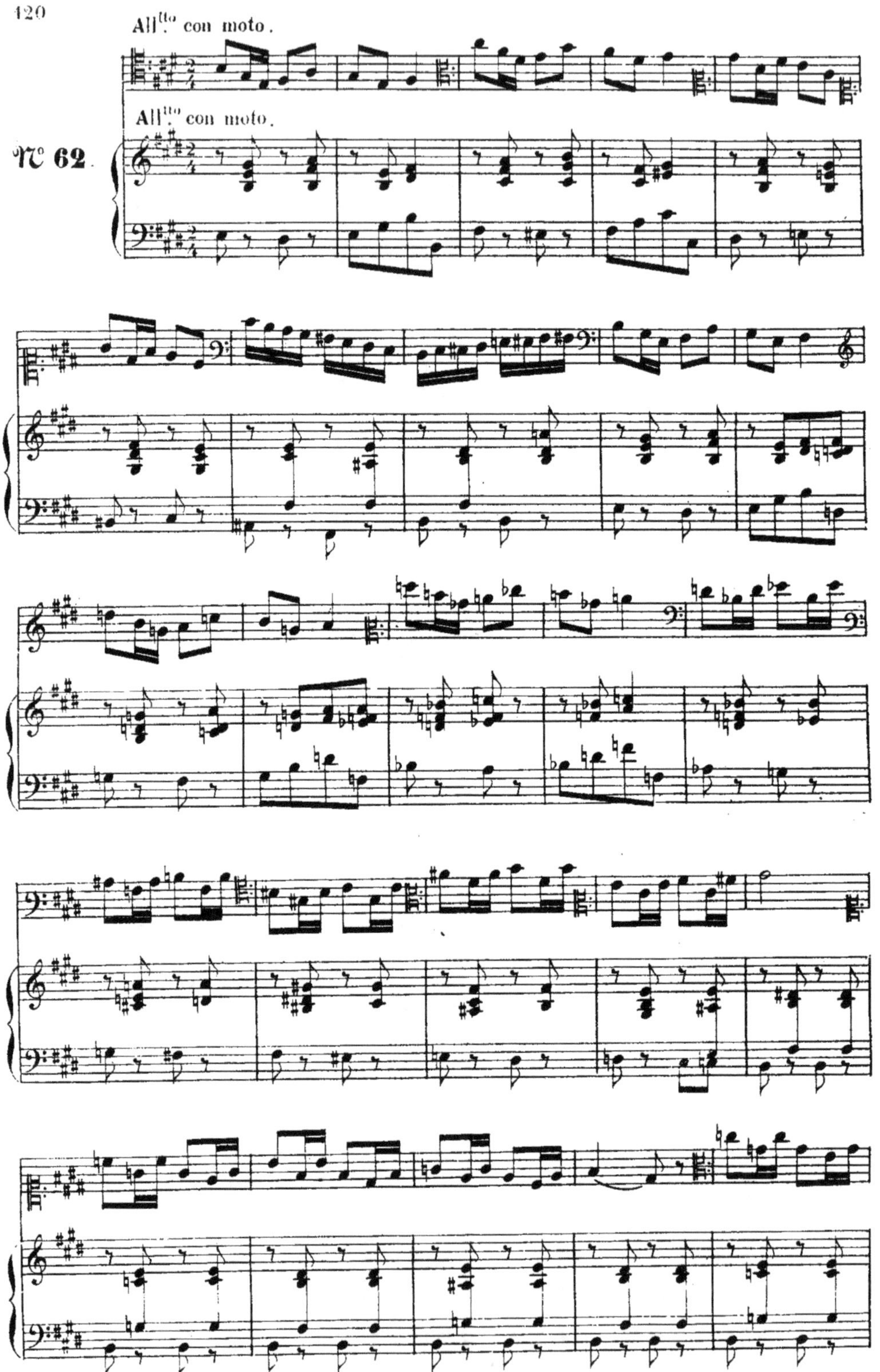
Allᵗᵗᵒ con moto.
Allᵗᵗᵒ con moto.
Nº 62.

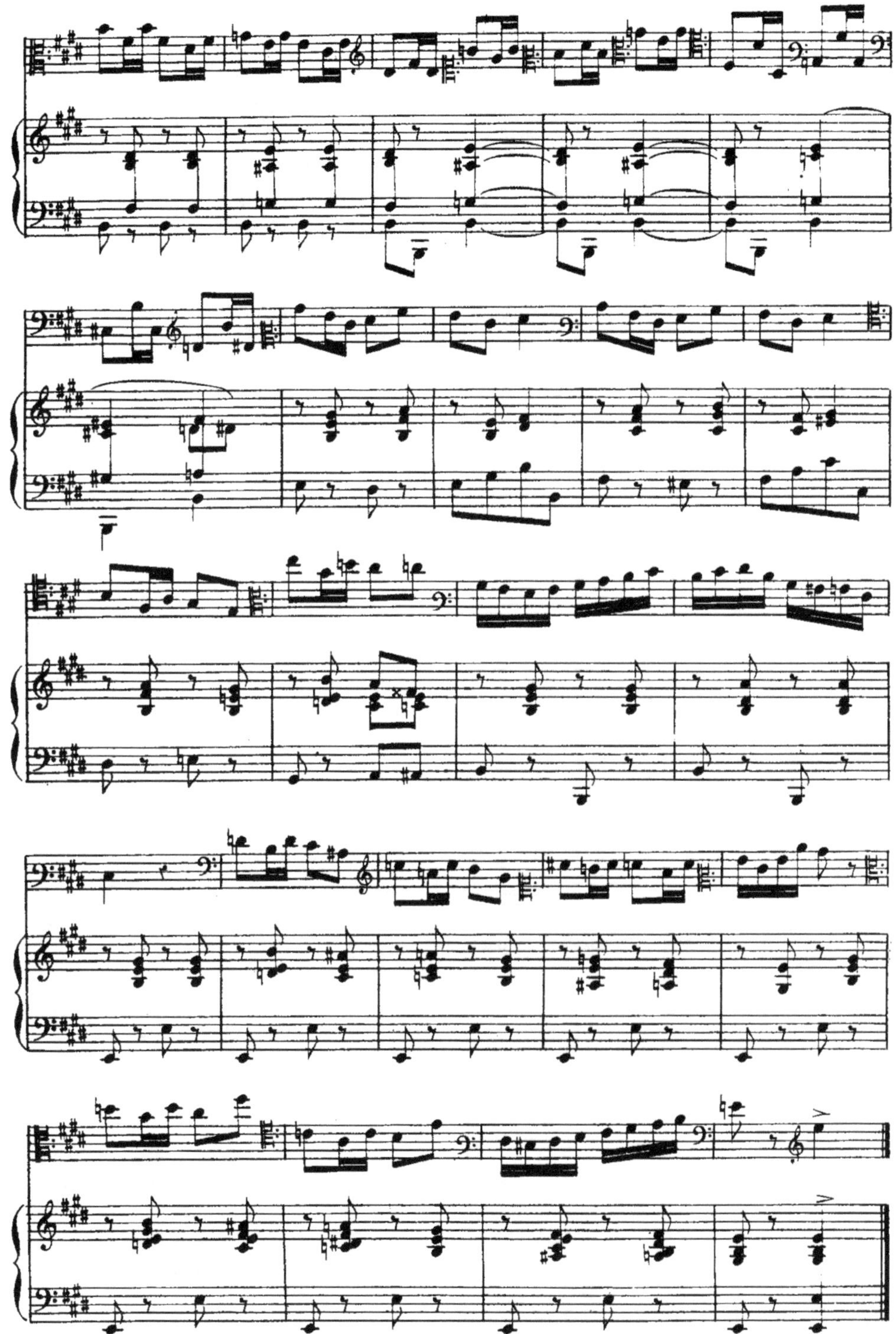

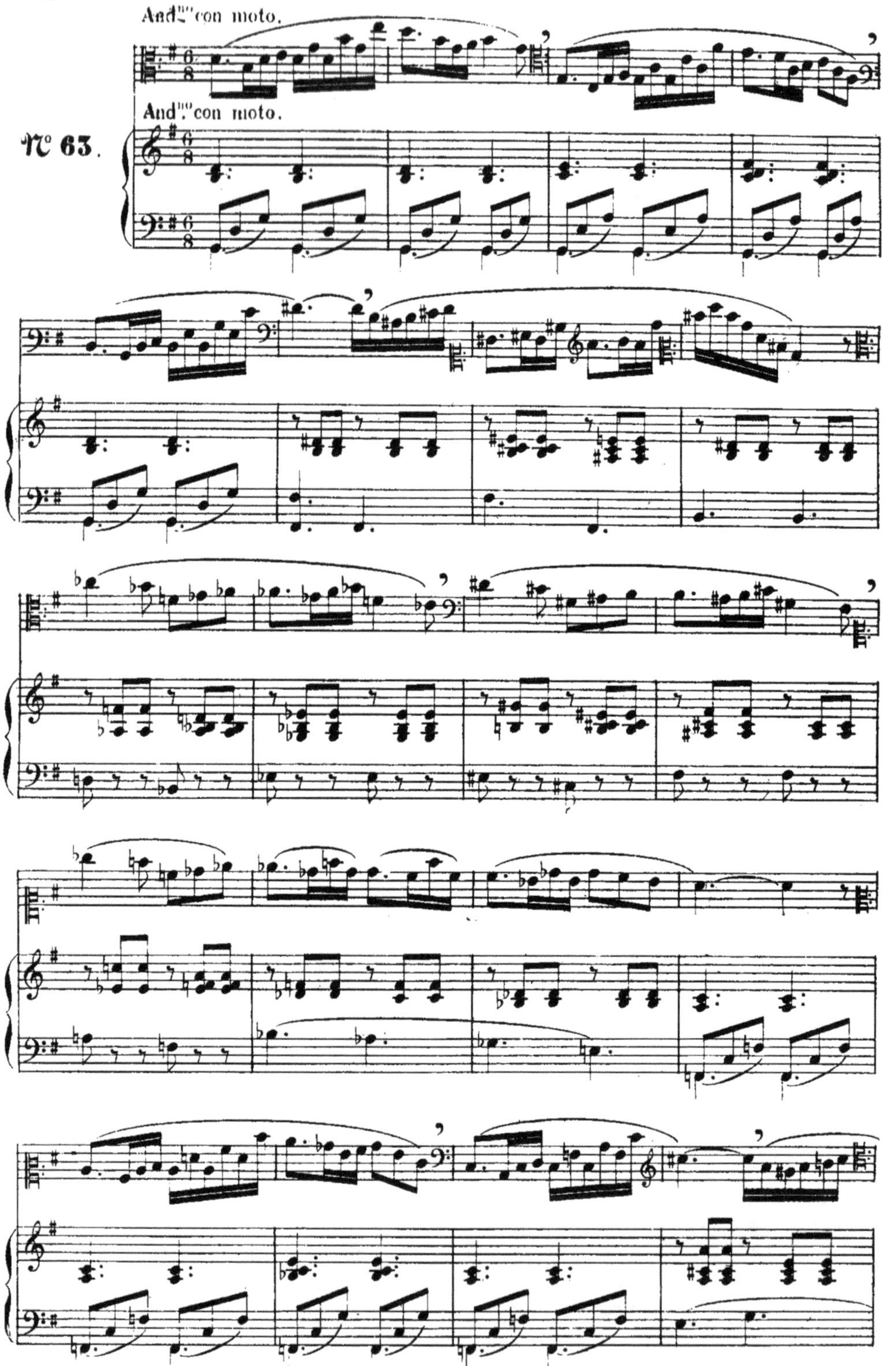
Andt.no con moto.
Andno con moto.
Nº 63.

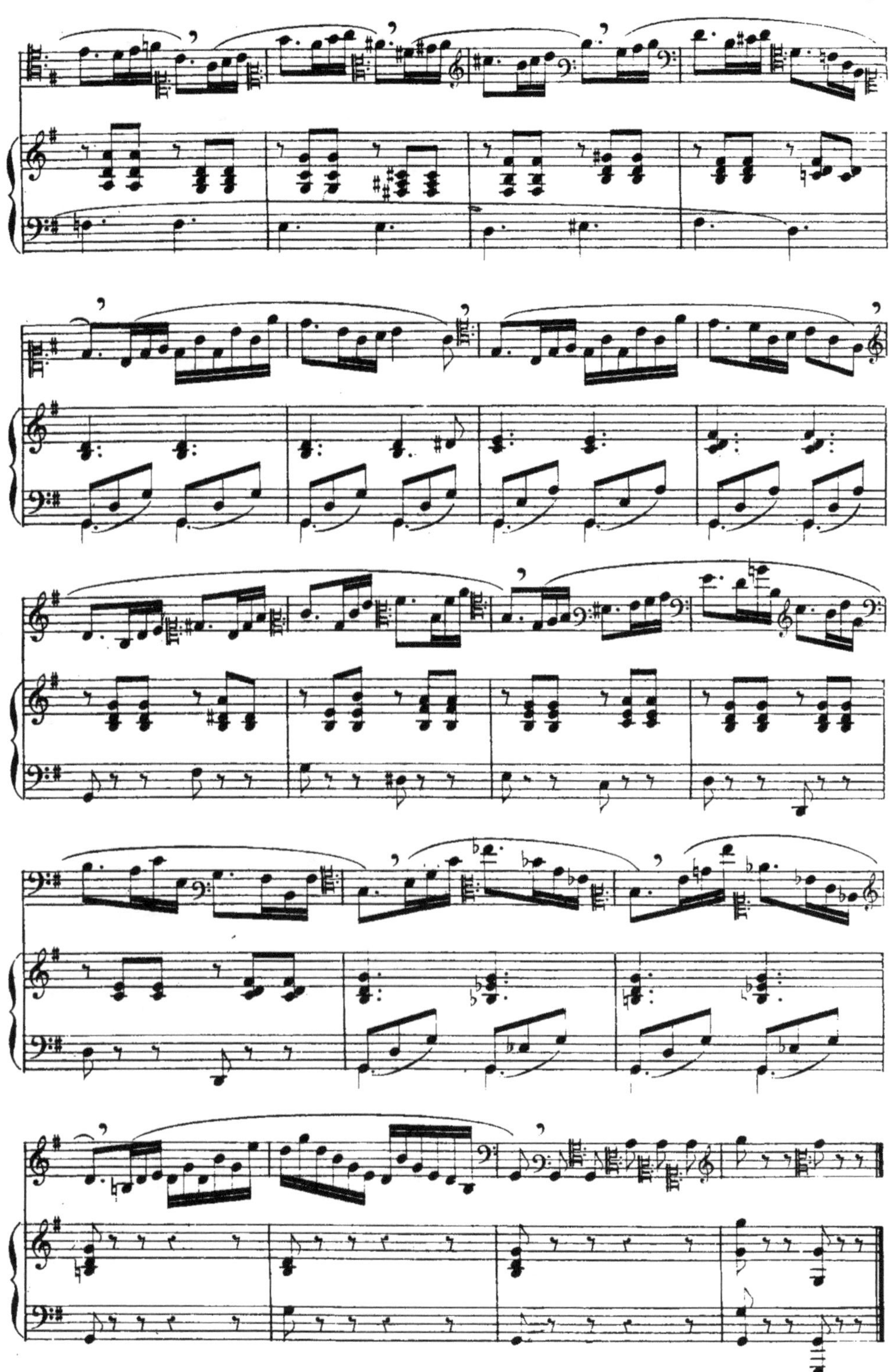

All^tto con moto.

All^tto con moto.

No 64

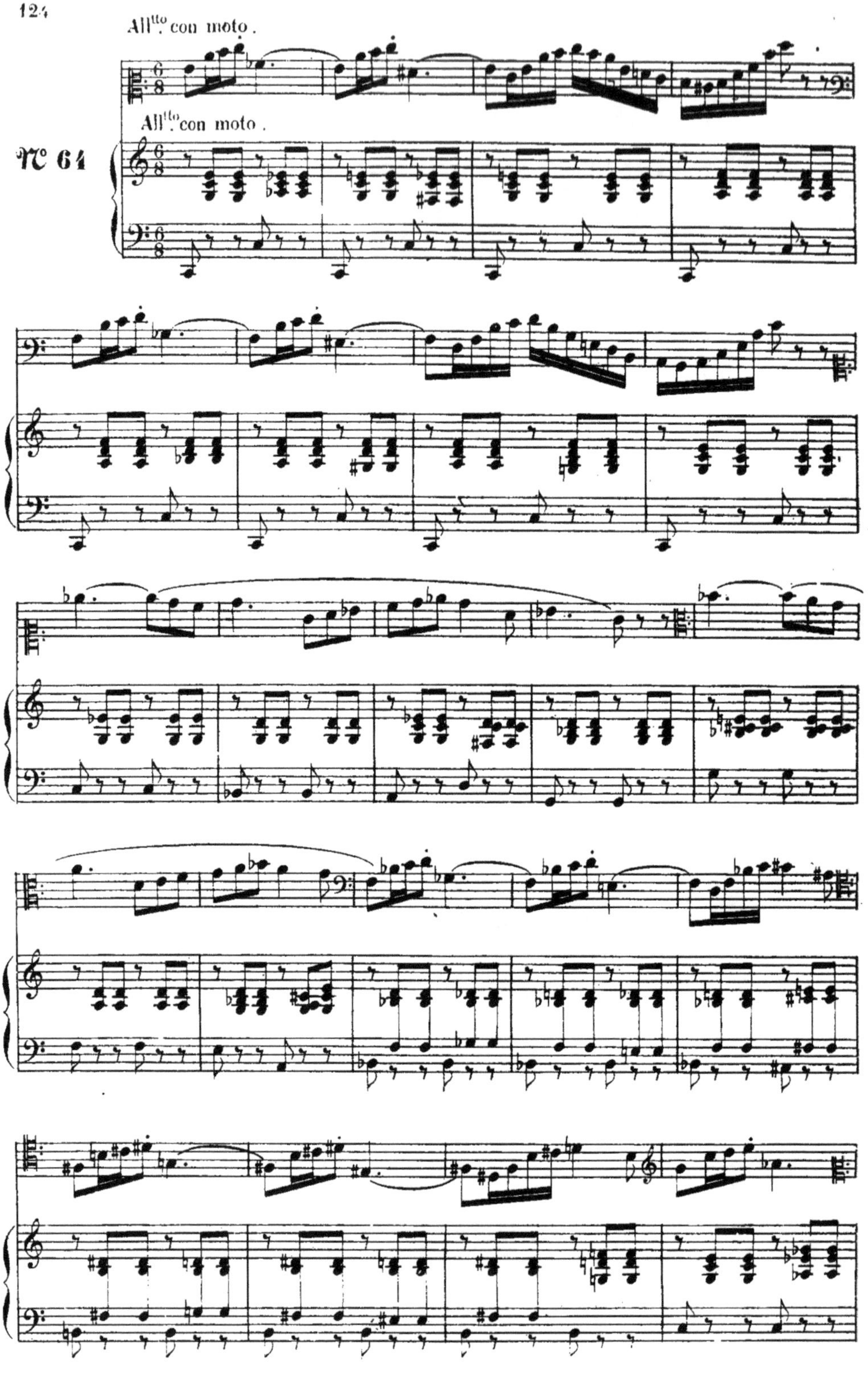

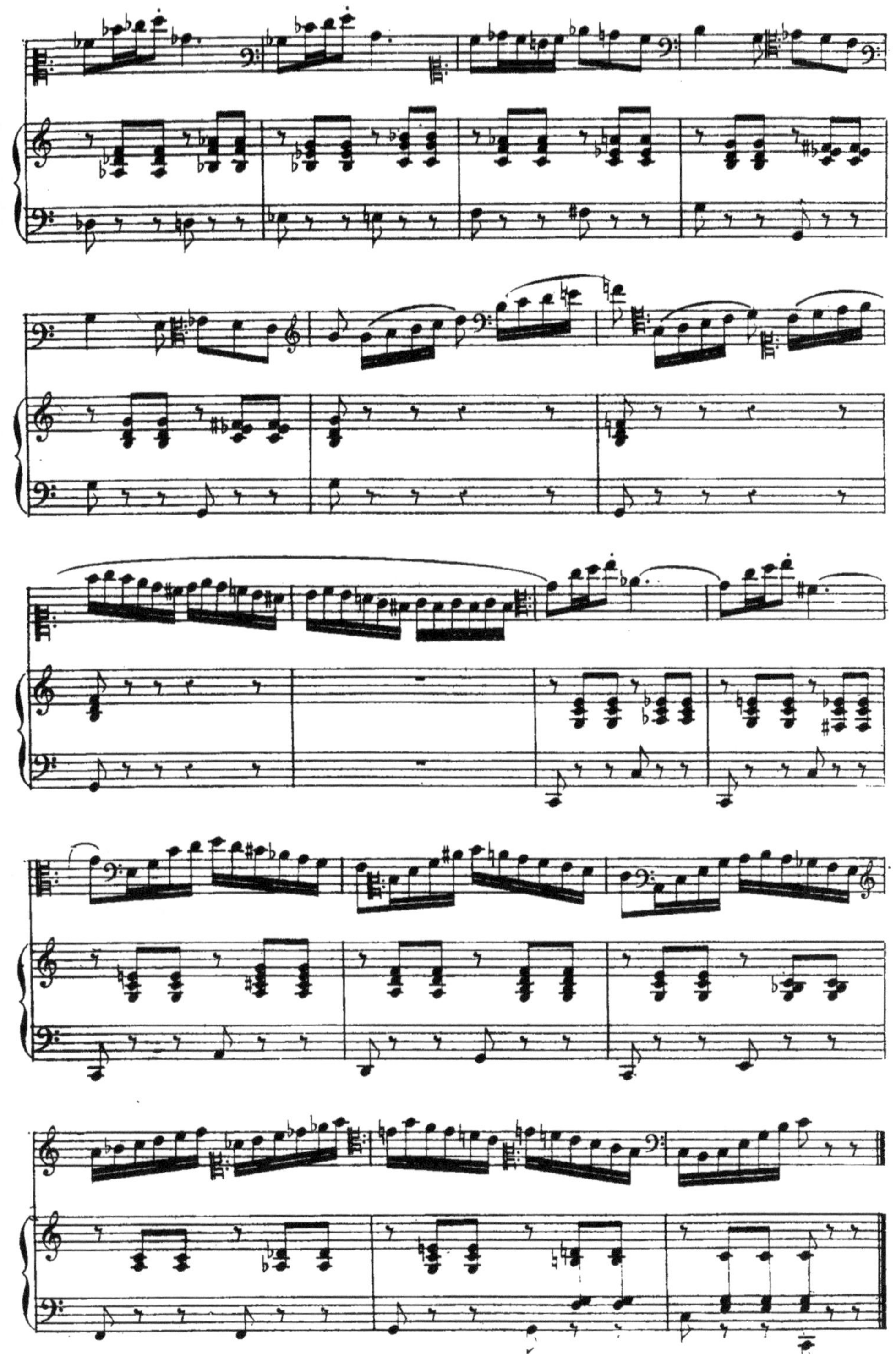

Nº 65.

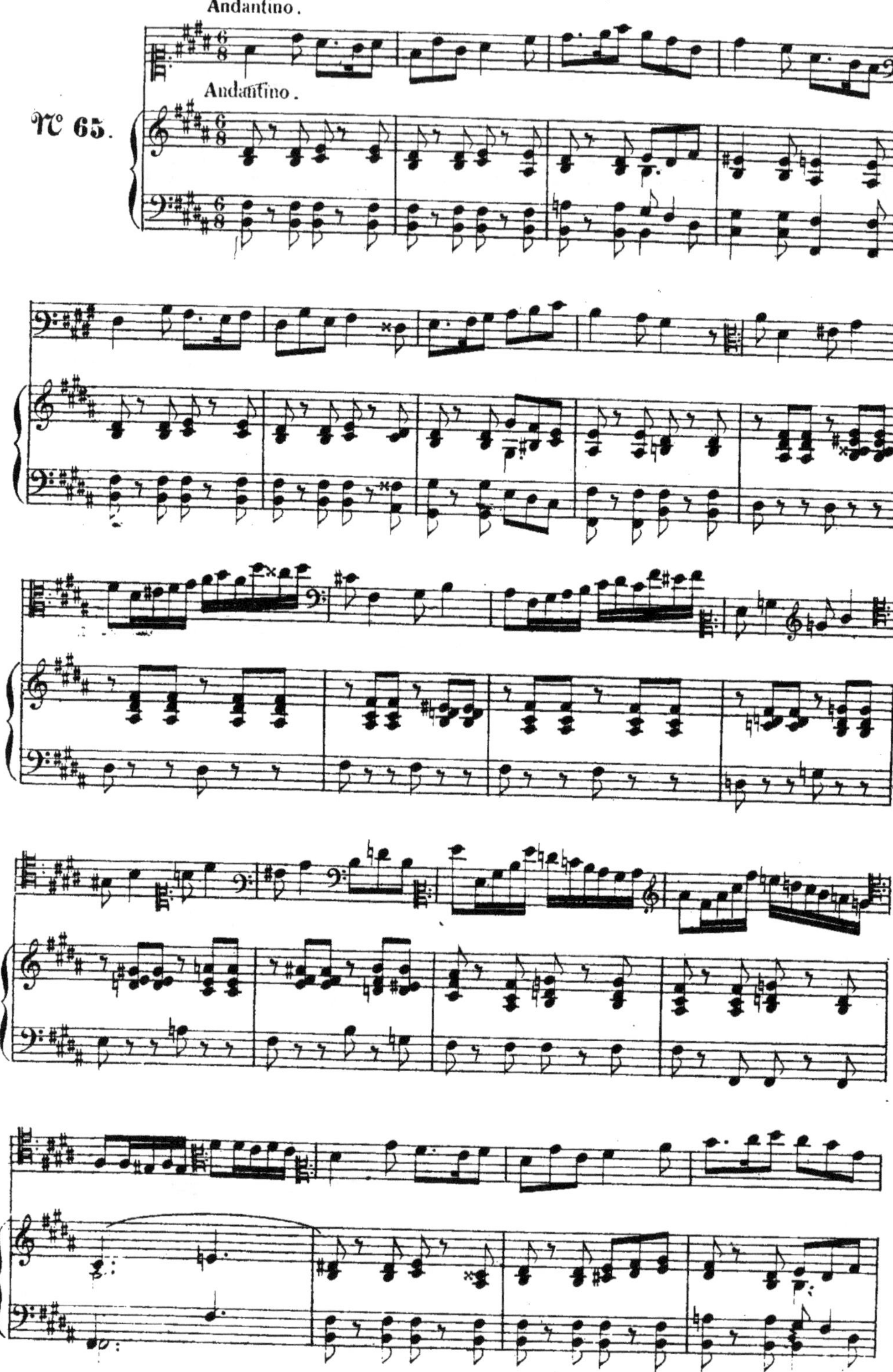

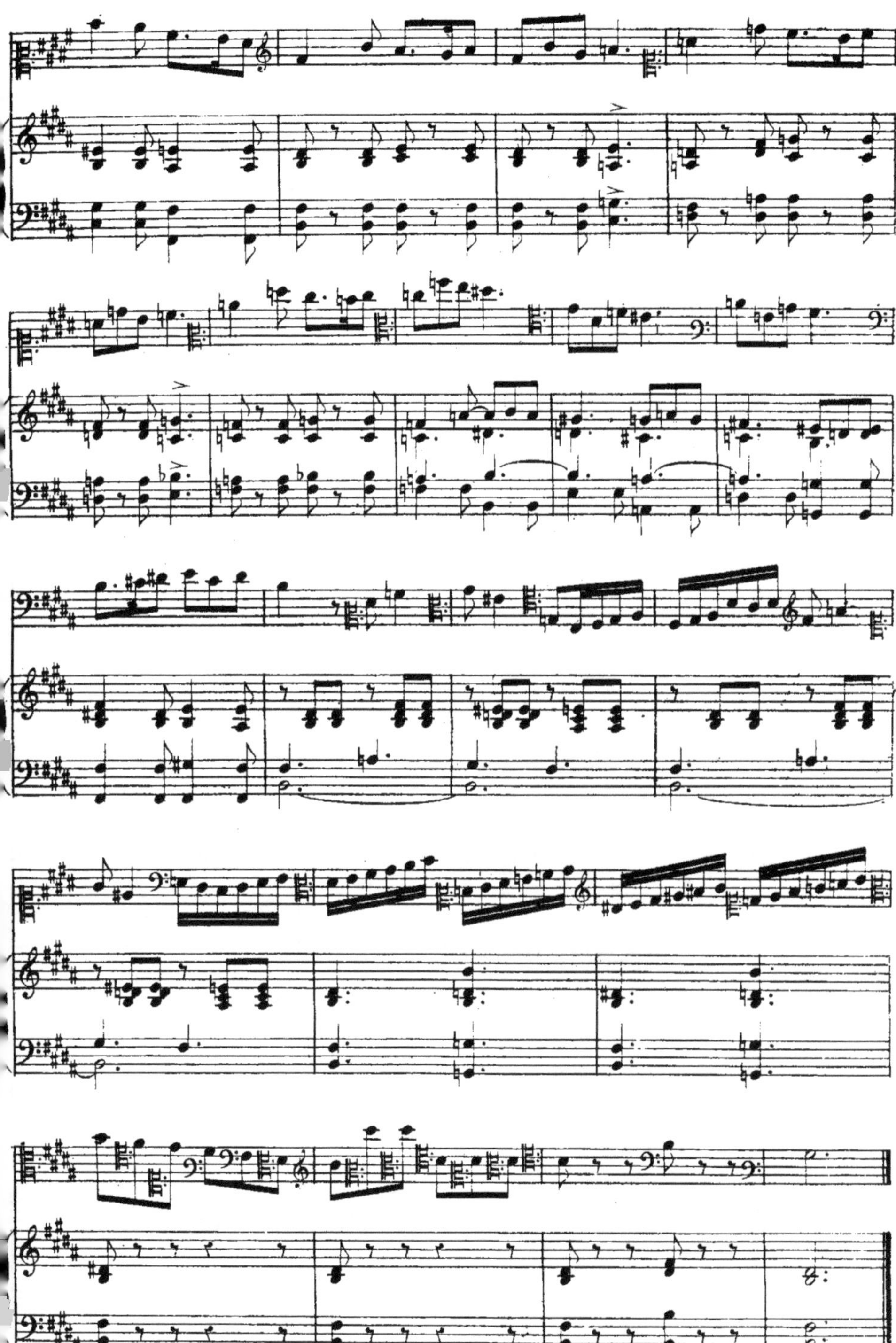

Moderato.

Moderato.

Nº 66.

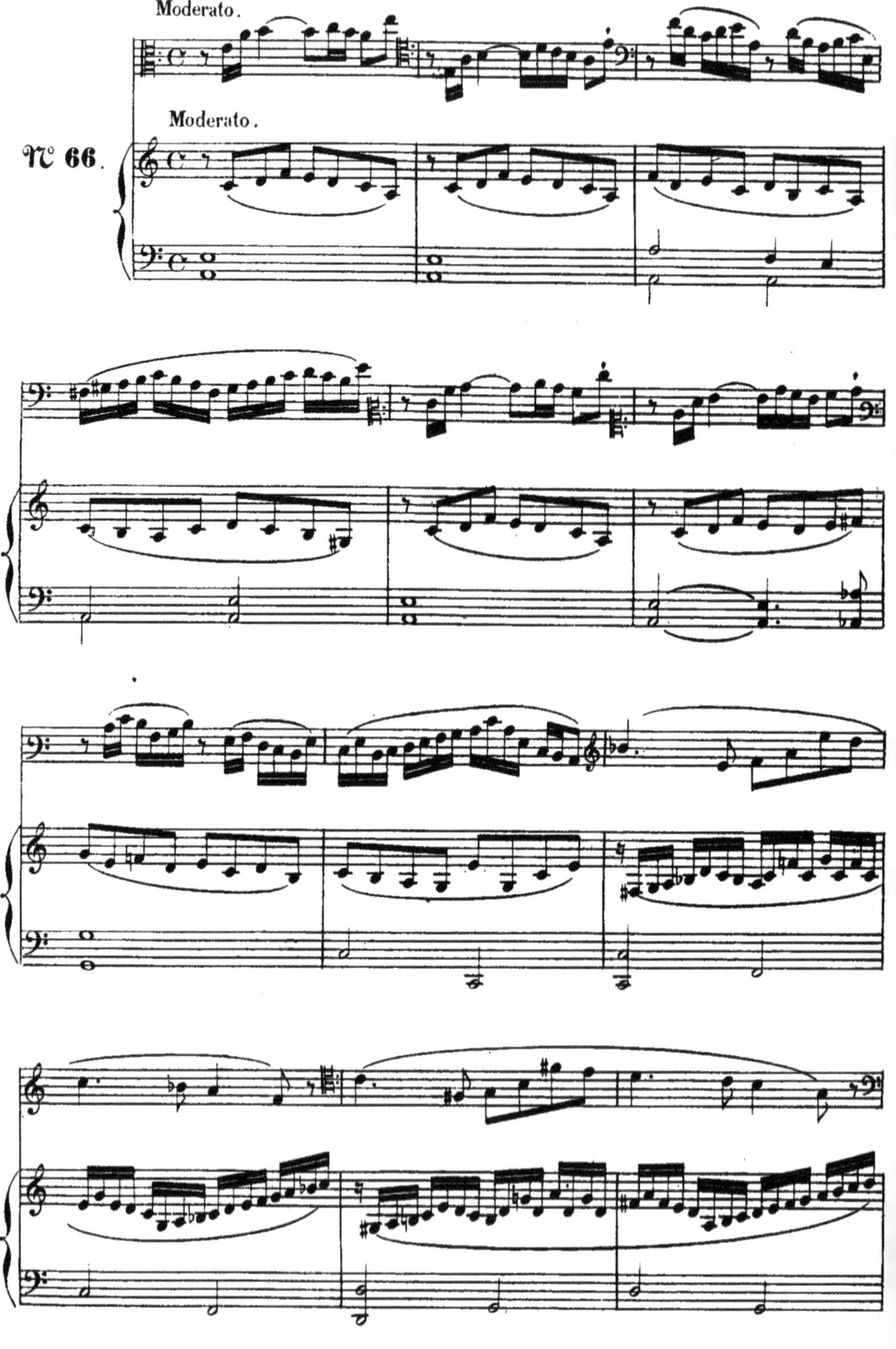

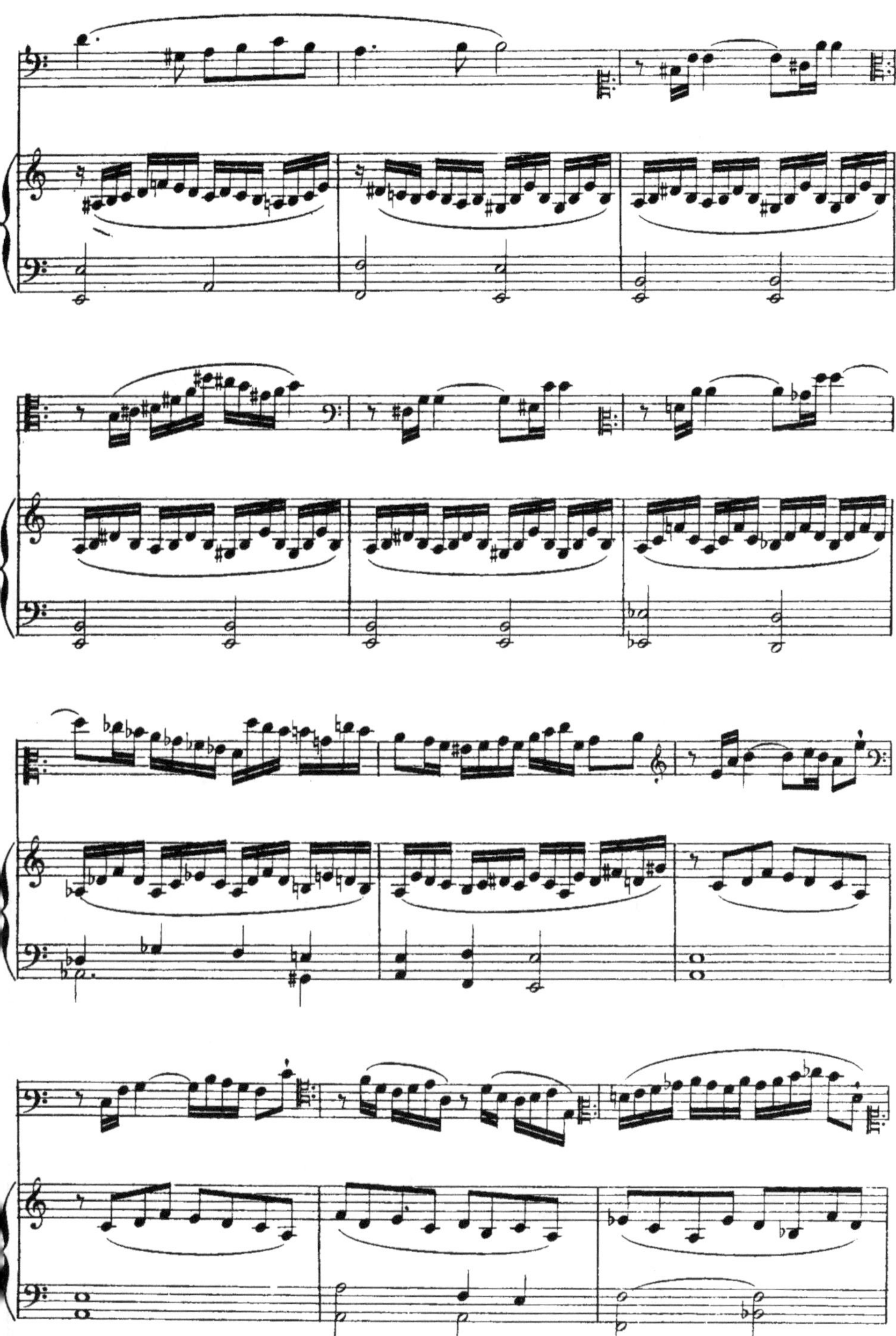

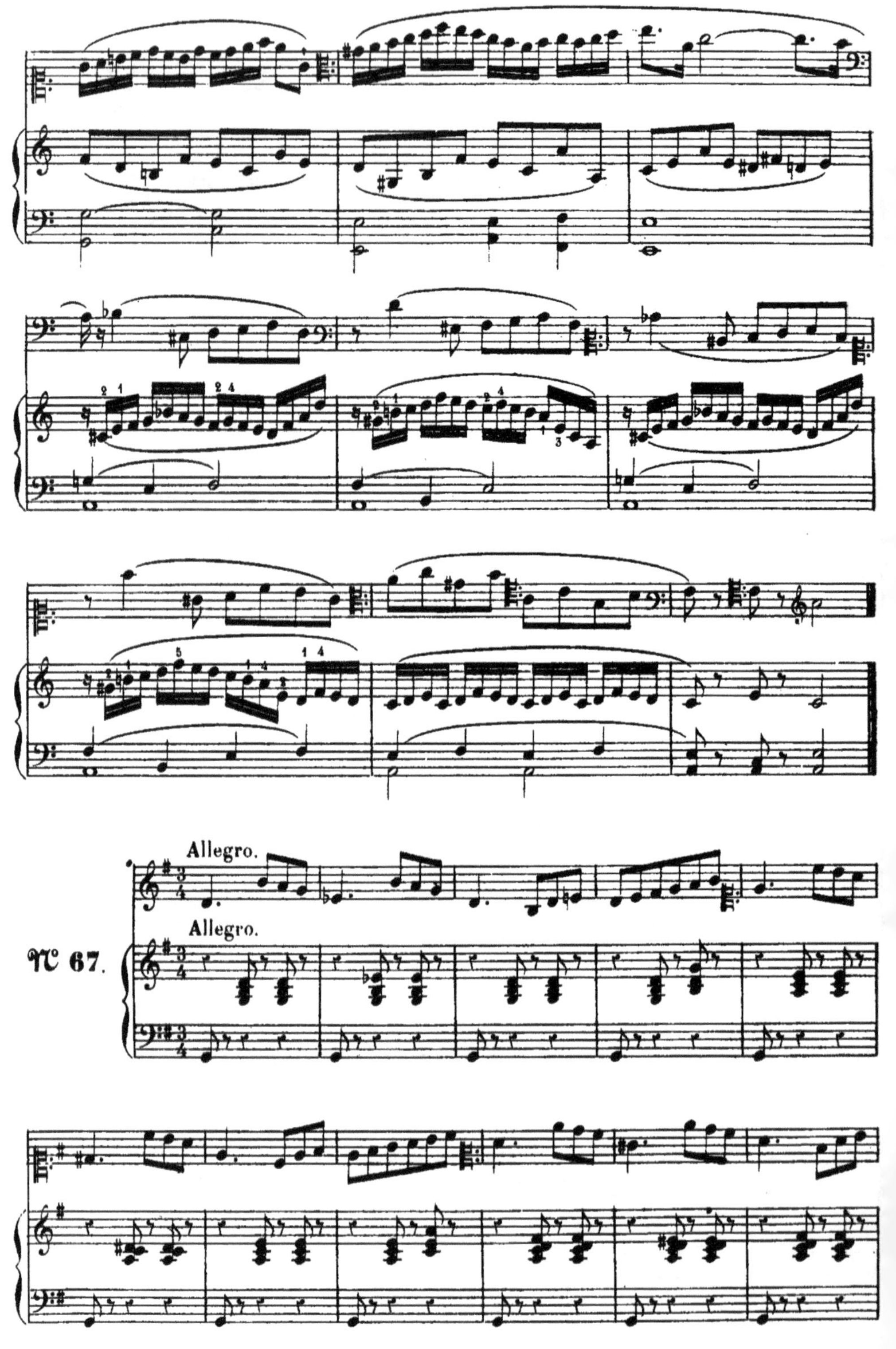
Allegro.
Allegro.
№ 67.

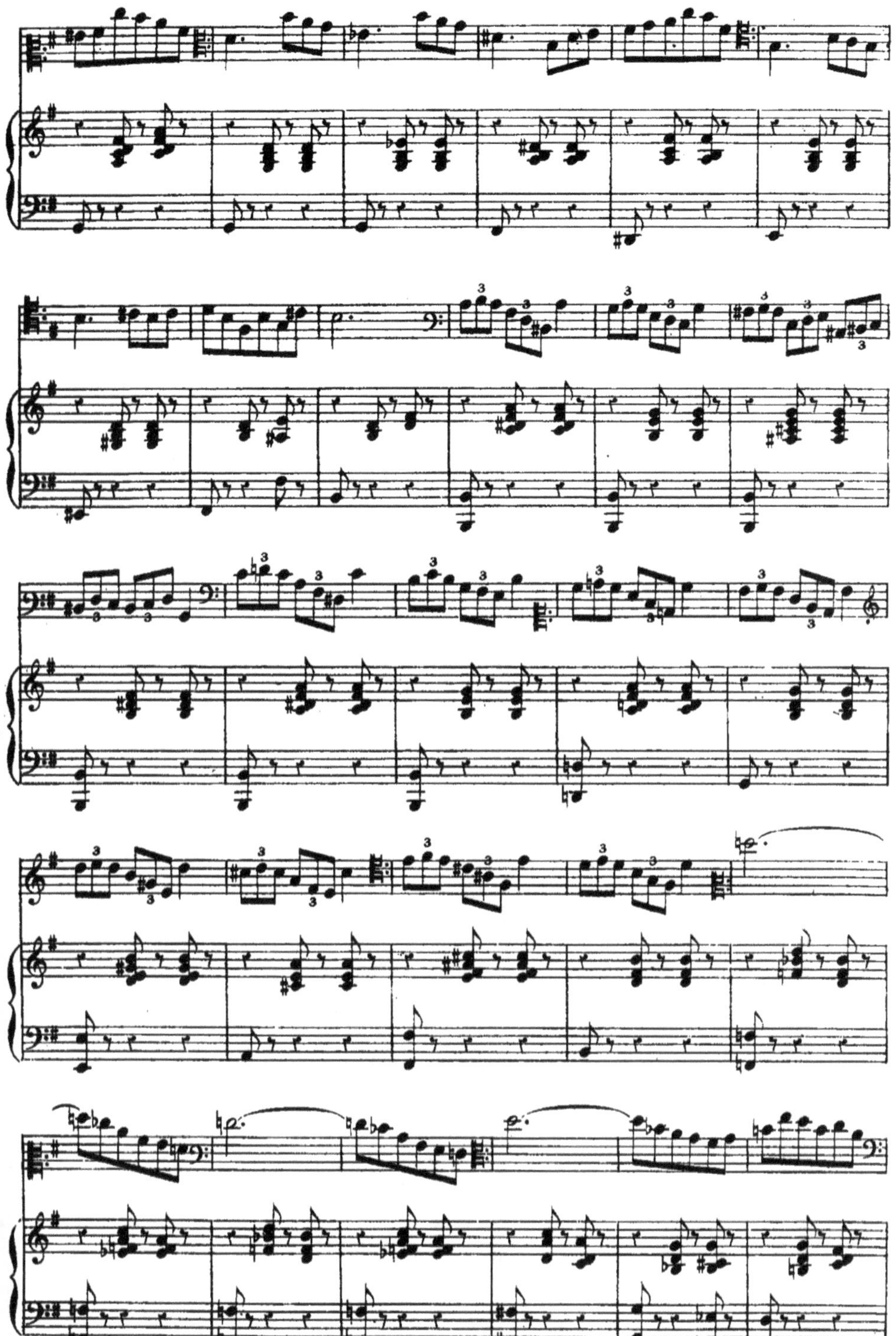

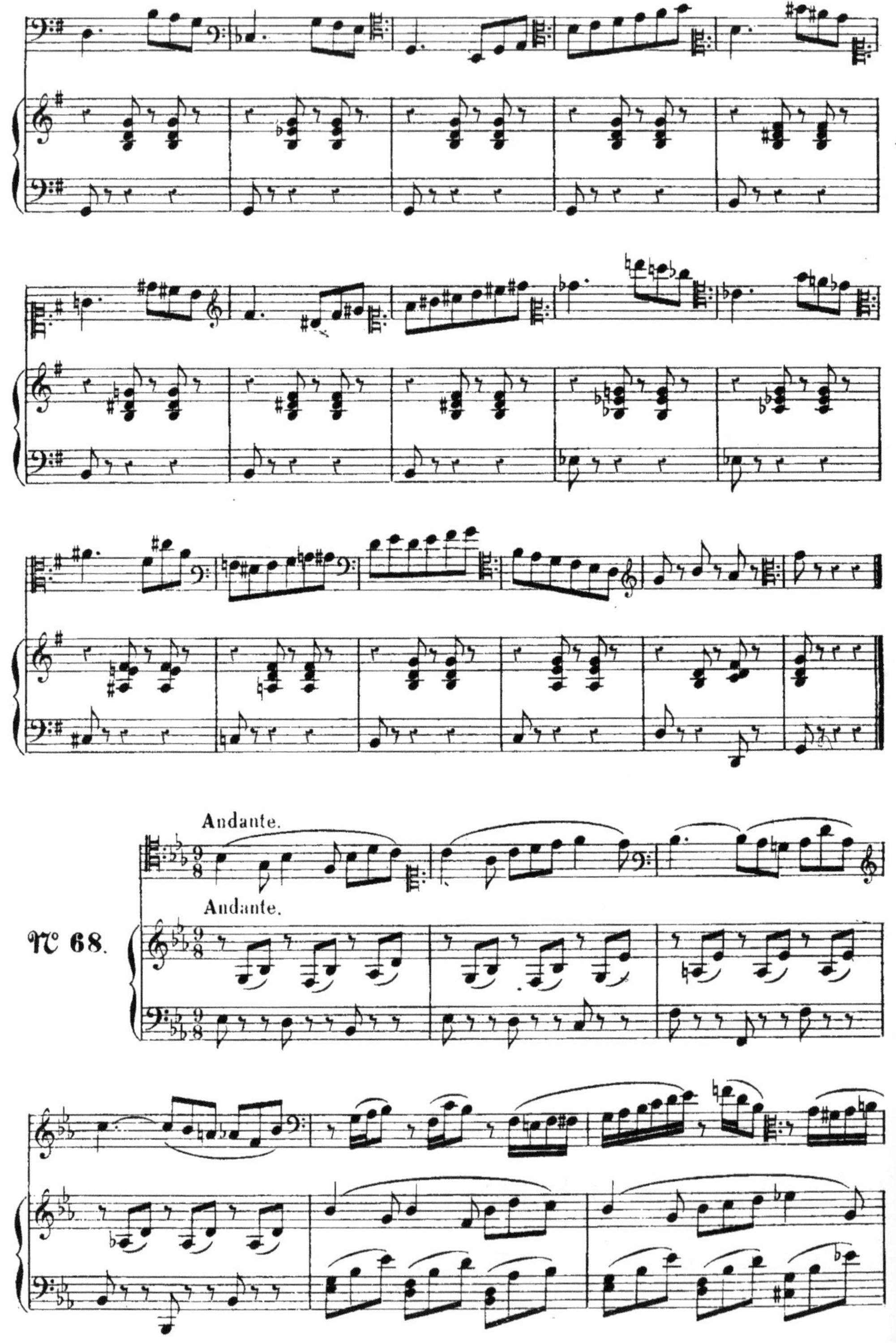
Andante.
Andante.
Nº 68.

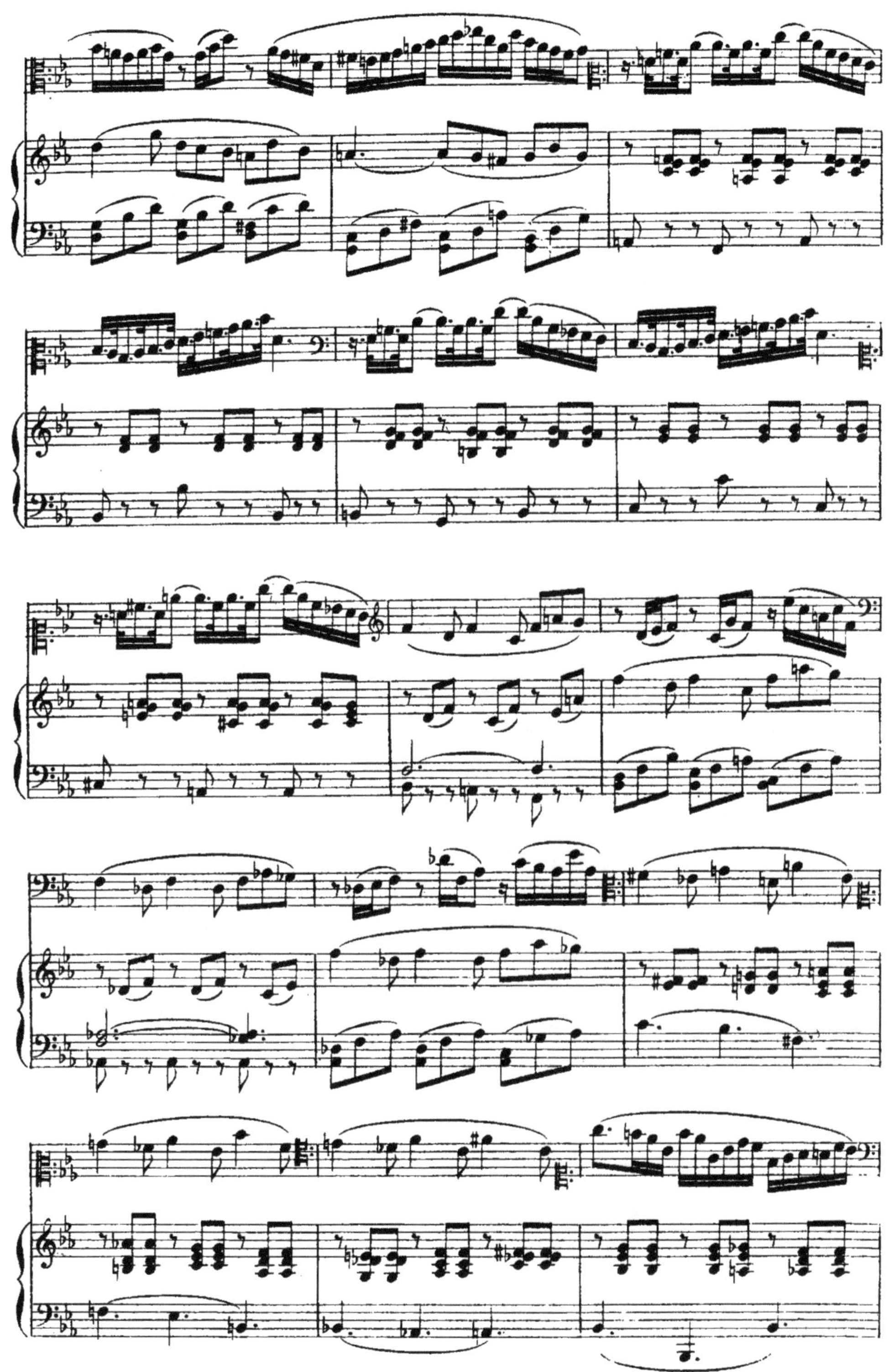

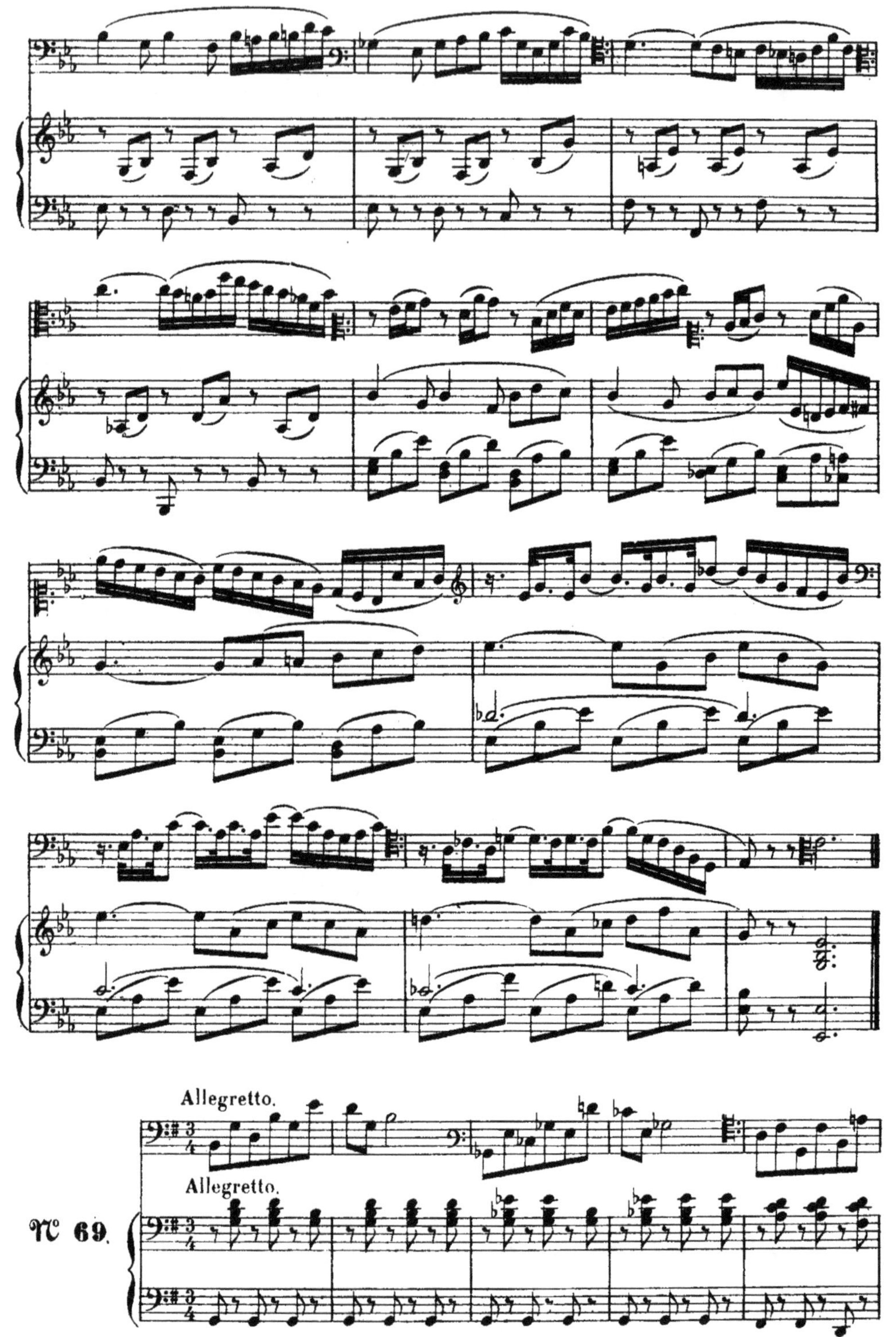
Allegretto.
Allegretto.
Nº 69.

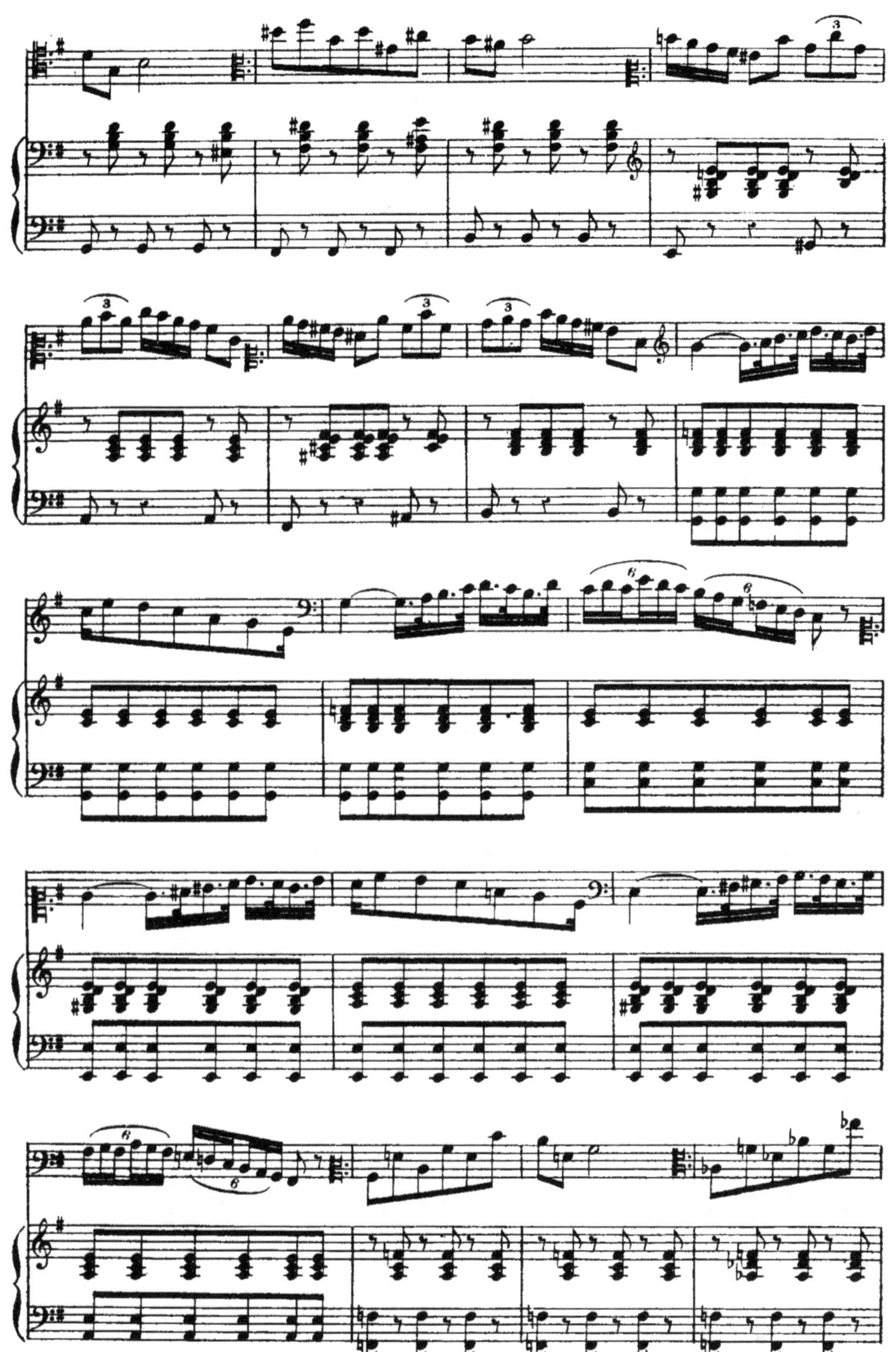

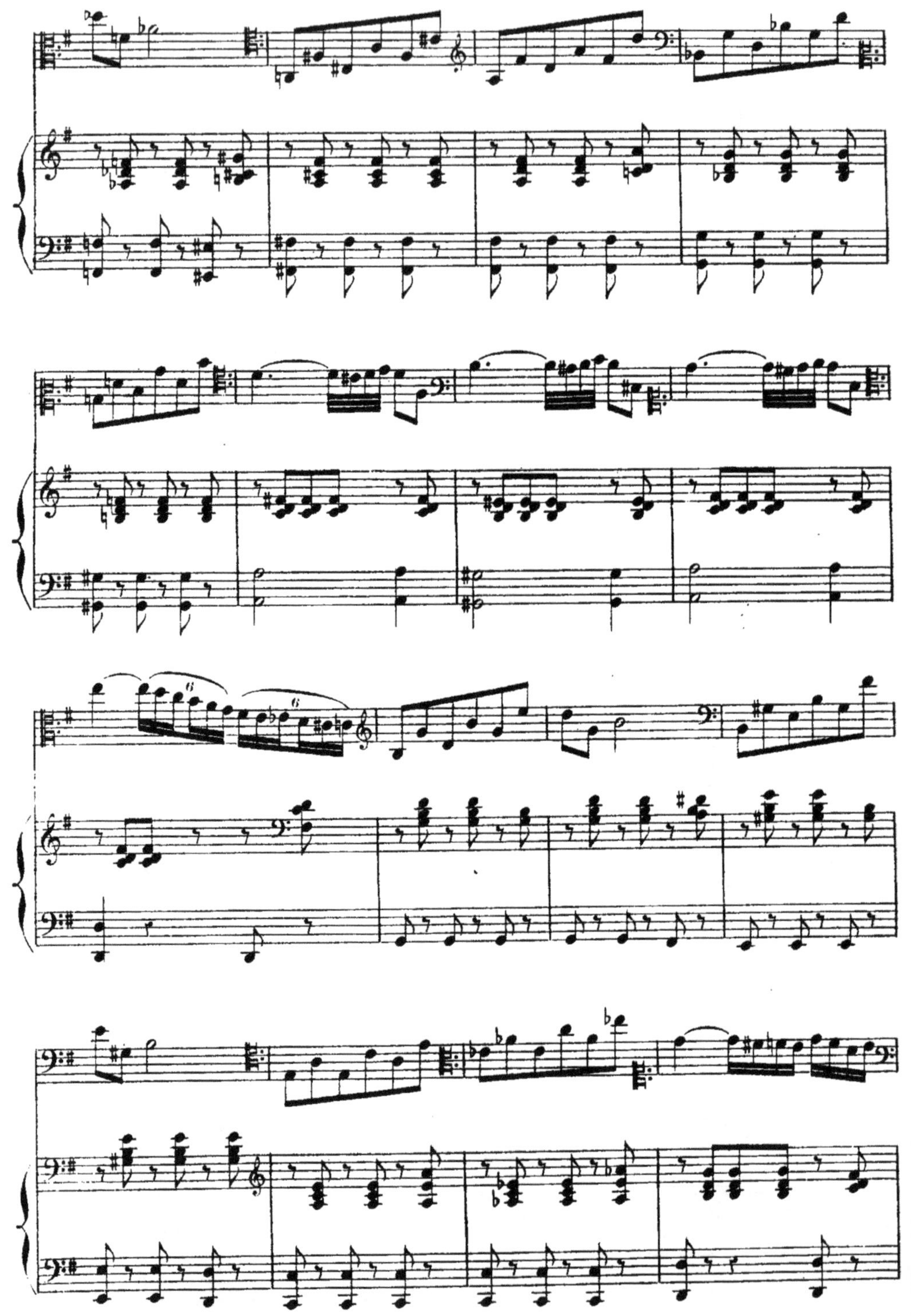
6
6

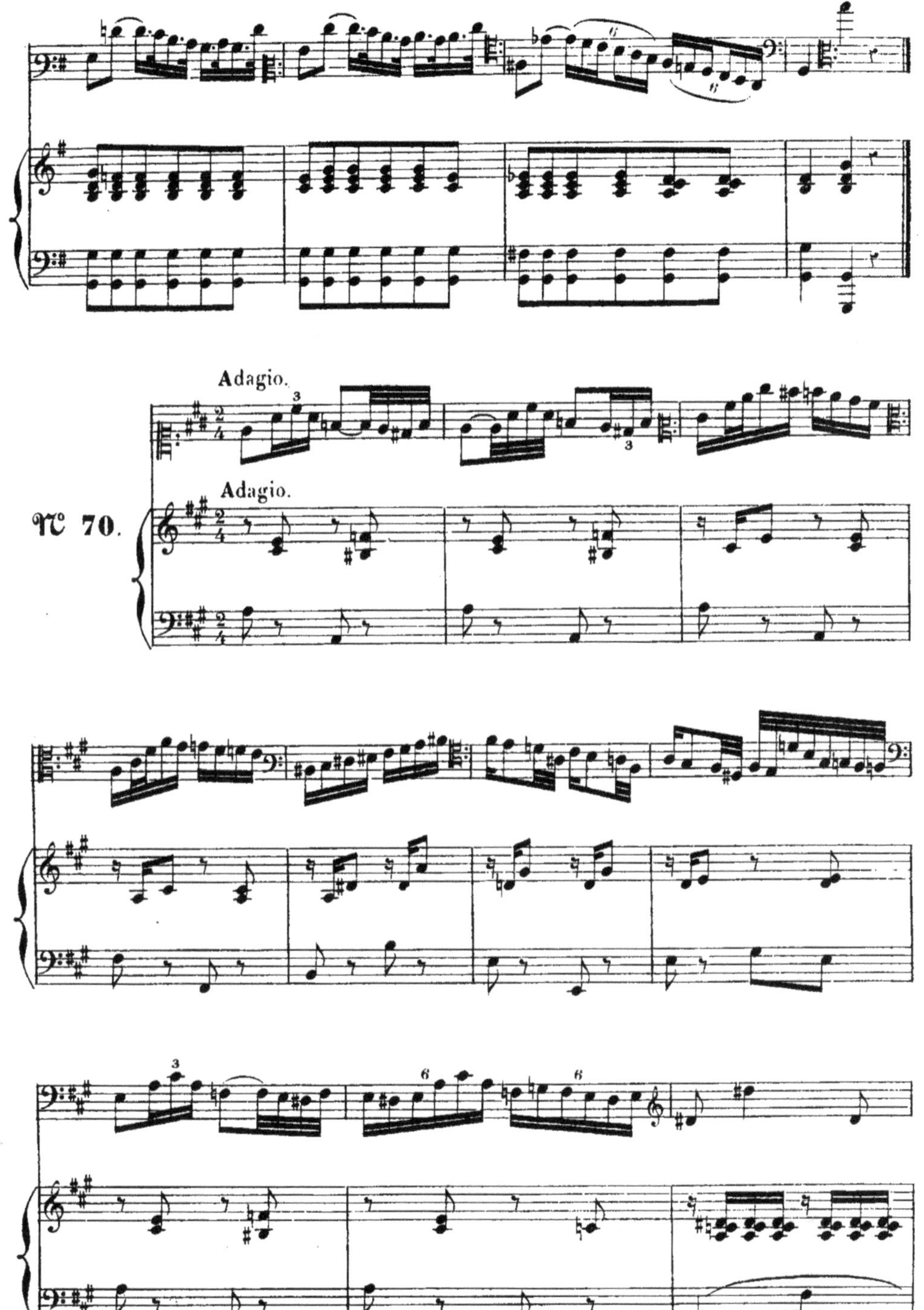
Adagio.
Adagio.
Nº 70.

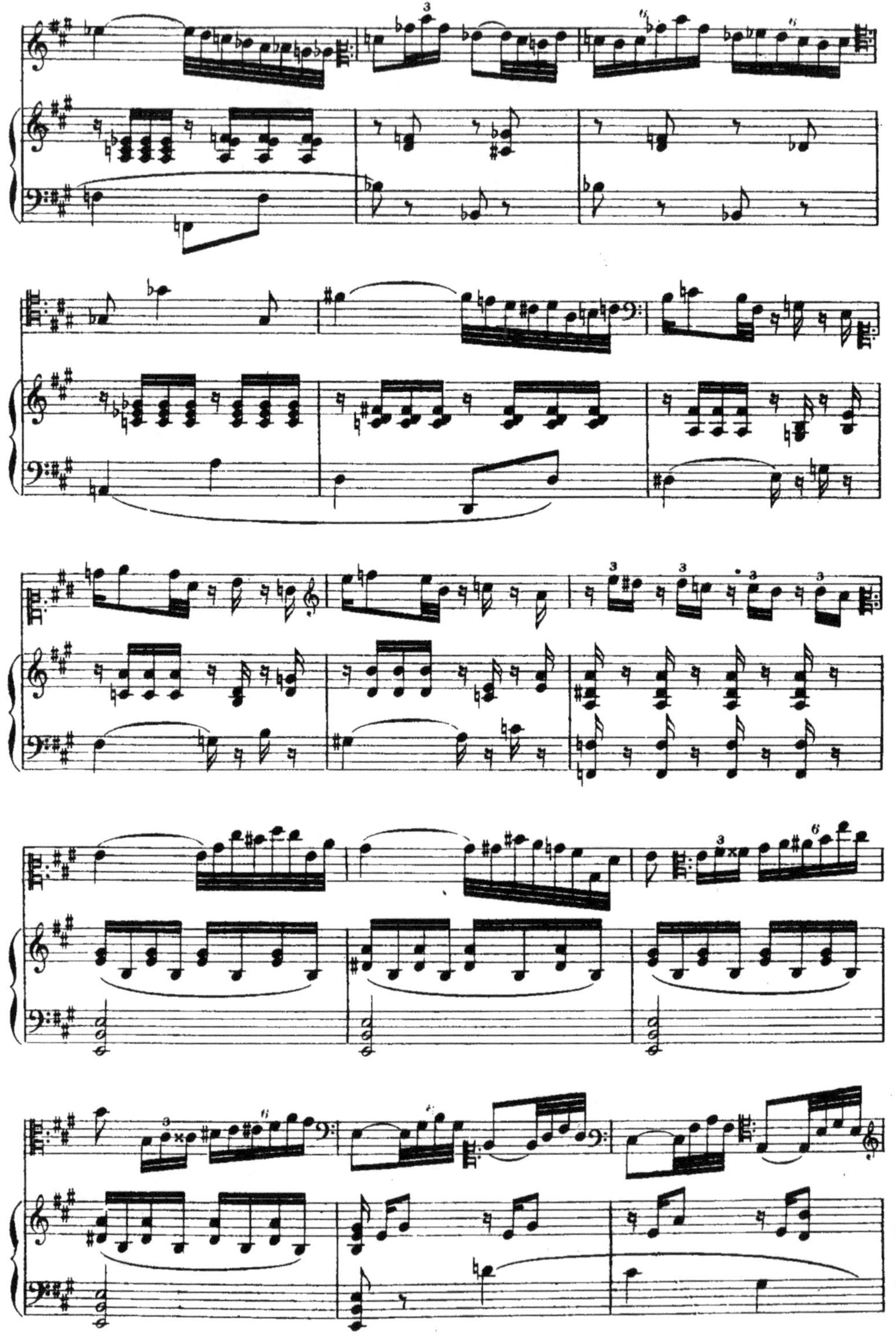

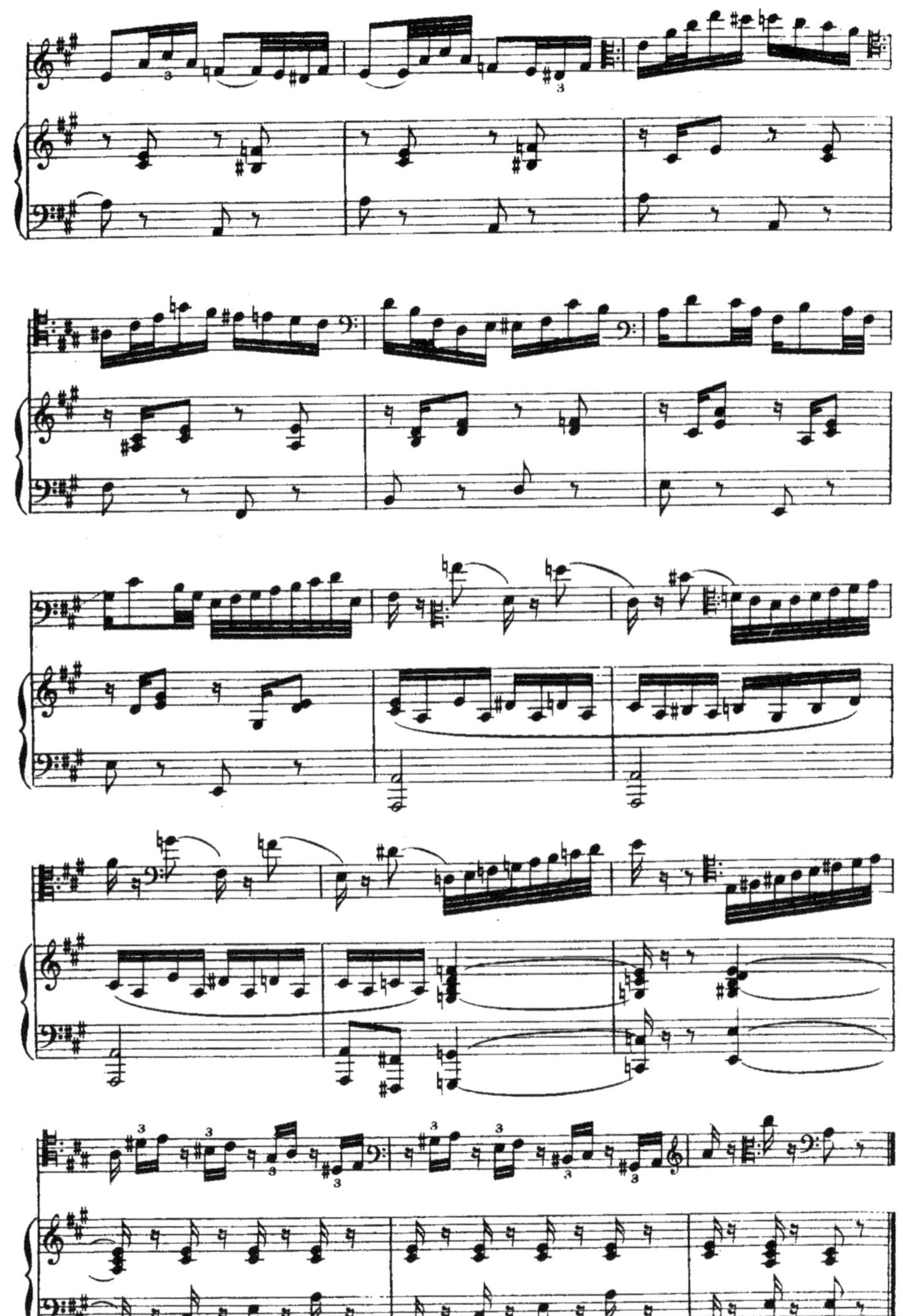

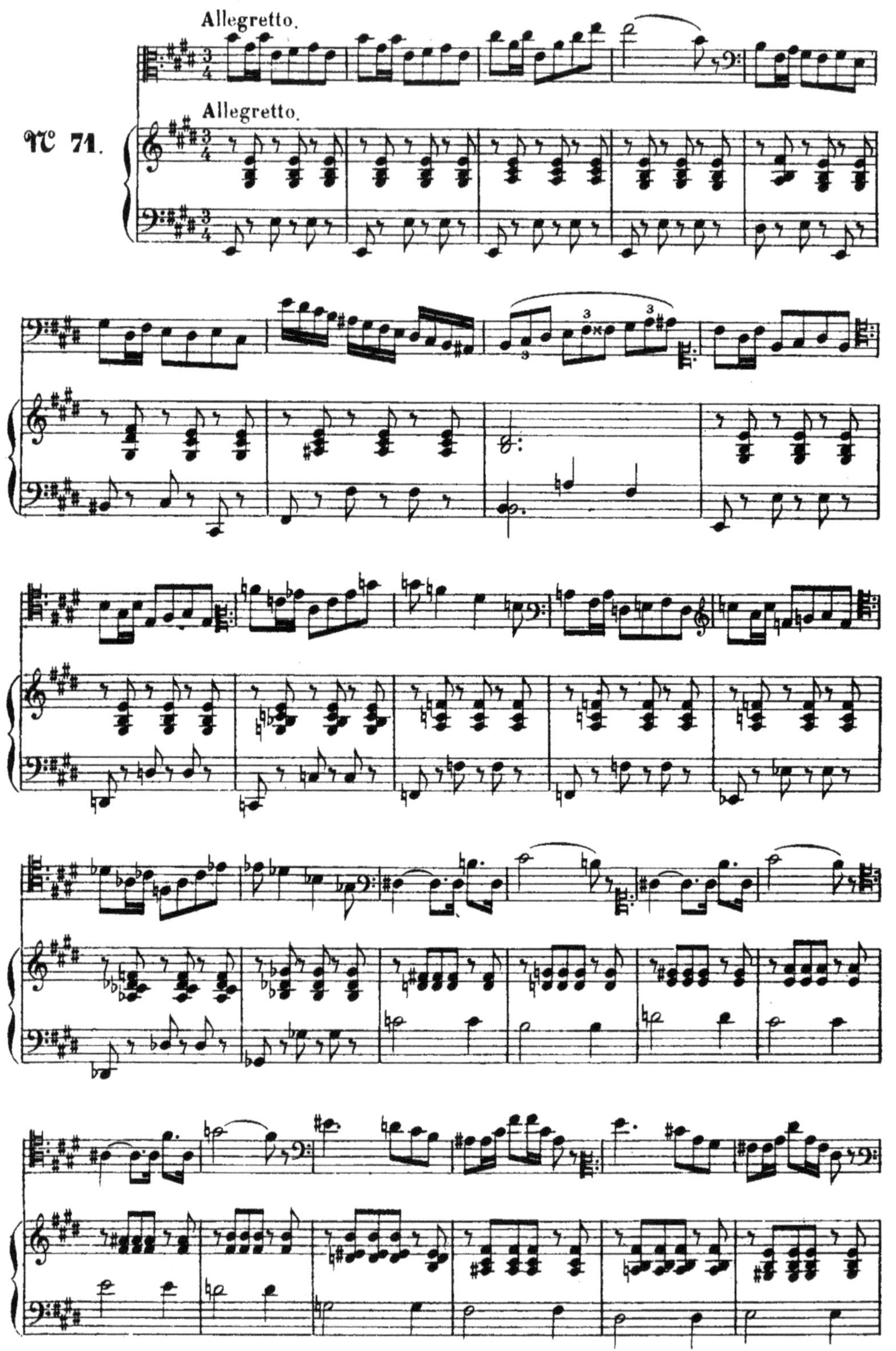
Allegretto.
Allegretto.
Nº 71.

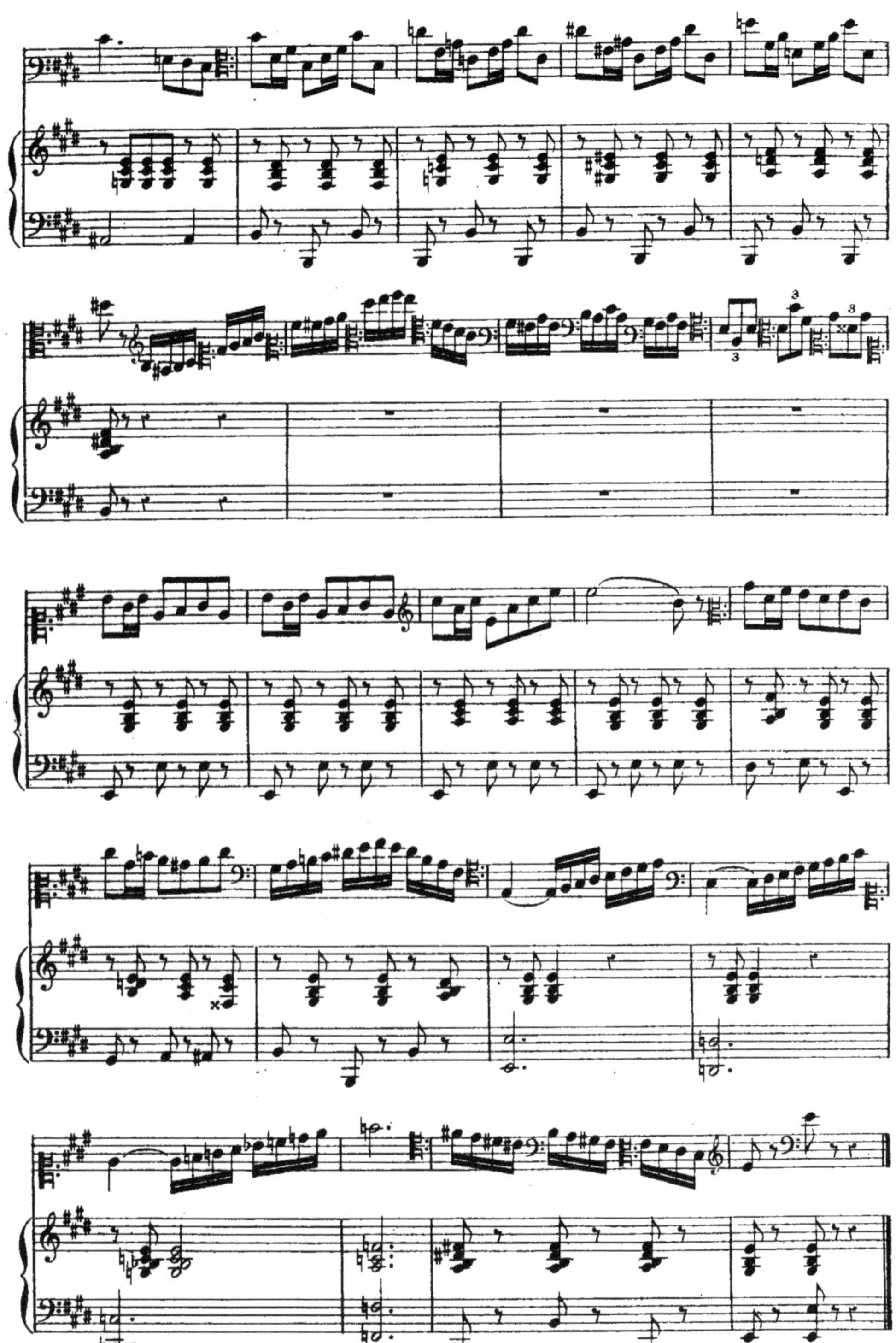
3
3
3

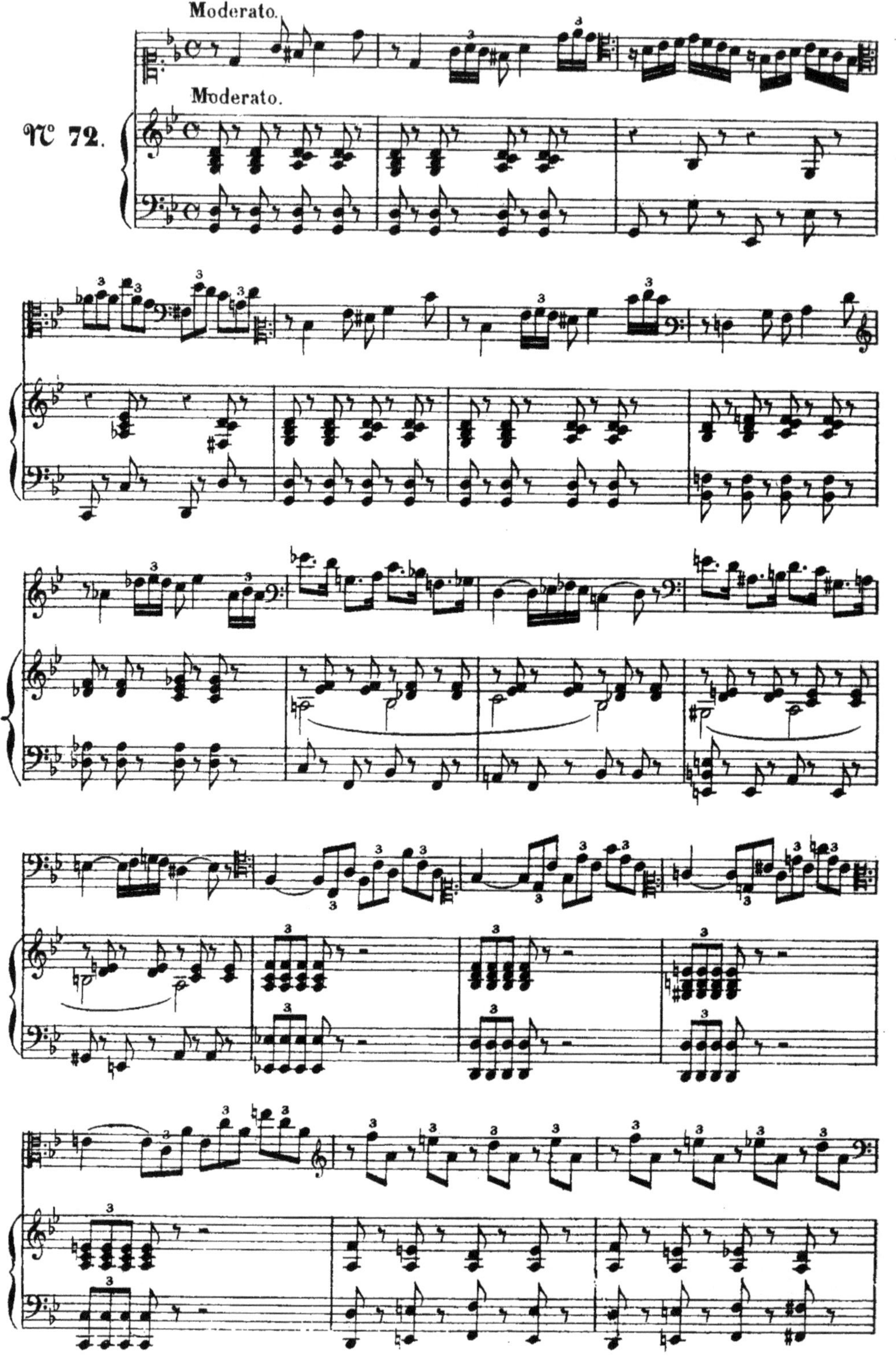
Moderato.
Moderato.
Nº 72.

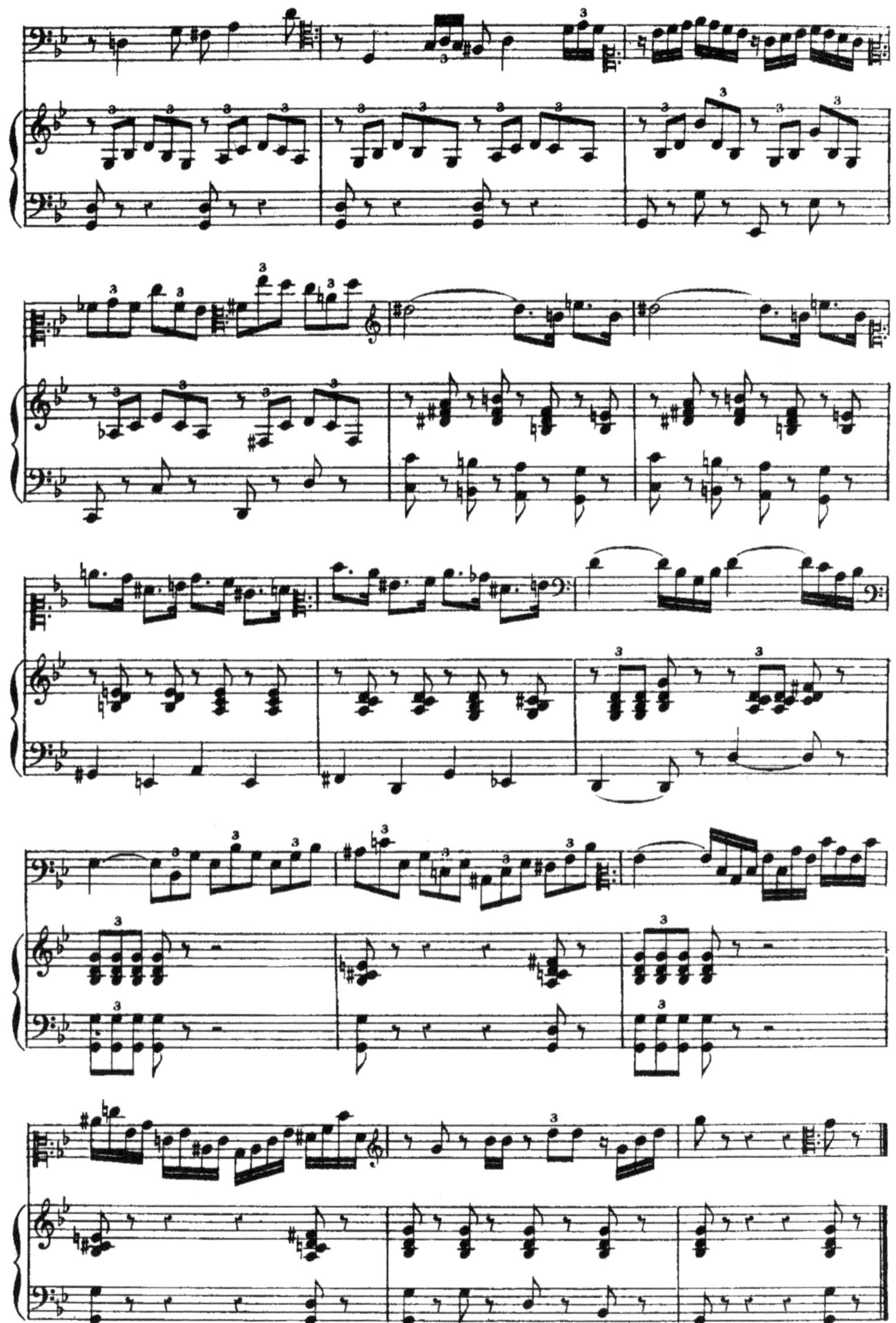

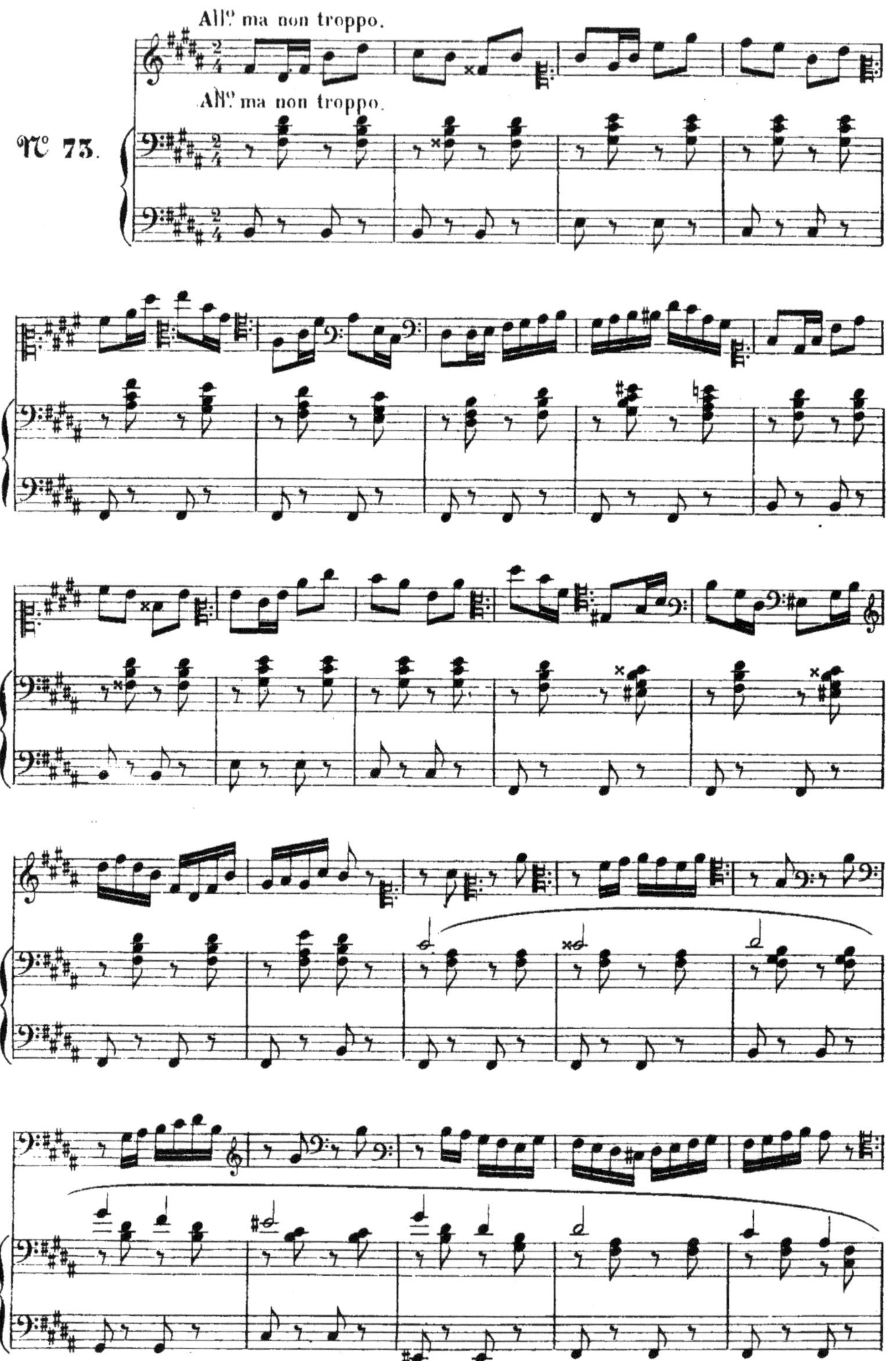
All? ma non troppo.
All? ma non troppo.
Nº 73.

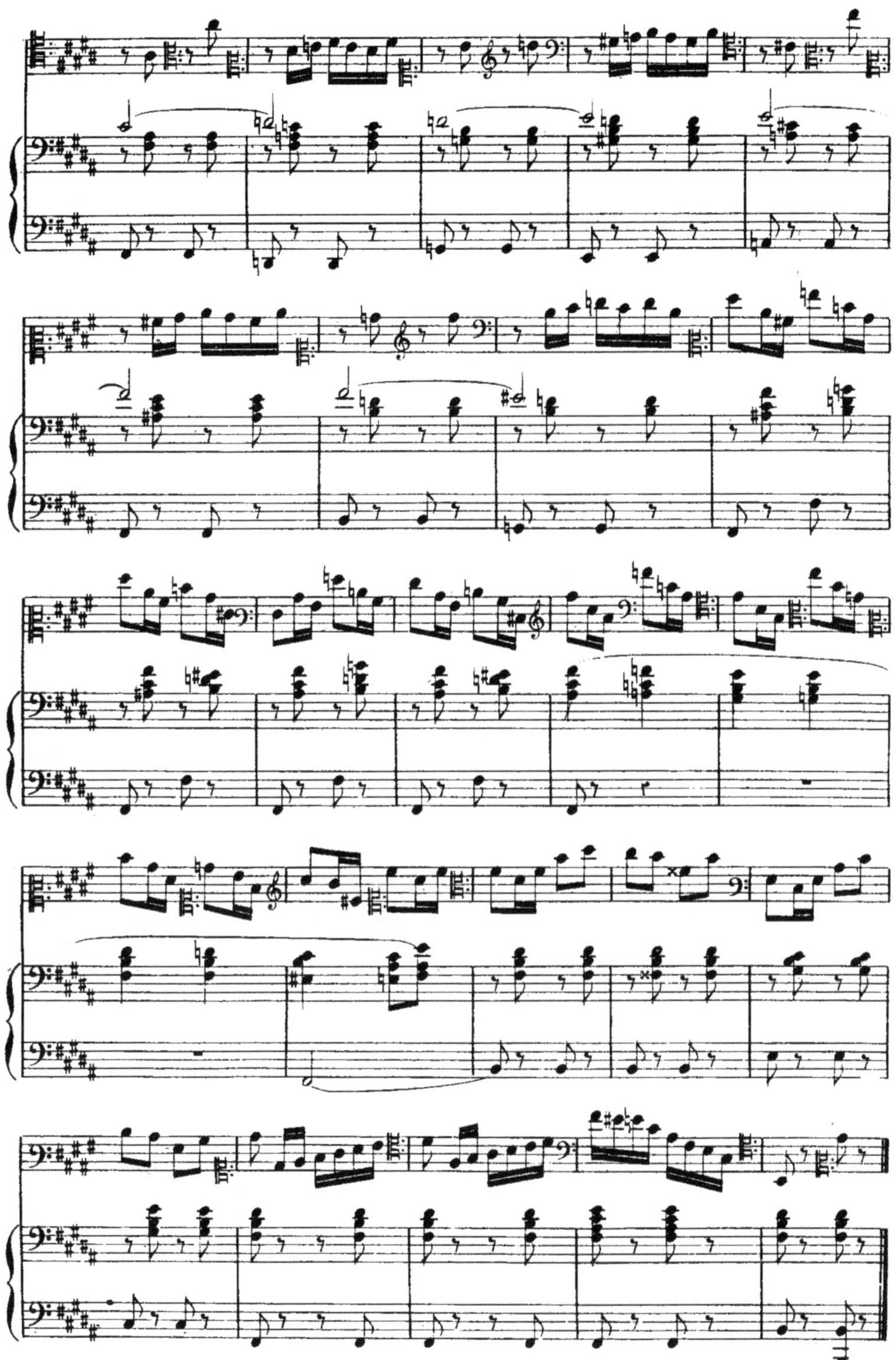

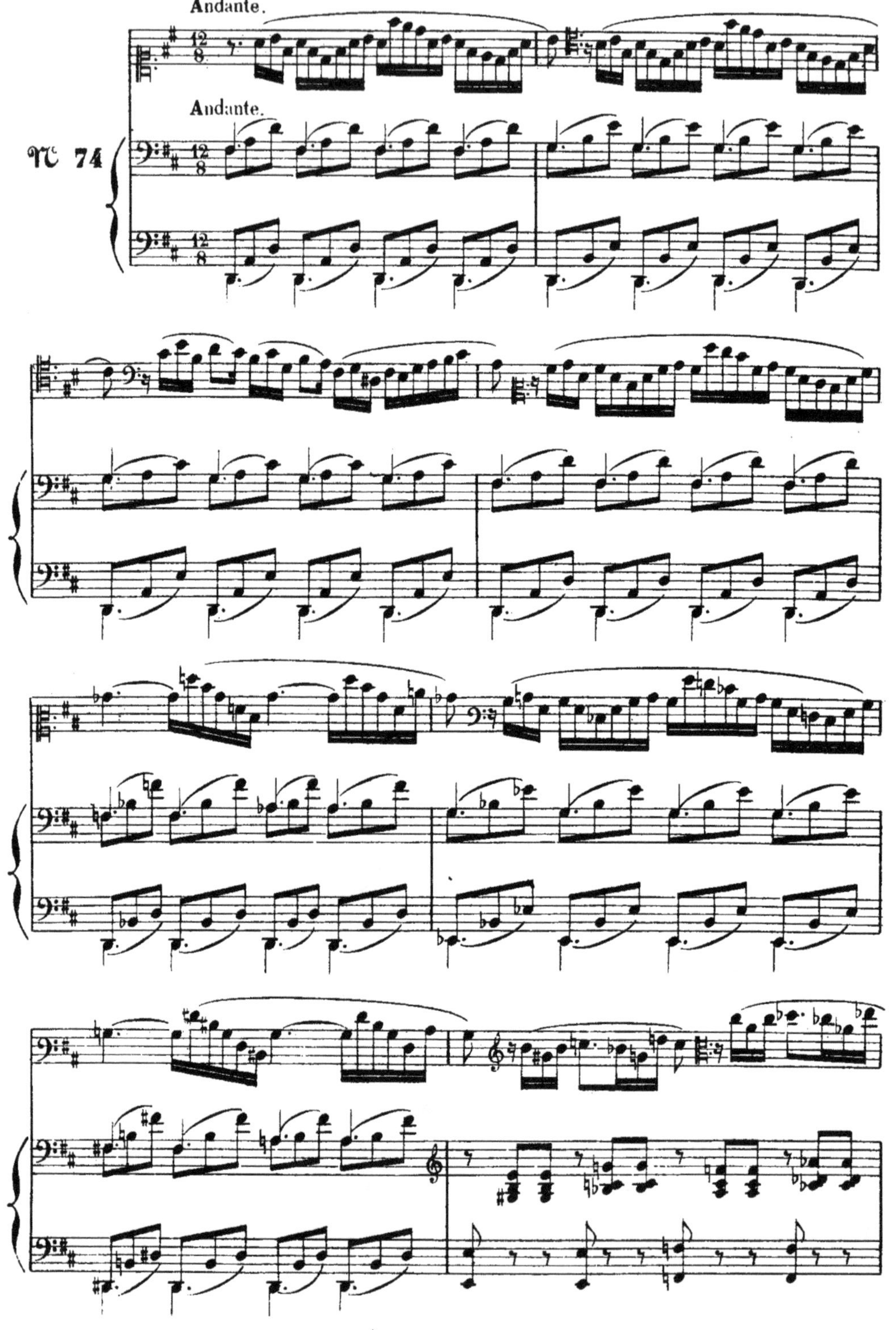
Andante.
Andante.
Nº 74

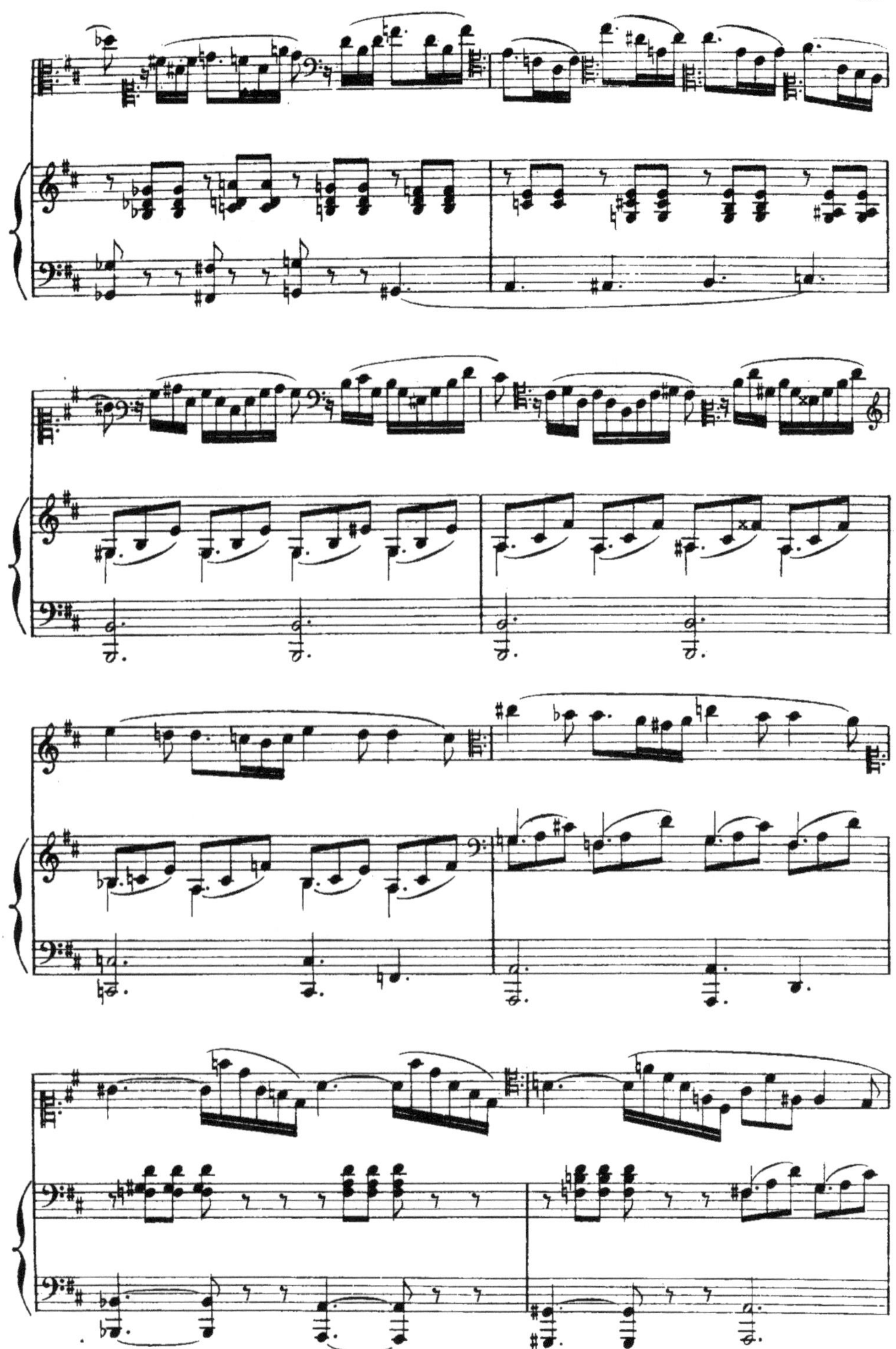

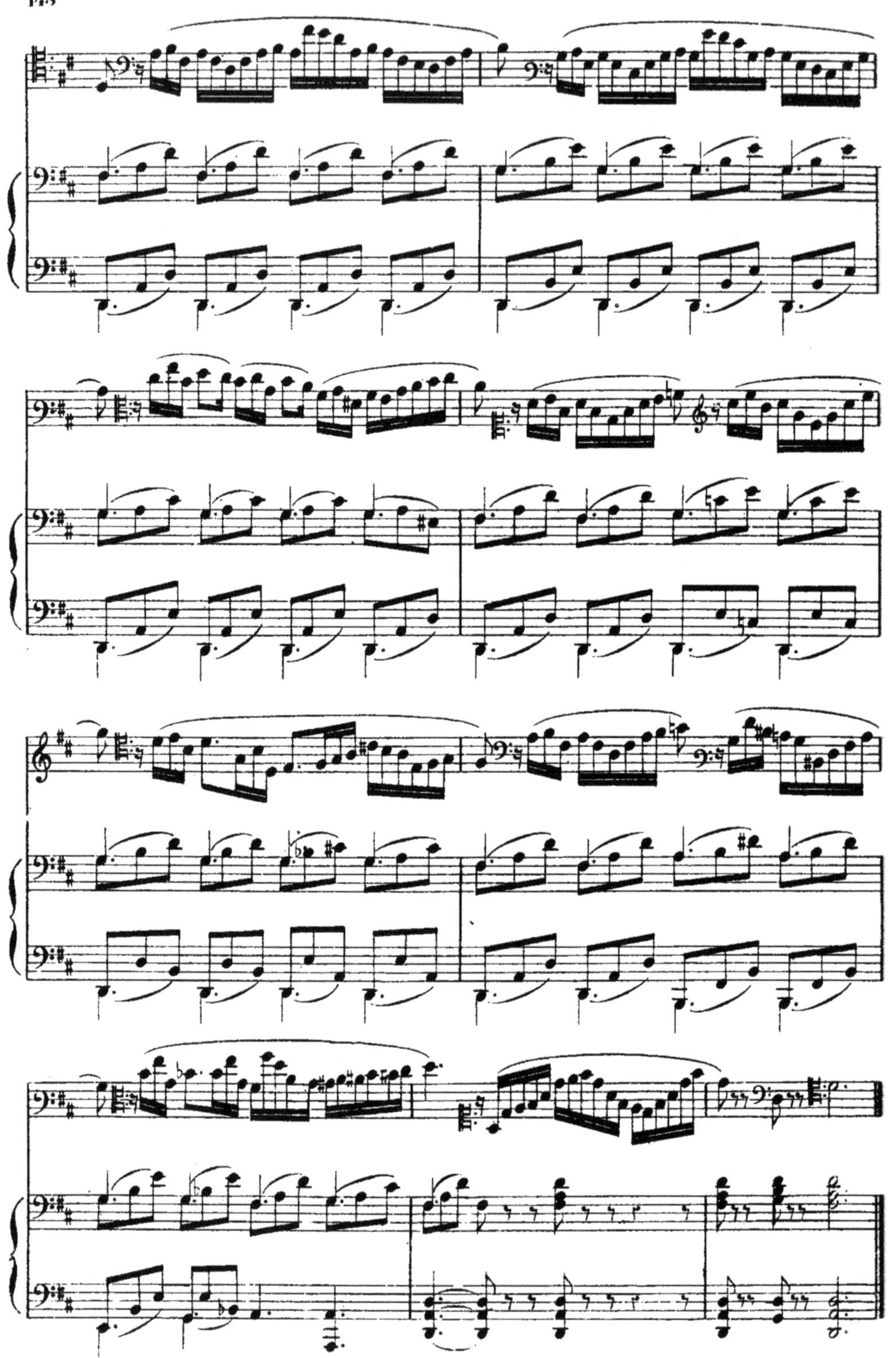

Allegretto.

Nº 75

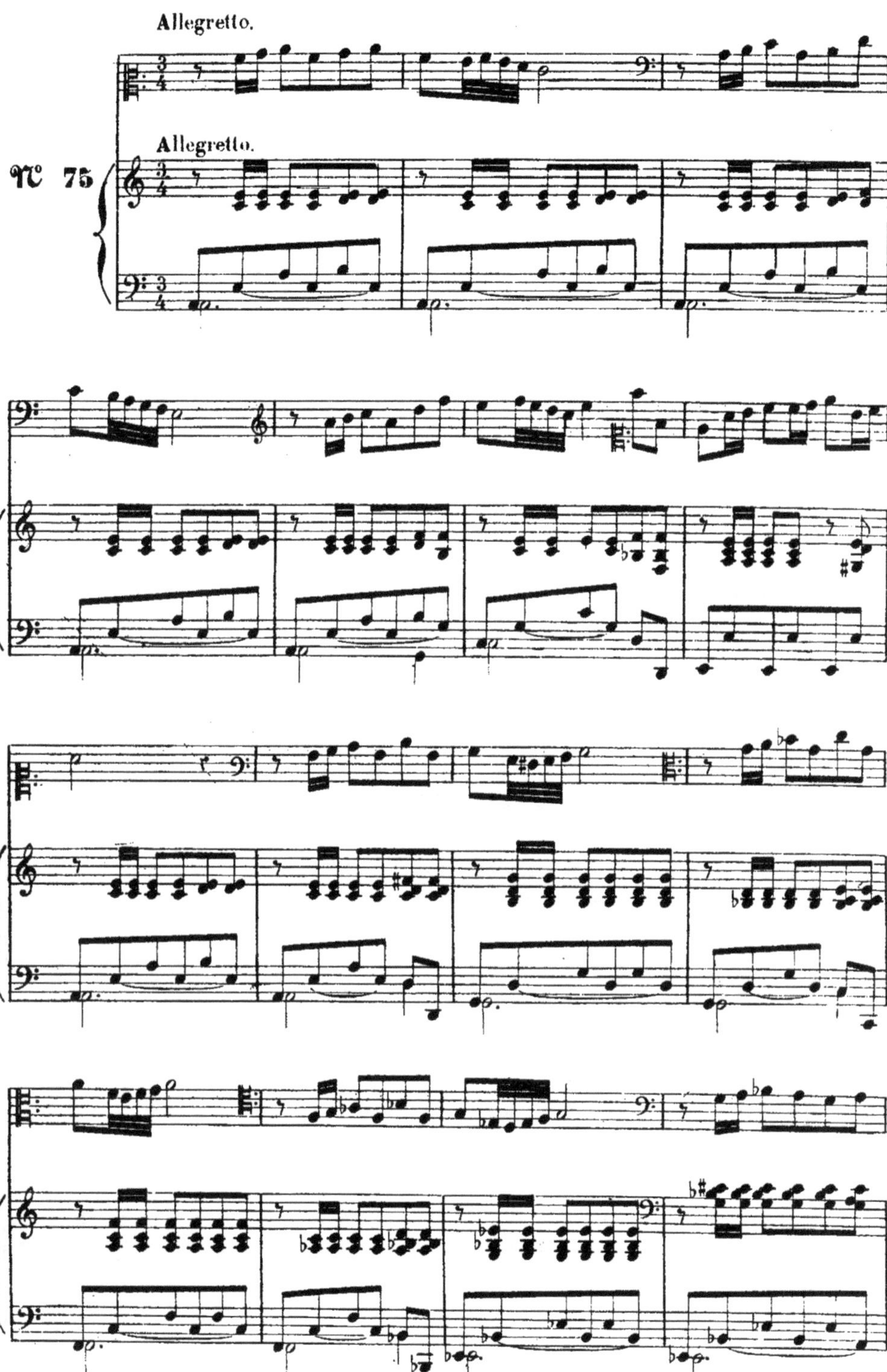

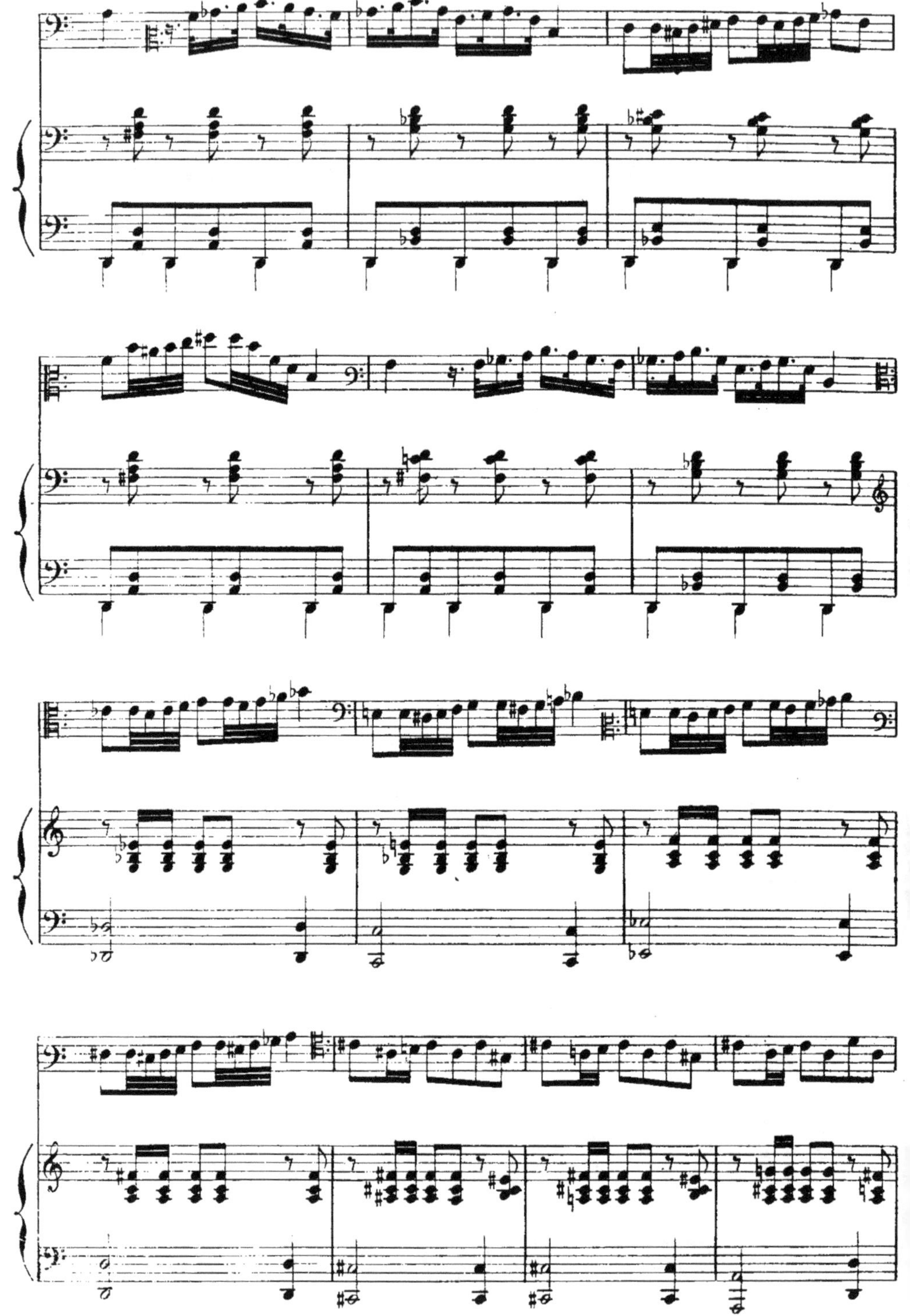

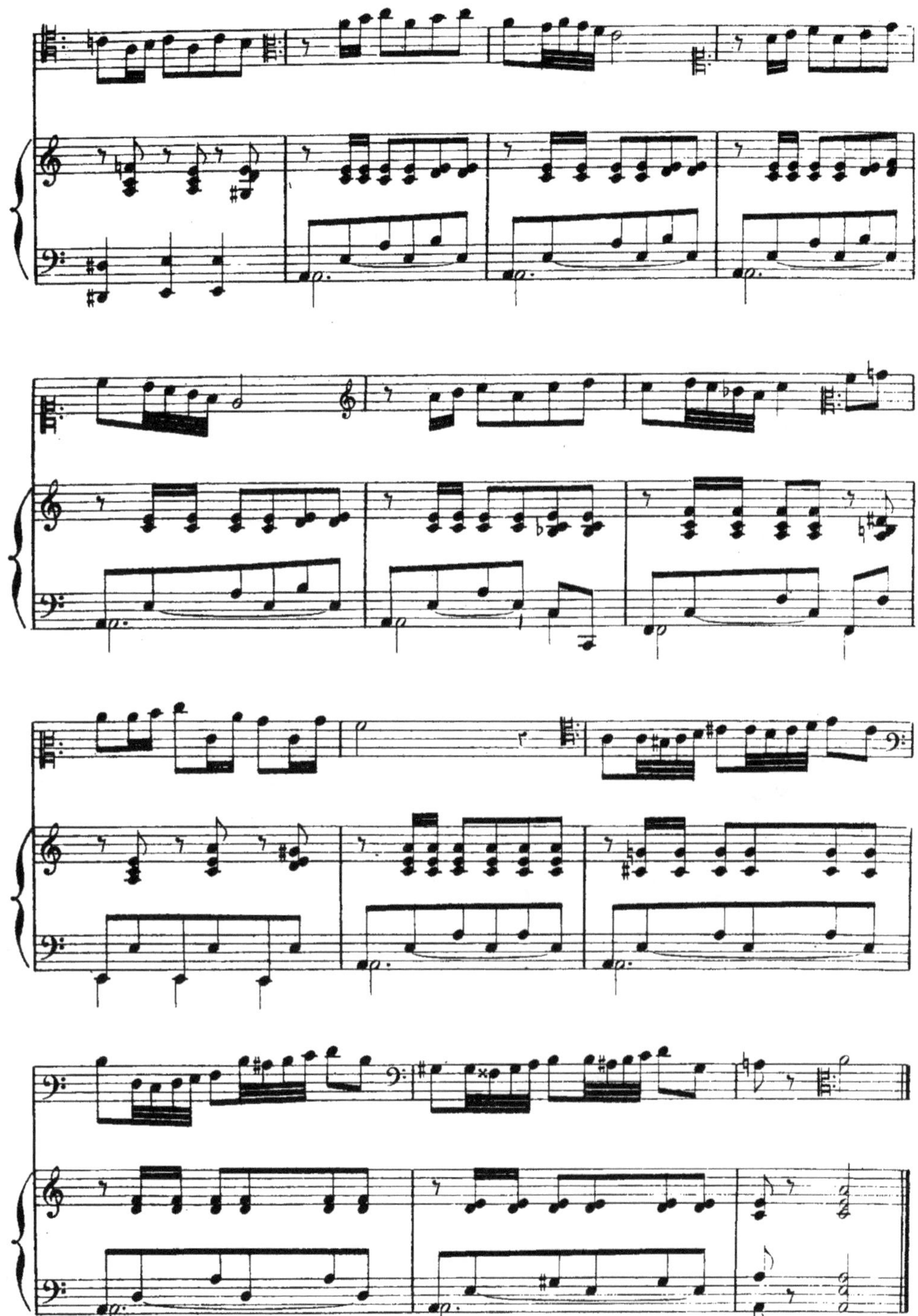

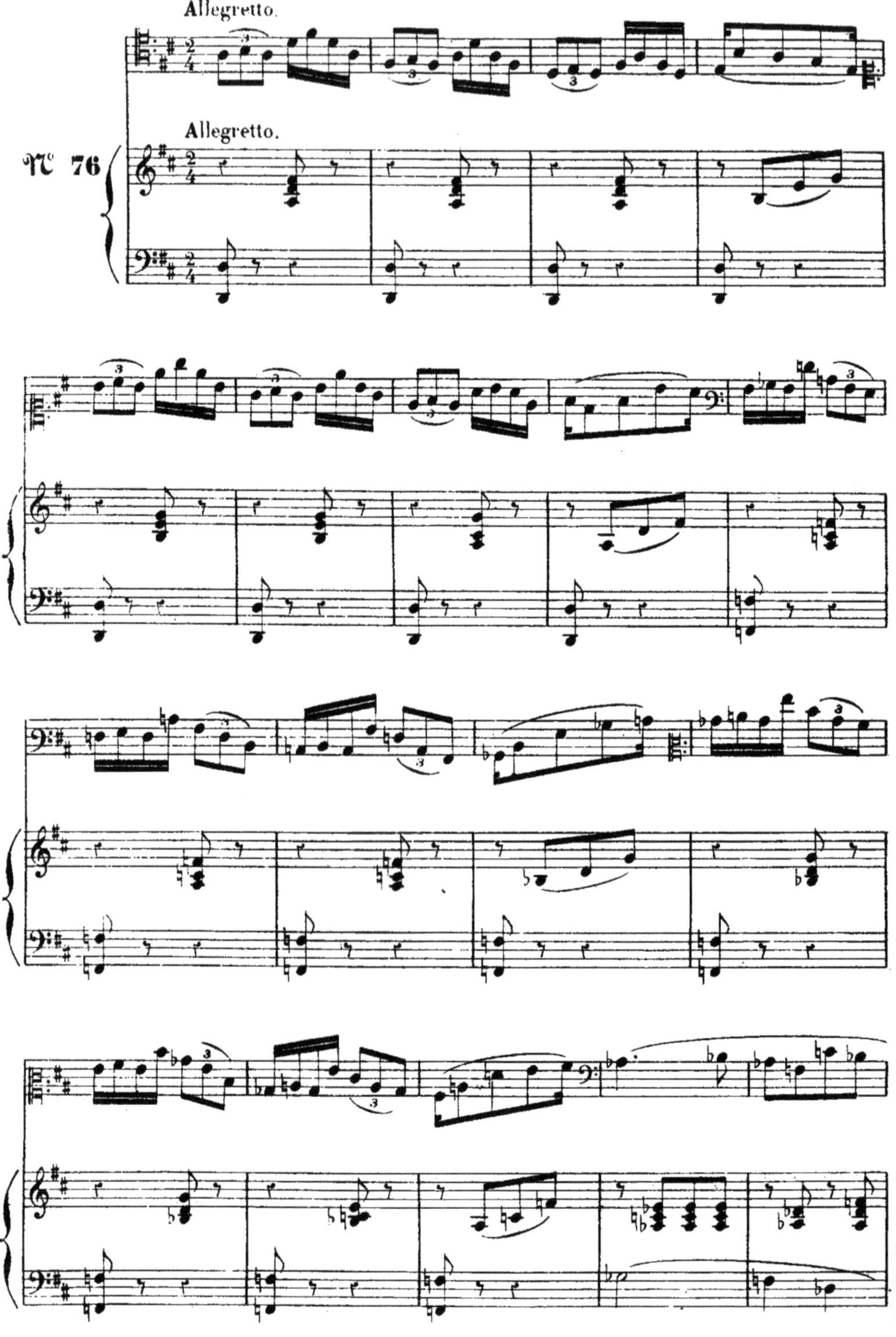
Allegretto.
Allegretto.
Nº 76

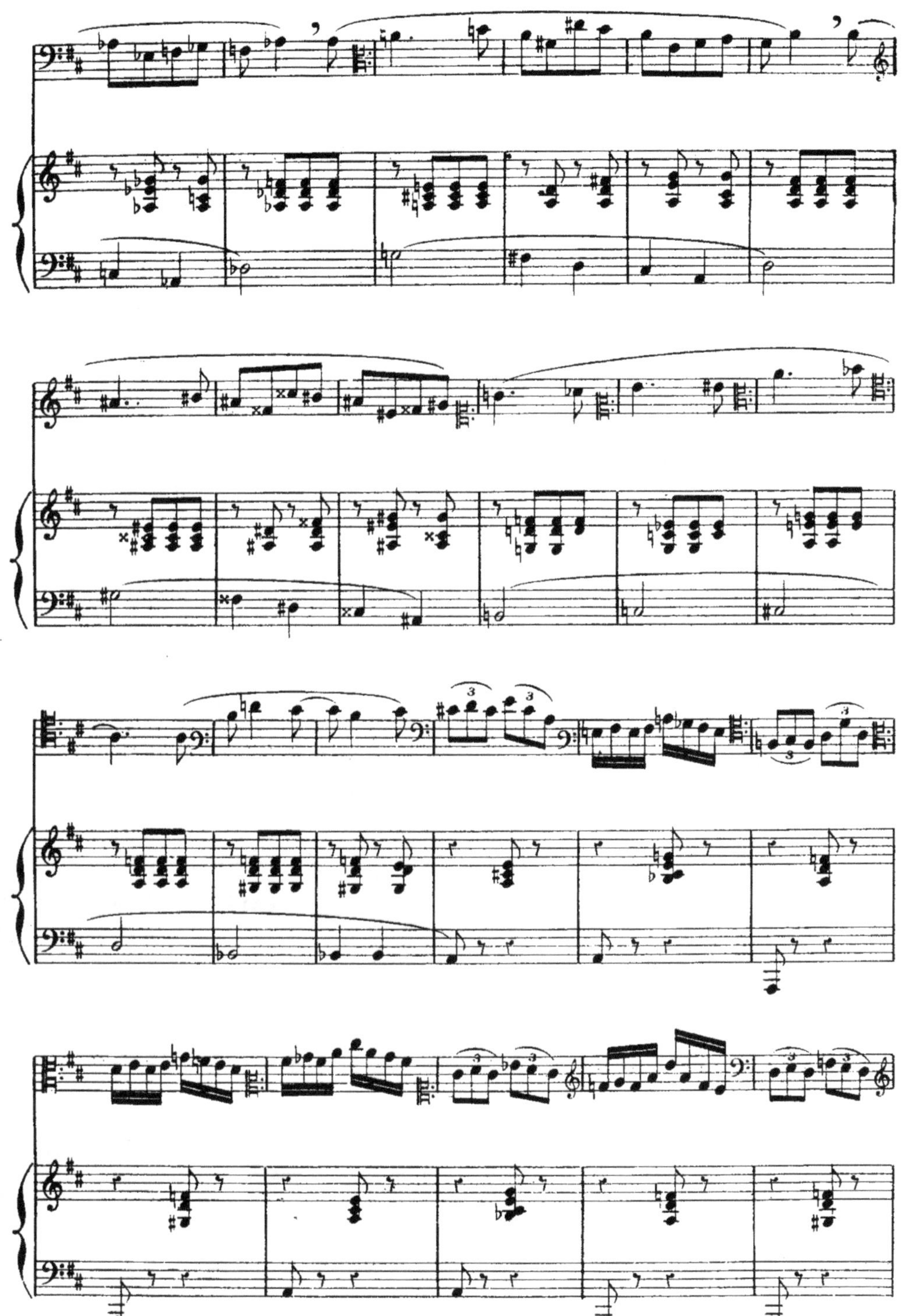

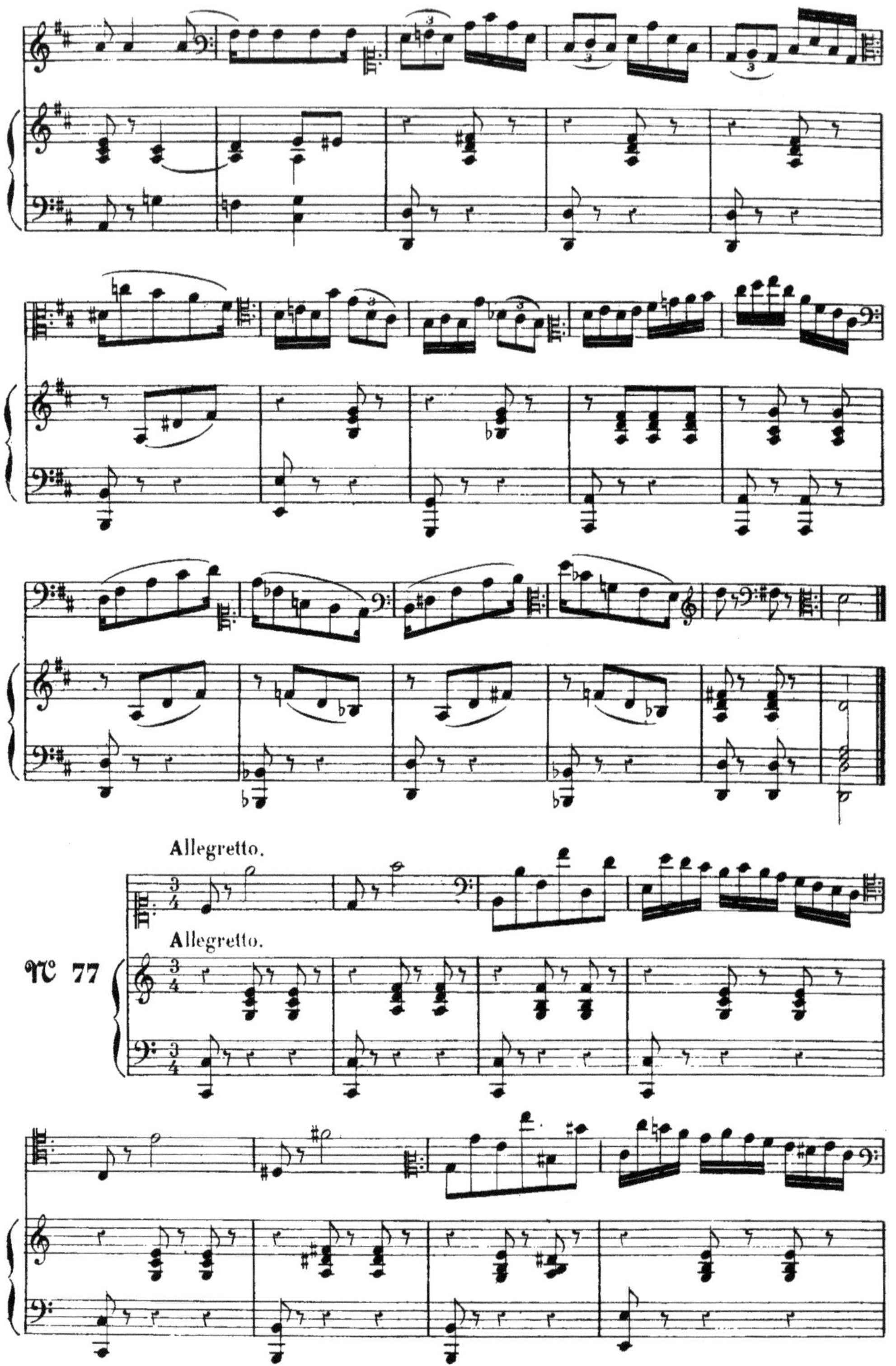
Allegretto.
Allegretto.
Nº 77

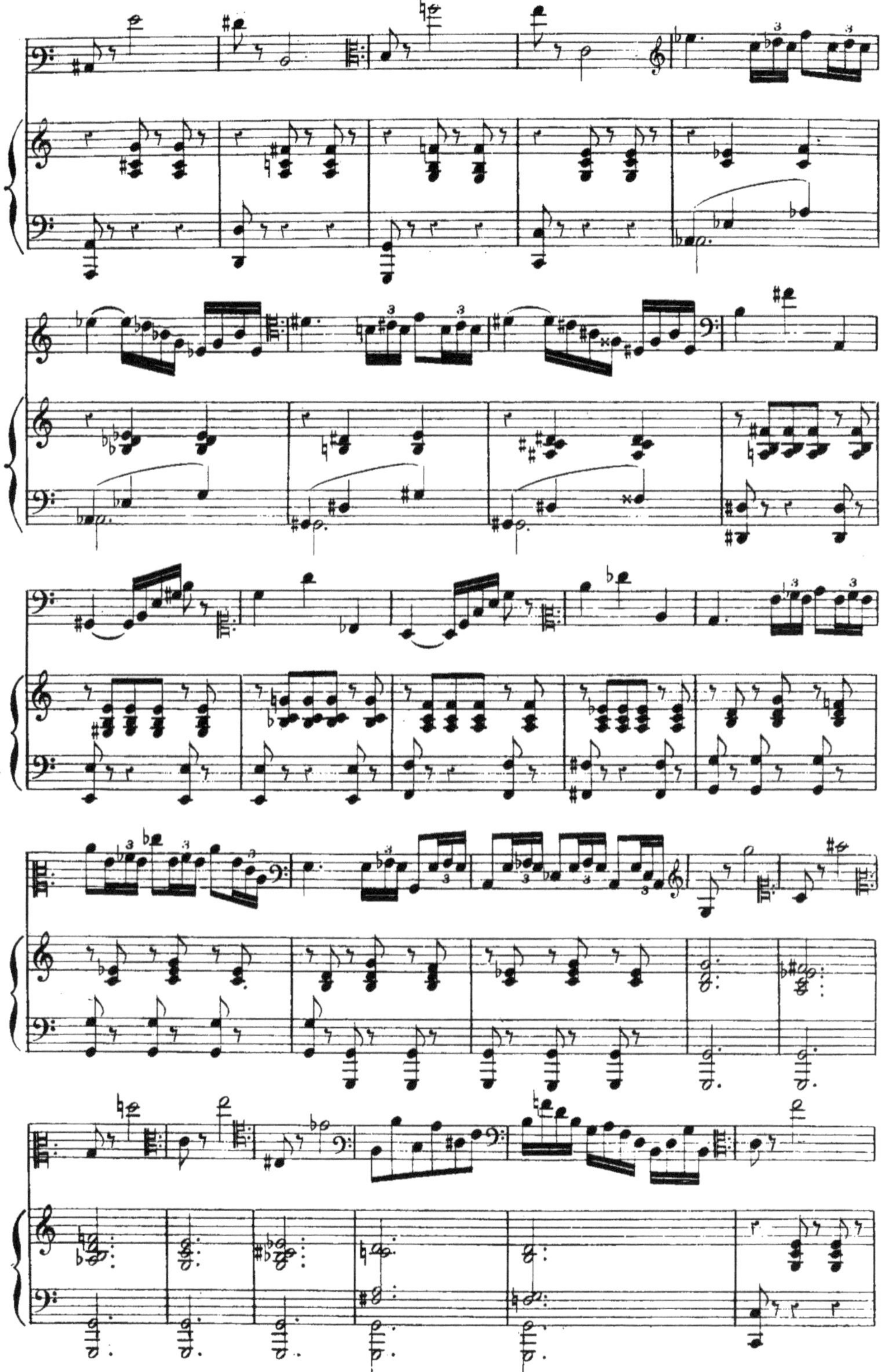

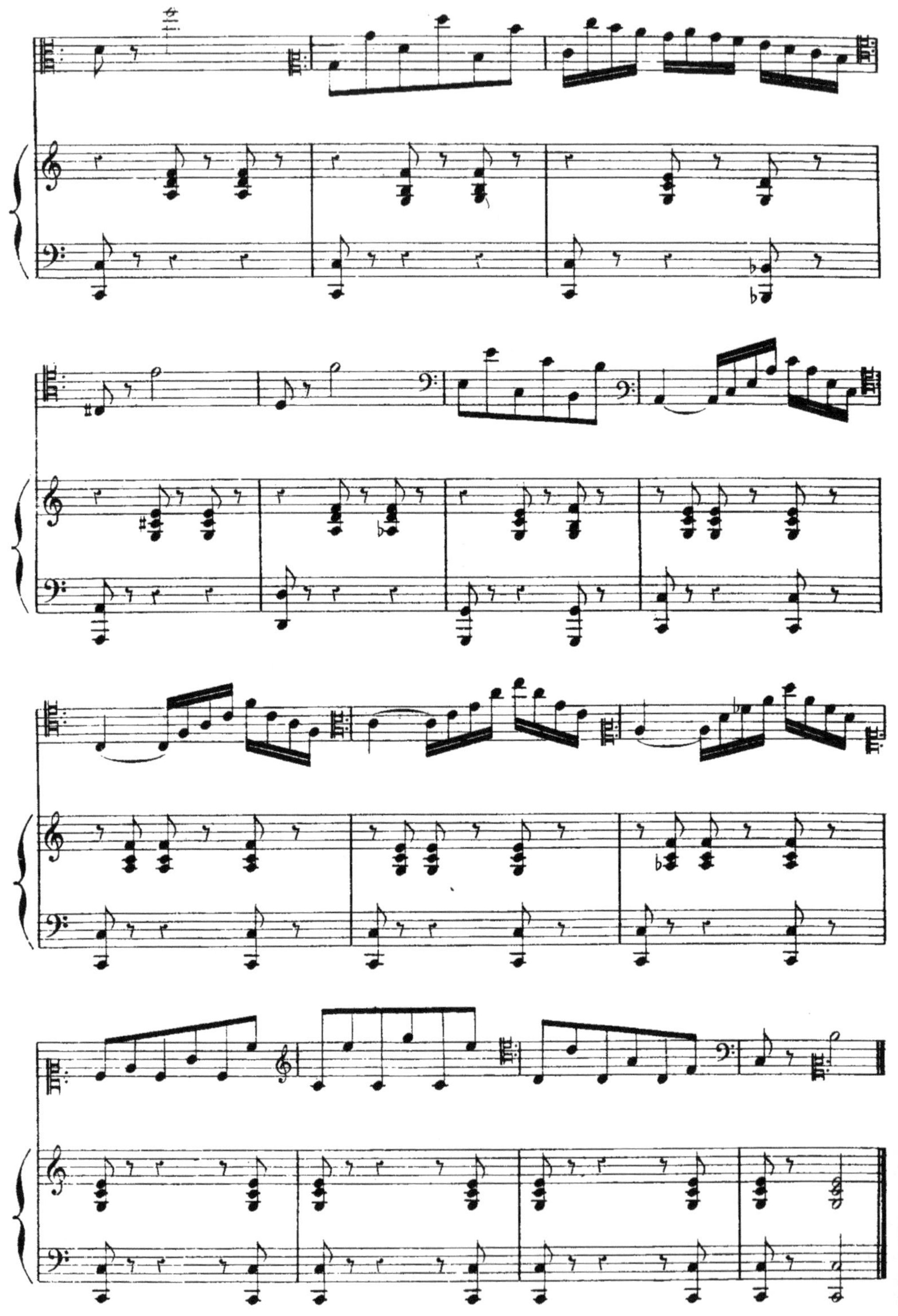

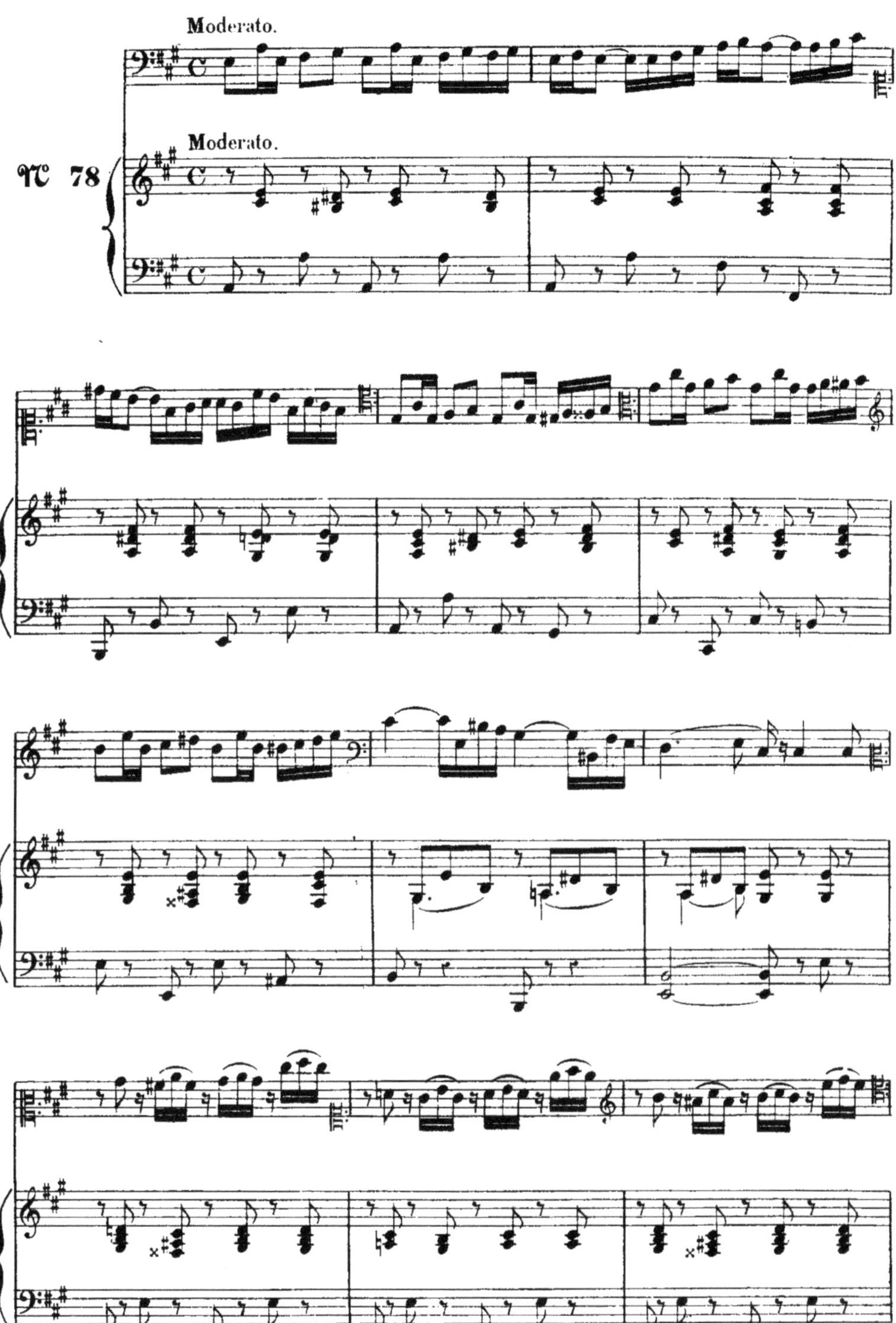
Moderato.
Moderato.
№ 78

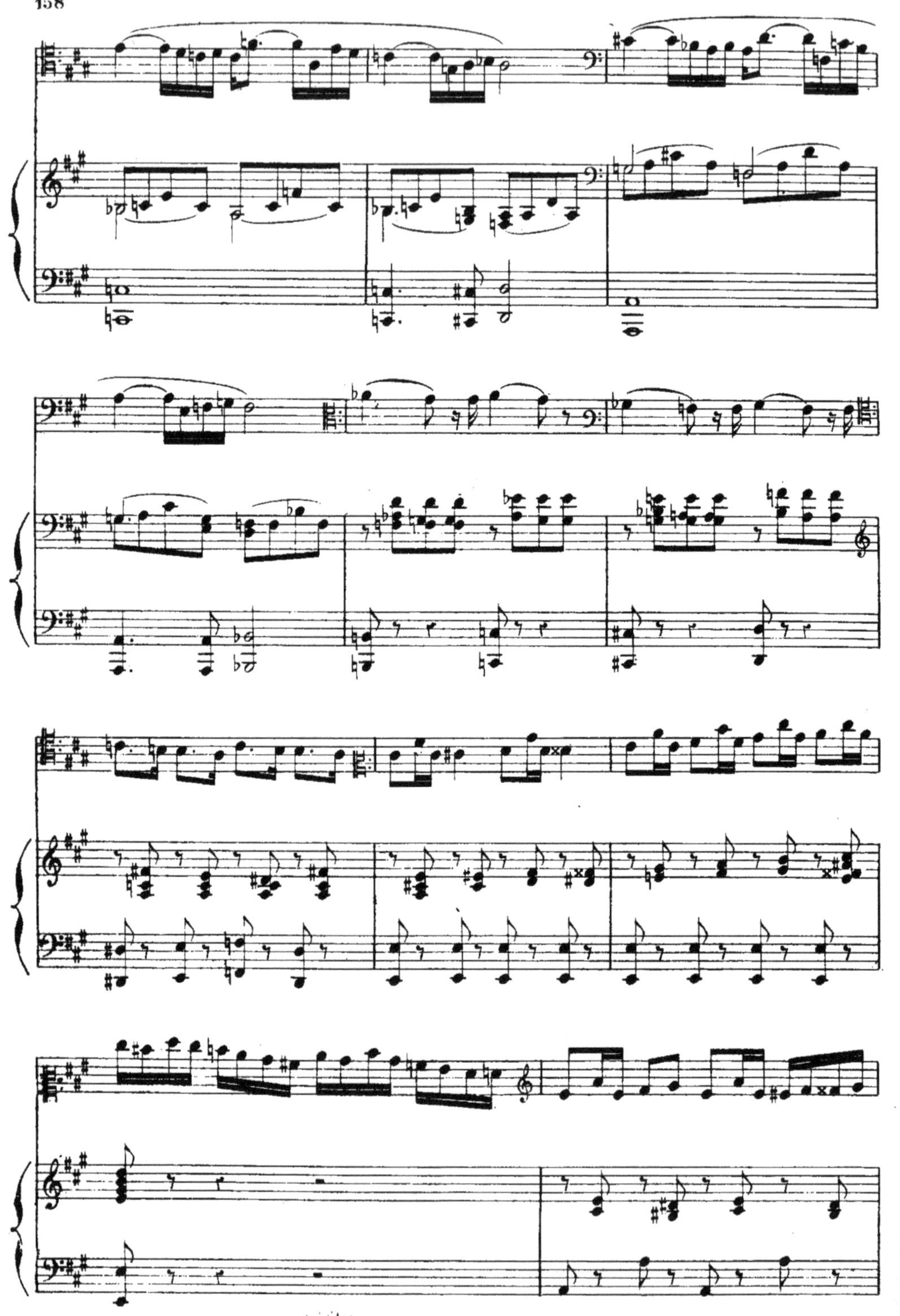

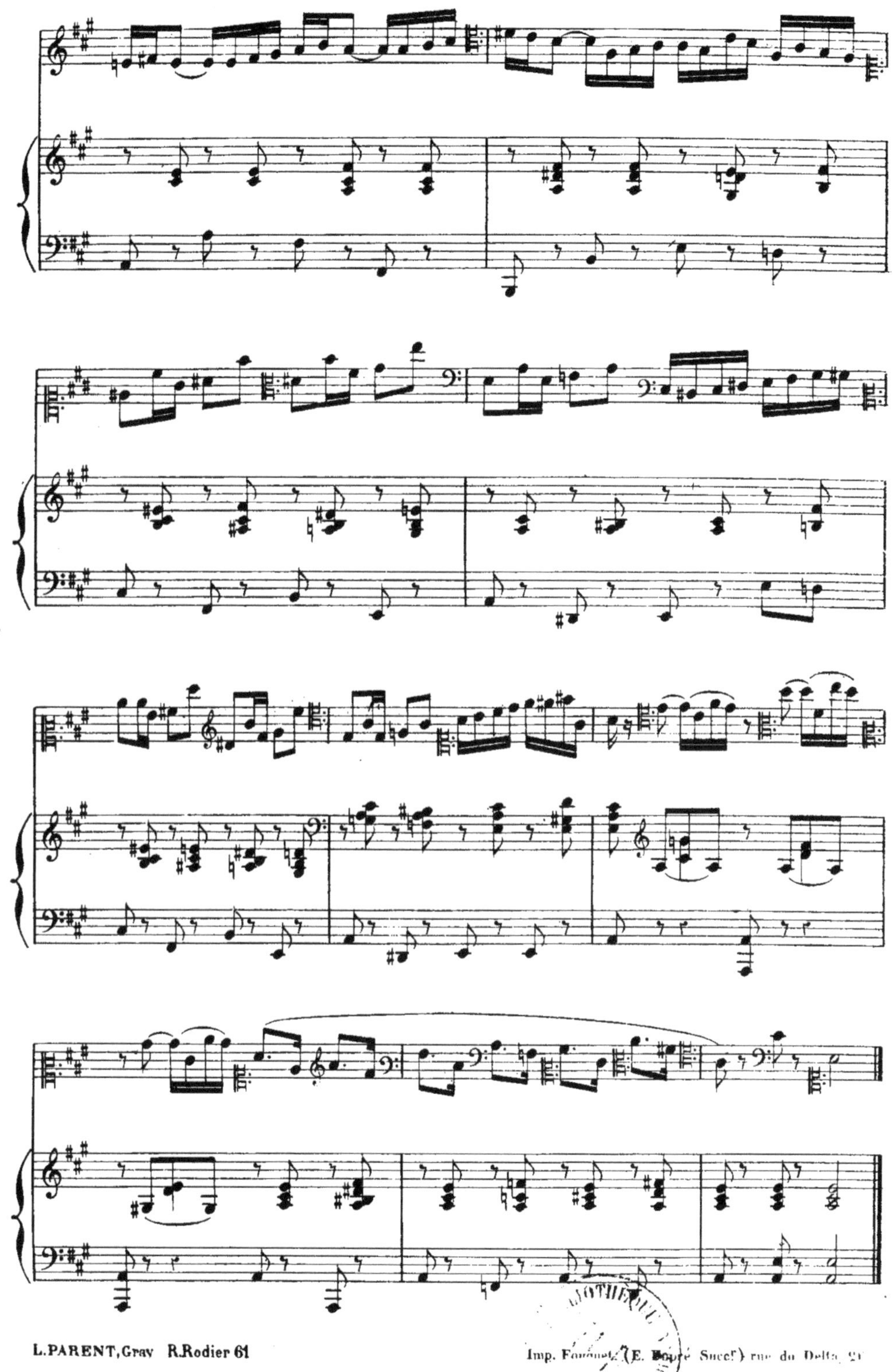

L. PARENT, Grav R. Rodier 61

Imp. Fouquet (E. Dupré Succr) rue du Delta, 26

www.ingramcontent.com/pod-product-compliance
Ingram Content Group UK Ltd.
Pitfield, Milton Keynes, MK11 3LW, UK
UKHW021151260726
13994UKWH00001B/385